Hannah Arendt (1906–1975) ist eine der bedeutendsten Denkerinnen des 20. Jahrhunderts. In einer Zeit, als Frauen an der Universität noch eine Ausnahme waren, studierte sie u. a. bei Martin Heidegger und Edmund Husserl und promovierte 1928 bei Karl Jaspers. Mit dem 17 Jahre älteren Heidegger ging sie eine geheime Liebesbeziehung ein, mit Jaspers blieb sie bis zu dessen Tod freundschaftlich verbunden. Später wurden u. a. Hans Jonas und Walter Benjamin zu engen Vertrauten. Von den Nazis ins amerikanische Exil getrieben, stellte die deutsche Jüdin grundlegende Fragen zur Philosophie und Politik. Den Zwängen der Zeit setzen ihr Leben und Denken eine Haltung der Unabhängigkeit und Freiheit entgegen. Ihre Lebensgeschichte liest sich wie ein Plädoyer für Mut und Engagement, wie ein Loblied auf die Freundschaft und die Liebe zur Welt. Die Regisseurin Margarethe von Trotta widmet sich in ihrem neuesten Film diesem Leben.

Alois Prinz, 1958 geboren, studierte Literaturwissenschaft und Philosophie in München und lebt heute mit seiner Familie in Feldkirchen-Westerham. Er veröffentlichte mehrere Biografien, u. a. über Georg Forster, Hermann Hesse, Ulrike Marie Meinhof und Franz Kafka. Er wurde für seine Bücher u. a. mit dem Deutschen Jugendliteraturpreis und dem Evangelischen Buchpreis ausgezeichnet.

insel taschenbuch 4172

Alois Prinz

Hannah Arendt

Alois Prinz

Hannah Arendt oder Die Liebe zur Welt

Insel Verlag

Umschlagfoto: Hannah Arendt, ca. 1930;
Hannah Arendt Blücher Literary Trust

8. Auflage 2013

Erste Auflage 2012
insel taschenbuch 4172
Insel Verlag Berlin 2012

Vertrieb durch den Suhrkamp Taschenbuch Verlag
Druck: CPI – Ebner & Spiegel, Ulm
Printed in Germany
ISBN 978-3-458-35872-5

Inhalt

Prolog:
»Nur das ist wahr, dem wir bis zuletzt die Treue halten.« 9

I. Kindertagebuch
»Man muss an traurige Dinge so wenig wie möglich denken.«
13

II. Jüdin in Königsberg
»Dass ich Jüdin bin, erfuhr ich auf der Straße.« 25

III. Wissenshunger
»Ich war gewohnt, das Leben zu doppeln:
in ein Hier und Jetzt und Dann und Dort.« 35

IV. Hannah und der Zauberer
»Ich habe immer gewusst, dass ich wirklich nur existieren
kann in der Liebe.« 47

V. Hingabe und Vernunft
»Der Weg, den du mir zeigtest, verlangt ein ganzes Leben.«
59

VI. Abschied von Deutschland
»Ich will mit dieser Gesellschaft nichts mehr zu tun haben.«
73

VII. Monsieur
»Nun weiß ich endlich auch, was Glück ist.« 83

VIII. Fluchtpunkt Marseille
»Es ist eine Lust zu leben, auch wenn die Weltlage beschissen ist.« 94

IX. Ein Zimmer in der 95. Straße
»Freiheit ist keine Prämie für ausgestandene Leiden.« 108

X. Die Schuldfrage
»Ein Chor von Spießern wird ausrufen: ›Dies haben wir nicht getan‹.« 121

XI. Das radikal Böse
»Die Deutschen leben von der Lebenslüge und der Dummheit.« 135

XII. Hexenjagd
»Ich leiste mir manchmal die unglaublichsten Eskapaden.«
151

XIII. Jenseits der Arbeit
»Man muss immer von Zeit zu Zeit die Gebildeten sehen …«
168

XIV. Schöne Welt, düstere Welt
»Ich wusste nie, welche Seligkeit im Augen-Haben liegt.«
183

XV. Raubvogel oder Singvogel?
»Ich habe nie in meinem Leben irgendein Volk geliebt.«
198

XVI. Vom Wunder des Anfangs
»Was wir tun, wenn wir tätig sind.«
212

XVII. Das Gespenst in der Glaskiste
»Ich weiß nicht, wie oft ich gelacht habe, aber laut!« 228

XVIII. Eichmann und kein Ende
»Das banale Böse kann die ganze Welt vernichten.« 243

XIX. Revolte in Amerika
»Das ist sehr gefährlich, weil es sich um etwas ganz Echtes handelt.« 257

XX. Abschiede
»Der Umgang mit den Toten – das will gelernt sein.« 271

XXI. Frei wie ein Blatt im Wind
»Ich will mich nur noch mit transpolitischen Dingen abgeben.«
286

XXII. Lichter über dem Fluss
»Ich habe immer geglaubt, dass man sein Leben ist.« 301

Zeittafel 313
Literatur zu Hannah Arendt 315
Quellenverzeichnis 319

Prolog

»Nur das ist wahr, dem wir bis zuletzt die Treue halten.«

Am 19. März 1962 ereignet sich auf einer Straße, die durch den New Yorker Central Park führt, ein Verkehrsunfall. Ein Taxi wird von einem Lastwagen gerammt. Auf dem Rücksitz des Taxis sitzt eine sechsundfünfzigjährige Frau, die bei dem Zusammenstoß schwer verletzt wird. Ihr Name ist Hannah Arendt, eine Jüdin mit amerikanischem Pass. Sie lehrt an verschiedenen amerikanischen Hochschulen Politik und Philosophie. Weit über die Grenzen Amerikas hinaus ist sie berühmt geworden durch ihre Artikel, Bücher und ihre öffentlichen Auftritte. Für viele gehört sie zu den bedeutendsten Frauen des Jahrhunderts.

Im Krankenwagen erwacht Hannah Arendt aus ihrer Ohnmacht. Ihr ist sofort klar, was passiert ist. Zuerst versucht sie, ihre Arme und Beine zu bewegen, um festzustellen, ob sie gelähmt ist. Dann überprüft sie ihr Gedächtnis, sehr sorgfältig, »ein Jahrzehnt nach dem anderen« …

Sie denkt an ihre Kindheit und Jugend in Königsberg, an ihre Studienzeit in Marburg und Heidelberg, an die Lehrer, die ihr bis heute so viel bedeuten: an Martin Heidegger, mit dem sie eine Liebesaffäre hatte, und an Karl Jaspers, der sie zur Vernunft brachte. Sie erinnert sich an ihre Flucht aus Deutschland, an das

Exil in Paris, wo sie ihren Mann Heinrich Blücher kennen lernte, an das Frauenlager im südfranzösischen Gurs und an die dramatische Flucht aus Europa, über Marseille nach Lissabon und von dort mit dem Schiff in die Neue Welt, nach Amerika. Sie denkt an ihr Engagement in der zionistischen Bewegung, an die vielen Freunde, die sie gewonnen, und an die vielen Feinde, die sie sich geschaffen hat. An die langen Jahre der Arbeit an ihrem Buch über den Totalitarismus, das sie weltberühmt gemacht hat. Und an den Nazi Adolf Eichmann, dem in Jerusalem der Prozess gemacht wurde und über den sie ein Buch schreiben möchte, das ihr am Herzen liegt.

Hannah Arendt ist beruhigt. Sie hat keine Gedächtnislücken und gelähmt ist sie auch nicht. Aber sie ist in einem merkwürdigen Zustand, als ob sie zwischen Tod und Leben schweben würde. Noch lange Zeit später denkt sie fasziniert an jene Momente zurück. Ihrer Freundin Mary McCarthy schildert sie diese Erfahrung so: »Das Wichtigste war, dass ich einen flüchtigen Augenblick lang das Gefühl hatte, ich hätte es selbst in der Hand, zu entscheiden, ob ich leben oder sterben wolle. Und obwohl ich nicht dachte, dass der Tod etwas Schreckliches sei, habe ich doch auch gedacht, dass das Leben ganz schön sei und ich mich lieber dafür entscheide.«

Hannah Arendt weiß aber inzwischen auch, dass sie sich nicht für jedes Leben entscheiden würde. Bereitwillig würde sie auf eine Existenz verzichten, die »weltlos« ist, in der sie keine Freunde hätte, keine Reisen machen könnte und sich nicht in die öffentlichen Angelegenheiten einmischen dürfte.

Sie hat nicht immer so gedacht. Als junges Mädchen war sie zwar hochintelligent, aber auch sehr einsam. Sie wollte alles über sich und die Welt wissen und vergrub sich dabei nur immer tiefer in die eigene »Besonderheit«. Es war nicht zuletzt die Affäre mit dem jungen Dozenten Martin Heidegger, die sie von diesem Weg abbrachte.

Hannah Arendt wollte »sichtbar« werden und sie machte die Entdeckung, dass dazu nicht nur Intelligenz und Tiefsinn gehören, sondern vor allem Mut. Und zwar der Mut, auf seine Besonderheit verzichten, sich aus der Hand geben zu können, zu lernen, »ein Mensch unter Menschen zu werden«. Ein Mensch unter anderen zu sein, heißt für Hannah Arendt auch, sich im Gespräch auseinanderzusetzen, um etwas über sich zu erfahren und mit anderen zusammen die gemeinsame Welt zu gestalten. Diese Einsicht war für sie wie eine Befreiung – die sie allerdings traf wie ein Schlag »mit dem Hammer auf dem Kopf«.

Mut und Dankbarkeit und Treue – diese drei scheinbar widersprüchlichen Tugenden gehören eng zusammen, schreibt Hannah Arendt in einem Aufsatz zum Geburtstag ihres verehrten Lehrers Karl Jaspers. Und sie fügt hinzu: »Am Ende unseres Lebens wissen wir, dass nur das wahr war, dem wir bis zuletzt die Treue halten konnten.«

Sie selbst hat vielem die Treue gehalten: ihren Wurzeln in der deutschen Sprache und Kultur, ihren alten Freunden in Europa und ihren neuen Freunden in Amerika. Sie hat aber auch immer wieder neu angefangen, und das macht es so schwer, sie einzuordnen. »Wer sind Sie?«, wurde sie auf einem Kongress gefragt. »Sind Sie eine Konservative? Gehören Sie zu den Liberalen? Wo stehen Sie im Rahmen der gegenwärtigen Möglichkeiten?« Und Hannah Arendt antwortete: »Ich weiß nicht. Ich weiß es wirklich nicht und habe es nie gewusst.«

Hanna Arendt wollte immer »ohne Geländer« denken. Das macht sie für viele »unentschuldbar unabhängig«. Und so ist es wirklich nicht leicht zu sagen, wer sie eigentlich war. Eine Dichterin? Eine Philosophin? Eine politische Denkerin? Sie selbst schreibt in einem Brief: »Ich fühle mich als das, was ich nun einmal bin, das Mädchen aus der Fremde.«*

* Die Formulierung »das Mädchen aus der Fremde« bezieht sich auf das gleichnamige Gedicht von Friedrich Schiller. Es ist als Selbstcharakterisierung von Hannah Arendt sehr bezeichnend. Deshalb ist es am Ende dieses Buches vollständig wiedergegeben.

I. Kindertagebuch

»Man muss an traurige Dinge so wenig wie möglich denken.«

Eine glänzende Zukunft scheint zwei jungen Leuten bevorzustehen, die im Jahr 1902 heiraten. Paul Arendt und Martha Cohn stammen beide aus wohlhabenden jüdischen Familien, die schon seit Generationen in der ostpreußischen Stadt Königsberg ansässig sind. Paul Arendt ist neunundzwanzig und hat an der Königsberger Universität, der Albertina, ein Ingenieurstudium absolviert. Martha Cohn, achtundzwanzig, hat nach der Mädchenschule drei Jahre in Paris verbracht und dort Französisch und Musik studiert. Die Verbindung der beiden jungen Leute scheint ein Glücksfall zu sein. Nicht nur winkt ihnen ein finanziell sorgenfreies Leben, sie haben auch viele gemeinsame Interessen und teilen ihre Sympathie für sozialistische Ideen.

Dennoch liegt über der Ehe ein Schatten. Paul Arendt hatte sich in jungen Jahren an Syphilis infiziert. Das ist zu dieser Zeit eine weit verbreitete Geschlechtskrankheit. Fast 20 von 100 Männern sind in Preußen davon betroffen und das Mittel dagegen, das so genannte Salvarsan, wird der deutsche Mediziner Paul Ehrlich erst 1906 entdecken.

Paul Arendt musste sich noch nach herkömmlichen Methoden gegen seine Krankheit behandeln lassen, dabei verabreicht man dem Patienten Quecksilberpräparate oder man ruft ein Malariafieber bei ihm hervor. Aber Syphilis ist eine heimtückische Erkrankung. Sie kann nach einer ersten Phase über längere Zeit ruhen, um dann umso heftiger wieder auszubrechen, wobei schlimmstenfalls sogar Rückenmark und Gehirn zersetzt werden. Es kann aber auch sein, dass die Krankheit nach dem ersten Stadium von selbst und ohne Folgen wieder ausheilt.

Die Behandlung bei Paul Arendt zeigte Erfolg. Die Symptome der Krankheit verschwanden gänzlich. Paul Arendt hatte guten Grund zu glauben, wieder völlig gesund zu sein, als er um die Hand der schönen Martha Cohn anhielt.

Das junge Paar zieht zunächst nach Berlin und dann nach Hannover, wo Paul Arendt eine Stelle als Ingenieur bei einer Elektrizitätsgesellschaft gefunden hat. Sie beziehen ein geräumiges Haus im Vorort Linden. Martha Cohn, die nun Martha Arendt heißt, muss ihren Wunsch nach Kindern in den ersten Ehejahren noch zurückstellen. Zu groß scheint das Risiko, dass ihr Mann doch noch nicht gesund ist und ein Kind Schaden nehmen würde. Als sich bei Paul Arendt jedoch keinerlei Anzeichen der Krankheit mehr zeigen, fassen die beiden den Entschluss, eine Familie zu gründen.

Am 14. Oktober 1906 bringt Martha Arendt ein Mädchen zur Welt. Es wird Johanna genannt, nach ihrer Großmutter väterlicherseits. Später werden sie alle nur noch Hannah nennen.

Hannahs Mutter legt eine Art Tagebuch an, das sie mit *Mein Kind* überschreibt und in dem sie die Entwicklung ihrer Tochter sorgsam aufzeichnen will. Die erste Eintragung lautet: »Johanna Arendt wurde geboren am 14. Oktober 1906 um 9 ¼ Uhr abends, an einem Sonntage. Die Geburt hatte 22 Stunden gedauert und verlief normal. Das Kind wog 3695 gr.«[1]

Hannah Arendt wird in eine Zeit hineingeboren, die der Schriftsteller Stefan Zweig »das goldene Zeitalter der Sicherheit« nennt. Nach dem Deutsch-Französischen Krieg und den Turbulenzen der Reichsgründung von 1870/71 sind in Deutschland ruhigere politische Verhältnisse eingekehrt. Die Ära Bismarck ist vorbei, der Eiserne Kanzler, wie man ihn genannt hat, ist 1898 gestorben. Kaiser ist jetzt Wilhelm II., der sich weniger durch seine politischen Fähigkeiten auszeichnet als durch seine Vorliebe für prahlerische militärische Auftritte. Dass die Menschen trotz einer gewissen Politikverdrossenheit von einer euphorischen Aufbruchstimmung erfasst sind, liegt an der ungeheuren Entwicklung der industriellen und wirtschaftlichen Kräfte.

Seit 1895 herrscht eine ständige Hochkonjunktur, was in erster Linie auf die vielen Erfindungen und Entdeckungen zurückzuführen ist. Deutsche Naturwissenschaftler erhalten doppelt so viele Nobelpreise wie jede andere Nation. Der Arzt Robert Koch findet den Erreger der Lungentuberkulose, bis dahin eine wahre Volksseuche. In den Laboratorien der Bayerwerke wird das schmerzstillende Mittel Aspirin entwickelt. Wilhelm Conrad Röntgen entdeckt die so genannten X-Strahlen, mit denen man in einen Menschen hineinsehen kann. Aber auch auf dem Gebiet der Künste, in Literatur, Malerei und Musik werden deutsche Namen wie Thomas Mann, Max Liebermann und Richard Wagner weltweit bekannt. Das Kennzeichen »Made in Germany«, 1887 von den Engländern verfügt, um die Marktchancen der deutschen Produkte zu verschlechtern, wird zum Gütesiegel für Qualität. Es vergeht kaum ein Tag, an dem nicht ein neues Deutsches Reichspatent (D.R.P.) angemeldet wird.

Die Wunder der Technik verändern auch den normalen Alltag. In manchen Haushalten gibt es jetzt ein Telefon. In den Großstädten wie Berlin wird die Gasbeleuchtung zunehmend durch elektrisches Licht ersetzt. Ab 1905 fahren in Deutschlands Hauptstadt die ersten Kraftomnibusse, und die Herren Skladanowsky und Meßter zeigen in finsteren Räumen mit Hilfe eines Kinematographen einem amüsierten, aber skeptischen Publikum bewegliche Bilder. Man kann jetzt mit einem neuen Gerät den Staub aus seiner Wohnung saugen, zum Schreiben einen mit Tinte gefüllten Stift benutzen und sich mit einem Apparat des Mister Gilette aus Amerika das Gesicht rasieren.

Der Glaube an die eigene Stärke und an eine glorreiche Zukunft kennt in der Kaiserzeit keine Grenzen. Zugleich wächst das Bewusstsein, etwas Besonderes zu sein und aufgrund der wirtschaftlichen Potenz auch ein Recht auf eine gewichtige Stimme im Konzert der großen Nationen zu haben. Große Politik zu machen, das heißt um die Jahrhundertwende, Kolonialpolitik zu betreiben. Frankreich und England sind mit ihren gewaltigen Kolonialreichen in Asien und Afrika hier das Vorbild. Aber auch Russland, das sich nach Osten ausdehnt, und kleinere Staaten wie Belgien, Holland und Spanien haben ihre Territorien bereits erweitert. Wenn man in der Weltpolitik mitmischen will, so denkt man im wilhelminischen Deutschland, dann muss man Kolonien erwerben. Der Reichskanzler Bülow drückt das in einer Rede so aus: »Wir wollen niemanden in den Schatten stellen, aber wir wollen auch einen Platz an der Sonne.«

Gleichzeitig versucht man, Verbündete und Gegner für einen möglichen Krieg auszumachen. Das ist ein gefährliches Spiel. Russland ist durch die Revolution von 1905 und einen Krieg mit Japan zwar geschwächt, aber unberechenbar. Österreich verfolgt mit der Annexion Bosniens und der Herzegowina eigene Interessen im Balkan, und wie England und Frankreich auf die neuen Großmachtansprüche Deutschlands reagieren werden, ist noch nicht absehbar.

Ungeachtet der großen Politik nimmt Martha

Arendt in Hannover ihre Mutterrolle sehr ernst. In ihrem Tagebuch vermerkt sie alles, was mit der kleinen Hannah zusammenhängt. Penibel führt sie Buch darüber, wann und wie lange das Kind gestillt und gefüttert wird, welche kleineren Krankheiten auftreten, wie es auf Medikamente reagiert und wie sein körperliches Wachstum vorangeht. Schon sehr früh achtet sie darauf, ob sich bei dem Kind Persönlichkeitsmerkmale zeigen:

»Das Temperament ist ruhig, aber doch lebhaft. Gehörempfindungen glaubten wir schon in den ersten Wochen feststellen zu können; Gesichtsempfindungen, abgesehen von allgemeinen Lichtempfindungen, in der siebenten Woche, in welcher überhaupt ein inneres Erwachen von uns beobachtet wird. Das erste Strahlen beginnt mit der siebenten Woche.«

Die kleine Hannah ist das ganze Glück ihrer Eltern. Sie ist gesund, ist meistens zufrieden, zeigt ein lebhaftes Interesse an ihrer Umwelt und lacht viel, sie ist ein »richtiges Sonnenkind«.

Im zweiten Jahr in Hannover tauchen bei Paul Arendt wieder Symptome der überwunden geglaubten Krankheit auf. Sie deuten eindeutig darauf hin, dass mit dem schlimmsten Verlauf zu rechnen ist. Man muss sich nun mit der Tatsache abfinden, dass Paul Arendt als Ernährer seiner Familie ausfällt. Seinen Beruf kann er nicht mehr ausüben und es bleibt der jungen Familie nichts anderes übrig, als Hannover zu verlassen und nach Königsberg, in den Schutz der Familien Cohn und Arendt, zurückzukehren.

Die Cohns wie die Arendts sind russischstämmige Juden. Martha Cohns Vater, Jacob Cohn, floh 1852 vor der judenfeindlichen Politik des Zaren Nikolaus aus Russland nach Königsberg. Er gründete eine Firma für Teeimport, die mit den Jahren zu einem der größten Unternehmen in Königsberg wurde. Martha entstammt der zweiten Ehe Jacob Cohns mit Fanny Eva Spiro. Jacob Cohn starb 1906, in Hannahs Geburtsjahr.

Die Familie Arendt ist schon seit dem 18. Jahrhundert in Königsberg ansässig. Hannahs Großvater, Max Arendt, gilt in Königsberg als bedeutender und einflussreicher Mann. Er ist Vorsitzender sowohl der Stadtverordnetenversammlung als auch der liberalen jüdischen Gemeinde. Paul, sein Sohn, ist eines von zwei Kindern aus der Ehe mit Johanna Wohlgemuth. Als sie um 1880 starb, heiratete Max Arendt ihre Schwester, Klara Wohlgemuth.

Paul und Martha Arendt beziehen in Königsberg ein großes Haus im vornehmen Hufen-Viertel, in der Tiergartenstraße, wo die schönsten Villen der Stadt stehen. Martha Arendt führt weiter Tagebuch über ihr Kind, bei dem sie ab dem dritten Lebensjahr eine »starke« Entwicklung feststellt. Hannah kann schon fehlerfrei sprechen, allerdings tut sie das nur mit fern stehenden Erwachsenen; ist sie dagegen allein mit sich und ihren Puppen, fällt sie in eine Kindersprache zurück. Erstaunlich ist das Gedächtnis und die Neugier des Mädchens. Ohne dass sie von jemandem dazu angeleitet worden wäre, hat sie sich alle Buchstaben des Alphabets beigebracht. Sosehr sich die Mutter über diese »intellektuelle Frühreife« freut, ist sie doch auch enttäuscht, dass die Tochter offenbar keine musikalische Veranlagung zeigt. »Singt viel«, notiert sie in ihr Buch, »mit Leidenschaft geradezu u. durchaus falsch.«

In Martha Arendts Aufzeichnungen spürt man oft weniger den Stolz über die Fortschritte der Tochter als die Sorge darum, wie das Kind die Krankheit des Vaters verkraftet. Mit auffallender Erleichterung und Zufriedenheit vermerkt sie, wenn Hannah einen fröhlichen und geselligen Charakter an den Tag legt und »leicht zu lenken« ist. Das Kind sei »immer zufrieden und glücklich«, schreibt sie in ihr Tagebuch.

Diese Beobachtungen sagen mehr über die Mutter als über ihre Tochter. Martha Arendt muss selbst ein sehr verängstigtes und unsicheres Kind gewesen sein. Sie sieht sich im Vergleich zu ihrem Mann als viel zu sensibel und lebensuntüchtig. Und wenn sie an ihrer Tochter Hannah die gleiche Sensibilität beobachtet, dann wünscht sie, das Mädchen möge doch mehr von ihrem starken Vater haben: »Könnte sie nicht ihrem Vater ähneln! Die Arendts sind so viel robuster in ihren Gefühlen und können darum das Leben so viel besser meistern wie Menschen unsern Schlages.«

Die kleine Hannah spürt sicher etwas von diesem

mangelnden Selbstbewusstsein ihrer Mutter – und auch von deren Erwartungen. Martha Arendt will, dass ihre Tochter trotz des schweren Schicksalsschlags in der Familie eine glückliche Kindheit hat. Ein Kindermädchen kümmert sich um Hannah, sie hat einen großen Garten zum Herumtoben und viele Spielsachen. Damit sie mit anderen Kindern zusammenkommt, schickt Martha Arendt sie in einen Kindergarten. Nach Hause darf Hannah keine Kinder einladen. Der sich rasch verschlechternde Zustand von Paul Arendt lässt das nicht zu.

Martha Arendt tut alles, damit Hannah ein unbeschwertes Leben hat. Aber es ist nicht möglich, die Krankheit des Vaters ganz vor dem Kind zu verbergen. Es kommt vor, dass Paul Arendt auf einem Spaziergang von einer Lähmung befallen wird und unvermittelt zu Boden stürzt. Hannah weiß nur, dass der Vater krank ist und mit aller Rücksicht behandelt werden muss. Oft spielt sie in seinem Zimmer mit ihm Karten. Oder sie spielt Krankenschwester, die den Vater pflegt. Aber Paul Arendt tut sich schwer, mit einer sensiblen Kinderseele umzugehen. Er war immer schon ein ernster, verschlossener Mensch, der auf andere unzugänglich wirkte. Das wird jetzt noch verstärkt durch eine Krankheit, die auch sein Selbstverständnis zerstört hat. Statt in Beruf und Gesellschaft seinen Mann zu stehen, ist er zum Nichtstun verdammt, auf andere angewiesen, ein Pflegefall. Wenn seine Tochter mehr Aufmerksamkeit für sich fordert, reagiert er eher hilflos und gereizt. In das Erziehungsbuch seiner Frau trägt er einmal ein: »Wird am Tag unbequem durch Wachliegen und das Verlangen, dass man sich mit ihm beschäftige.«

Martha Arendt wollte es so lange wie möglich vermeiden, ihren Mann in einem Krankenhaus unterzubringen. Aber Paul Arendts Zustand verschlimmert sich dramatisch. Im Sommer 1911 muss er in die psychiatrische Klinik von Königsberg eingeliefert werden. Hannah darf anfangs noch mitgehen, wenn Martha ihren Mann in der Klinik besucht. Aber bald erkennt Paul Arendt seine Tochter nicht mehr und Hannah werden diese Besuche erspart.

In dieser Zeit wird ihr Großvater Max Arendt für sie immer wichtiger. Er macht mit seiner kleinen Enkelin Spaziergänge in die »Glacis«, wie die Wäldchen vor den Wällen heißen. Und samstags nimmt er sie manchmal mit in die Synagoge. Auf diese Weise kommt Hannah Arendt zum ersten Mal in Berührung mit ihrer Religion.

Das Jahr 1913 bringt schwere Schicksalsschläge für das Haus Arendt. Im März stirbt Max Arendt. Obwohl Hannah ihn über alles geliebt hat, reagiert sie merkwürdig unberührt. Sie verfolgt den Leichenzug vom Fenster aus und ist stolz, dass so viele Leute ihren »Opi« zum Friedhof begleiten. In der darauf folgenden Zeit erwähnt sie den Großvater mit keinem Wort mehr und ist so unbeschwert, dass es selbst der Mutter nicht geheuer ist. Es scheint, als könne ihr heiteres Gemüt durch nichts getrübt werden. Aber dann lässt sie ganz unvermittelt wieder Bemerkungen fallen, die verraten, dass die Ereignisse sie doch beschäftigen. »Man muss an traurige Dinge so wenig wie möglich denken«, erklärt sie ihrer Mutter, »es hat doch keinen Sinn, dadurch traurig zu werden.«

Im Oktober stirbt Paul Arendt. Wiederum reagiert Hannah nach außen hin fast gleichgültig. Sie weint auf der Beerdigung, aber nur, »weil so schön gesungen wird«. Wieder ist es die kleine Hannah, die meint, ihre Mutter trösten zu müssen. »Denke daran, Mutti«, erklärt sie, »dass das noch vielen Frauen passiert.«

Für Hannah ist es eine gewisse Ablenkung von den traurigen Ereignissen, dass sie seit August 1913 in die Schule geht. Von offizieller Seite wird wenig für die Ausbildung von Mädchen getan. In Königsberg gibt es 1913 für Mädchen keine einzige staatliche Schule und nur eine städtische, die Luisenschule. Dagegen gibt es zehn höhere Knabenschulen, fünf davon sind Gymnasien. Die so genannten höheren Töchterschulen sind private Institute, die von engagierten Frauen eingerichtet werden. Sie dürfen sich zwar auch »Lyceum« nennen, stehen aber im Rang einer Mittelschule.

Hannah Arendt besucht die Schule der Elvira Szittnick, die aus einem Privatzirkel hervorgegangen ist. Das Gebäude steht in der Hindenburgstraße, einer Parallelstraße zur Tiergartenstraße. Hannah ist ihren

Mitschülerinnen weit voraus, sie kann bereits fließend lesen und schreiben. An ihrer Lehrerin hängt sie sehr. Vielleicht auch deshalb, weil sie oft lange Zeit auf ihre Mutter verzichten muss. Martha Arendt unternimmt nach dem Tod ihres Mannes eine zehnwöchige Reise nach Paris. Um Hannah kümmern sich die beiden Großmütter, Fanny Spiro und Klara Arendt. Als Martha Arendt im Winter zurückkehrt, bleibt sie nur kurz. Bald reist sie wieder ab zur Kur nach Karlsbad und dann weiter nach Wien und London. Immer wenn sie nach Königsberg zurückkehrt, stellt sie die Reaktion ihrer Tochter vor Rätsel. Sie weiß nie, ob sich das Kind freut sie wieder zu sehen oder nicht. Wahrscheinlich weiß Hannah es selbst nicht.

Erst viele Jahre später ist Hannah Arendt fähig, etwas Licht in die dunkle Verwirrung ihrer Kinderjahre zu bringen. Als ihre Mutter im Juli 1948 stirbt, schreibt Hannah an ihren Mann Heinrich Blücher:

»Ich habe meine ganze Kindheit und halbe Jugend aber doch mehr oder weniger so getan, als ob es für mich das Leichteste und Selbstverständlichste auf der Welt sein würde, sozusagen das Natürliche, allen Erwartungen zu entsprechen. Vielleicht aus Schwäche, vielleicht aus Mitleid, aber ganz sicher, weil ich mir nicht zu helfen wusste.«[2]

II. Jüdin in Königsberg

»Dass ich Jüdin bin, erfuhr ich auf der Straße.«

In Königsberg, in der Münzstraße, ganz in der Nähe vom Schloss, wohnt die Familie Fürst mit ihren drei Kindern Lisbeth, Edith und Max. Julius Fürst, das Oberhaupt der Familie, hat ein Herrenartikelgeschäft nahe der Grünen Brücke. Max, das jüngste der Fürst-Kinder, ist kaum ein Jahr älter als Hannah Arendt. Als Max eines Tages durch die Stadt schlendert, sieht er folgende Warnung auf eine Mauer geschmiert: »Jude ohne Vorhaut, sei nicht mehr so vorlaut.«[1] Max hat schon oft judenfeindliche Bemerkungen aufgeschnappt, aber was die Anspielung an der Wand bedeuten soll, versteht er nicht recht. Was soll ihm fehlen, was die anderen haben? Seine Eltern traut er sich nicht zu fragen, also sucht er Rat im Brockhaus. Dort entdeckt er eine Abbildung der Skulptur des nackten David von Michelangelo und jetzt weiß er, worin er sich von den anderen Jungen unterscheidet. Er ist Jude und als kleines Kind beschnitten worden. Aber wieso das so schlimm sein soll, bleibt ihm ein Rätsel.

Max hat einen reichen Onkel im vornehmen Hufen-Viertel. Wenn er zu Kindergeburtstagen in die Jugendstil-Villa in der Tiergartenstraße eingeladen ist, kommt er sich vor wie der arme Verwandte. Einmal begegnet ihm da ein kleines Mädchen, es ist Hannah Arendt. Sie war, wie er sich später erinnert, »schön und klug, für mich ein Kind aus einer ganz anderen Welt«.[2] Dabei ist Hannah Arendt auch eine Jüdin. Und so lernt der junge Max Fürst, dass nicht alle Juden gleich sind. Es gibt solche und solche.

Anfang des 20. Jahrhunderts hat die Stadt Königsberg etwa 250 000 Einwohner, davon sind nur knapp 4500 Juden. Innerhalb der jüdischen Bevölkerung gibt es große Unterschiede, je nachdem, wie stark man die eigene Tradition und Religion pflegt oder sich an die deutsche Umgebung angepasst hat. In der Gegend zwischen dem Bahnhof und dem Fluss Pregel, wo auch die alte Synagoge steht, wohnen die orthodoxen osteuropäischen Juden. Dort wird Jiddisch gesprochen und man kann Männer sehen mit langen, geringelten Schläfenlocken, bekleidet mit einem Kaftan. Die alteingesessenen deutsch-jüdischen Familien der Mittelschicht wie die Fürsts wohnen »auf dem Tragheim«, im nördlichen Stadtzentrum. Und die wohlhabenden Juden wie die Arendts und die Cohns wohnen in den Vororten wie den Hufen und Amalienau.

Obwohl die Fürsts und die Arendts ganz anderen sozialen Schichten zugehören, ist ihnen doch gemeinsam, dass sie in kulturellen und religiösen Fragen eine liberale Einstellung einnehmen und sich so wenig wie möglich von ihren nicht-jüdischen Mitbürgern unterscheiden wollen. Für sie ist es selbstverständlich, dass sie auch deutsch sind, und es ist ihnen eher peinlich, mit den Glaubensgenossen in der Bahnhofsgegend in Zusammenhang gebracht zu werden. Deren Lebensform ist für sie überholt und von der höheren deutschen Kultur abgelöst worden. »Deutsche Ordnung, deutsche Sitte trat in Judas niedere Hütte«, steht in einem Gebetbuch der jüdischen Gemeinde[3]. Überhaupt hören es die liberalen Juden nicht gerne, wenn man sie Juden nennt, das ist in Deutschland schon in dieser Zeit ein Schimpfwort. Wenn man nach der eigenen Religion gefragt wird, sagt man lieber »mosaisch«.

In solchen Wortfeinheiten äußert sich der tiefe Zwiespalt, in dem sich die angepassten, die assimilierten Juden in Deutschland befinden. Einerseits wollen sie als normale Bürger der Gesellschaft anerkannt werden, andererseits können sie nicht einfach eine Tradition abschütteln, die ihre Identität ausmacht und sie von dieser Gesellschaft trennt. Jener Zwiespalt zeigt sich oft an merkwürdigen Verhaltensweisen. Es gibt den so genannten »Dreitagejuden«, der nur zu den drei hohen jüdischen Feiertagen in die Synagoge geht, bei dem aber zu Hause von jüdischem Gedankengut und Brauchtum nichts zu spüren ist. Und in vielen jüdischen Familien, auch bei den Arendts, ist es durchaus üblich, Weihnachten zu feiern, mit Christbaum, Liedern und Bescherung. Meistens ist die bewusste Übernahme christlicher Sitten mit einem schlechten Gewissen verbunden. So halten sich die Fürsts nicht an das Gebot, nur koscheres Fleisch zu essen. Es kommt auch

Schweinefleisch und Schinken auf den Tisch. Dann wird allerdings ängstlich darauf geachtet, dass niemand diese Speisen beim Namen nennt.

Mit jener doppelten Moral wachsen schon die Kinder auf. So lernen sie zum Beispiel im jüdischen Glaubensunterricht, welche Strafen ihnen drohen, wenn sie das Gesetz nicht befolgen, am Schabbat zu ruhen. Jedoch werden nur die wenigsten jüdischen Schüler von ihren Eltern angewiesen, in der Schule am Schabbat nicht zu schreiben. Die meisten gehen über diese Ungereimtheit stillschweigend hinweg und nur einige Privilegierte können es sich leisten, diesen Konflikt elegant zu umgehen, wie die Söhne des Bankdirektors Marx etwa, die sich ihre Schultaschen am Schabbat von einem Diener tragen lassen.

Auch für das Kind Hannah Arendt wird die besondere Rolle der Juden zu einer persönlichen Erfahrung. Wie Max Fürst wird sie »auf der Straße«, durch Bemerkungen von Kindern, darüber aufgeklärt, dass sie Jüdin ist. Im Hause Arendt fällt nie das Wort »Jude«. Martha Arendt hat keinen Sinn für Religion, schon gar nicht für die jüdische. Sie interessiert sich für Musik, für sozialistische Ideen und die Frauenbewegung, sie legt Wert auf gepflegte Geselligkeit, sucht den Kontakt zu nicht-jüdischen Familien und hält ihre Tochter an, sich mit der klassischen deutschen Literatur und Musik zu beschäftigen. Wenn Hannah etwas über ihre Religion erfährt, dann nur durch den Religionsunterricht beim Rabbiner Vogelstein oder über ihre Großmütter.

Martha Arendt hat zwar keinen Bezug zu ihrer jüdischen Herkunft, es kommt ihr aber auch nicht in den Sinn, diese Herkunft zu verleugnen. Das ist für sie eine Frage des Stolzes. Und diese Einstellung erwartet sie auch von ihrer Tochter. »Ich nehme an«, erklärt Hannah in einem späteren Interview, »sie würde mich links und rechts geohrfeigt haben, wäre sie je dahinter gekommen, dass ich etwa verleugnet hätte, Jüdin zu sein.«[4] Genauso entschlossen, wie Martha Arendt zu ihrem Jüdischsein steht, wehrt sie sich auch gegen jede Benachteiligung, die daraus entsteht. So hat Hannah klare Anweisungen für den Fall, dass ein Lehrer in der Schule antisemitische Bemerkungen fallen lässt, egal gegen wen. Sie muss dann sofort aufstehen, die Klasse verlassen und nach Hause kommen. Und zu Hause schreibt Martha Arendt dann einen ihrer vielen eingeschriebenen Briefe an die Schulleitung.

Hannah fühlt sich von ihrer Mutter »absolut geschützt«. Sie erlebt aber auch, dass andere Kinder diesen Schutz nicht erfahren und ihre »Seelen« durch den Antisemitismus »vergiftet« werden.[5] Besonders in den gutbürgerlichen deutsch-jüdischen Familien wird das Erbe der Väter mitgeschleppt wie eine Auszeichnung, die man schlecht zurückweisen kann und die man doch am liebsten loswerden möchte. Und so hält man widerwillig, mit innerer »Verbissenheit« daran fest; und gleichzeitig ist aller sozialer Ehrgeiz darauf gerichtet, in einer nicht-jüdischen Gesellschaft anerkannt zu werden und es so weit wie möglich zu bringen. Diese Mischung aus »Verbissenheit im Innern« und »Selbstgefühl nach außen«, so sieht es Hannah Arendt später, macht blind für Tatsachen wie den Judenhass, wozu die Wohlhabenheit dieser Schichten noch beiträgt. Gerade für Kinder sei diese Atmosphäre der Unsicherheit und Befangenheit sehr bedrückend. Und zustimmend zitiert sie Franz Kafka, der über »die dumpfe, giftreiche, kinderauszehrende Luft des schön eingerichteten Familienzimmers« klagt.[6]

Am 1. August 1914 bricht der Erste Weltkrieg aus. Entzündet hat sich der militärische Flächenbrand an der Ermordung des österreichischen Thronfolgers Franz Ferdinand am 28. Juni 1914 in Sarajewo. Österreich erklärte daraufhin Serbien den Krieg und brachte damit Russland gegen sich. Deutschland versicherte dem alten Verbündeten Österreich seinen Beistand, aber statt an der Ostfront aktiv zu werden, plante der deutsche Generalstab unter General Moltke einen Angriff im Westen, gegen den Erzfeind Frankreich. Gemäß dem berühmt-berüchtigten »Schlieffen-Plan« sollten die deutschen Truppen über Belgien angreifen, um den Aufmarsch der Franzosen an der Ostgrenze zu umgehen. Diese Strategie brachte England auf den Plan. Eine Besetzung Belgiens und damit eine Erweiterung des deutschen Machtbereichs bis zum Kanal konnte das Inselreich nicht hinnehmen.

In Königsberg verkünden rote Plakate an den Anschlagsäulen erst die Mobilmachung, dann die Kriegserklärungen. Es herrscht bei der ganzen Bevölkerung eine nie gekannte Kriegsbegeisterung. Die Kasernen werden überschwemmt von Kriegsfreiwilligen. Darunter ist auch der jüngste Freiwillige des deutschen Heeres, der 14jährige Obertertianer Scheyer vom Löbenichter Realgymnasium, das auch Max Fürst besucht.

Die Rolle der Juden im kriegsbegeisterten Deutschland entspricht ganz ihrer zwiespältigen Stellung in der Gesellschaft. Für viele eingesessene jüdische Mitbürger ist es selbstverständlich, für Deutschland ins Feld zu ziehen. In Königsberg werden bis Kriegsende 820 jüdische Bürger einberufen. Dagegen wird ein großer Teil der nicht eingebürgerten russischen Juden als Feind betrachtet, man verfrachtet sie in Eisenbahnwaggons und bringt sie ohne Angabe von Zielen aus der Stadt.[7]

Durch die Nähe zu Russland wird Ostpreußen schnell zum Kriegsschauplatz. In einer Offensive rücken russische Truppen Richtung Königsberg vor. Zehntausende fliehen aus den besetzten Gebieten. In der Stadt, die sich auf eine Belagerung vorbereitet, herrscht ein großes Flüchtlingselend und es geht die Angst um vor den Russen, die, wie man den Schülern versichert, keine Menschen seien. Die Schwestern von Max Fürst schleifen die großen Messer, um sich vor Vergewaltigung zu schützen. Viele Beamte werden mit ihren Familien evakuiert, und wer immer es sich leisten kann, setzt sich in den Westen ab.

Auch Martha und Hannah Arendt verlassen Königsberg. Sie fahren mit der Bahn nach Berlin, dort wohnt Marthas jüngere Schwester Margarete mit ihrem Mann und den drei Kindern. Hannah geht nicht gern fort aus Königsberg und in Berlin hat sie Heimweh. Martha rechnet anscheinend mit einem längeren Bleiben in Berlin, denn sie meldet Hannah an einer Schule im Stadtteil Charlottenburg an.

Unterdessen starten deutsche Truppen eine Gegenoffensive, um die Russen wieder aus Ostpreußen zurückzudrängen. Ende August kommt es zur Schlacht von Tannenberg, bei der die russische Narew-Armee vernichtend geschlagen wird. Nach einer weiteren Niederlage bei den masurischen Seen räumen die Russen Ostpreußen. Als Retter des Vaterlandes wird General von Hindenburg gefeiert. Zu Ehren des »eisernen« Generals und zur Aufbesserung der Kriegskasse hat man auf dem Königsberger Paradeplatz eine hölzerne Hindenburg-Statue aufgestellt. An einem Stand daneben kann man einen Nagel aus Eisen, Silber oder Gold kaufen, den man dann in das Denkmal hämmert. Der patriotische Eifer der Königsberger hält sich aber in Grenzen. Auch am Ende des Krieges wird das eiserne Kleid des Generals noch große freie Flecken aufweisen.

Nach nur zehn Wochen in Berlin können die Arendts wieder in ihre Heimatstadt zurückkehren. In Königsberg wimmelt es noch von Soldaten, viele Schulen sind zu Lazaretten und Truppenunterkünften umfunktioniert, dennoch kommt wieder ein halbwegs normales Leben in Gang. Nachdem man die Russen in die masurischen Sümpfe gejagt hat, ist man felsenfest davon überzeugt, dass der Krieg bald vorbei und Deutschland der Gewinner sein wird. Den Kindern in den Schulen wird eingebläut, dass es süß und ehrenvoll sei, für das Vaterland zu sterben, und Max Fürst am Löbenichter Gymnasium muss das Lied *Auf der Ostwacht* lernen, das sein Musiklehrer als Gegenstück zur *Wacht am Rhein* komponiert hat.

Mit zunehmender Dauer aber bekommt der Krieg ein härteres Gesicht. Lebensmittel werden knapp und für viele Firmen bedeutet es den Ruin, dass der wichtige Wirtschaftspartner Russland wegfällt und durch die englische Blockadepolitik der Handel über den Hafen fast zum Erliegen kommt.

Martha Arendt wird von den Kriegsnöten nur wenig getroffen, sie kann sich noch auf das große Vermögen ihrer Familie stützen. Was ihr mehr Sorgen bereitet, ist die Entwicklung ihrer Tochter. Hannah, so vermerkt sie in ihr Tagebuch, macht einen sehr nervösen Eindruck, sie hat »allerhand Ängste«, vor anstehenden

Klassenarbeiten »schlottern ihr die Knie«. Auch ist sie häufig krank und Martha Arendt kann nicht übersehen, dass Hannah immer dann erkrankt, wenn Reisen geplant werden oder eine Trennung von der Mutter droht. Die Serie von Krankheiten reißt nicht mehr ab. Zuerst eine Grippe, dann Masern, dann Keuchhusten, dann eine doppelte Mittelohrentzündung, dann Diphterie. Zu allem Überfluss muss sich das Kind auch noch einer »peinigenden Zahnregulierung« unterziehen. Bedingt durch ihre Krankheiten kann Hannah oft die Schule nicht besuchen, einmal über zehn Wochen lang nicht. Trotzdem gehört sie immer zu den Besten in ihrer Klasse.

Wenn Hannah wieder einmal krank ist, verbringen Mutter und Tochter viel gemeinsame Zeit allein zu Hause. Martha genießt es, Hannah zu pflegen und mit ihr zu lernen. Aber mit zunehmendem Alter versucht Hannah auch, sich dieser schützenden Geborgenheit zu entziehen. Dann kann es sogar vorkommen, dass sie gegenüber ihrer Mutter »ungehorsam und rüpelhaft« ist. Martha Arendt, die manchmal fast zwanghaft darauf bedacht ist, in ihrer Erziehung alles richtig zu machen, fühlt sich nun oft überfordert und hilflos.

Ab Mitte 1917 führt sie ihr Erziehungsbuch nicht mehr weiter. Die letzte Eintragung zeigt, dass sich im Verhältnis von Mutter und Tochter etwas verändert hat. Hannah, so klagt Martha Arendt, fange an, »schwierig« und »undurchsichtig« zu werden.

III. Wissenshunger

»Ich war gewohnt, das Leben zu doppeln: in ein Hier und Jetzt und Dann und Dort.«

»Friede wird, wenn der Wilhelm in Zylinder geht und die Auguste nach Kartoffeln steht.« So kann man die Leute in Königsberg reden hören, wenn sie in langen Schlangen vor den Geschäften anstehen, weil die Lebensmittelmarken nicht ausreichen. Dass der gottgegebene Kaiser und seine Gattin Auguste einmal abdanken könnten, das ist genauso unvorstellbar wie eine Mahlzeit, bei der etwas anderes auf den Tisch kommt als immer nur die verhassten Steckrüben. Viele wünschen sich, dass der Krieg endlich ein Ende hat, aber wer wie die Sozialdemokraten öffentlich gegen den Krieg demonstriert oder daran zweifelt, dass die Deutschen letztendlich den Sieg davontragen, der gilt als »vaterlandsloser Geselle«.

Am 3. Oktober 1918 bietet die deutsche Regierung dem amerikanischen Präsidenten einen Waffenstillstand an. Für den Großteil der Bevölkerung ist diese Nachricht ein Schock, denn von der Front war immer nur von Siegen berichtet worden. Es verbreitet sich die Meinung, dass die neue sozialdemokratische Regierung einen billigen Verständigungsfrieden herbeiführen wolle und den tapferen Soldaten an der Front in den Rücken gefallen sei. Diese so genannte »Dolchstoßlegende« wird sich noch lange halten, obwohl die meisten Soldaten wirklich kriegsmüde sind und sich mit der drohenden Niederlage abgefunden haben. Der Konflikt zwischen jenen, die den Krieg nicht verloren geben, und jenen, die ihn beenden wollen, führt schließlich zu einer Revolution. Ausgelöst wird sie am 4. November durch meuternde Matrosen in Kiel, die sich weigern, noch einmal in eine Seeschlacht gegen die englische Flotte zu ziehen. Die Matrosen bilden nach russischem Vorbild so genannte Räte und in wenigen Wochen breitet sich die Revolution über das ganze Deutsche Reich aus. Der Kaiser flieht in der Nacht vom 9. auf den 10. November nach Holland ins Exil, nachdem am 3. November das Waffenstillstandsabkommen unterzeichnet worden ist.

Auf die Nachricht von den Aufständen in Kiel und anderen Städten finden in Königsberg spontane Versammlungen von Arbeitern und Studenten statt. Unter anderem wird die Freilassung von Gefangenen gefordert. Eine riesige Menschenmenge zieht in Richtung Militärgefängnis, aber es kommt zu keinen gewalttätigen Zusammenstößen. Eine Gruppe von Aufständischen dringt in die Wohnung des stellvertretenden Kommandierenden, General von Dickhut-Harrach, ein, der ohne Widerstand seinen Säbel aushändigt. Nachdem mehrere Kasernen aufgelöst worden sind, werden Soldatenräte gewählt, sie beziehen ihr Hauptquartier im Königsberger Schloss.

Martha Arendt nimmt mit Begeisterung an den Ereignissen teil. Sie hat das Gefühl, Zeugin historischer Vorgänge zu sein, und mit ihren gleich gesinnten Freunden führt sie hitzige Diskussionen, zu denen sie auch ihre Tochter Hannah mitnimmt. Martha Arendts Interesse gilt weniger konkreten politischen Fragen, sie ist fasziniert von der Persönlichkeit der Kommunistin Rosa Luxemburg, die sie zur lebenden Legende verklärt. Gerührt erzählt sie Hannah von der Vogel- und Blumenfreundin Luxemburg, von der sich nach einer Inhaftierung die Gefängniswärter unter Tränen verabschiedeten.[1]

Das Leben der Rosa Luxemburg nimmt kein romantisches Ende. Sie und ihr Gefährte Karl Liebknecht werden im Januar 1919 von Freikorpsangehörigen ermordet, und damit ist der Revolution in Deutschland das Rückgrat gebrochen. Auch in Königsberg wird dem revolutionären Spuk bald ein Ende gemacht. Am 4. März wird die Stadt vom »bolschewistischen Terror« befreit. Hunderte von Aufrührern werden verhaftet, und das Schloss, in dem sich die Anführer verschanzt haben, wird gestürmt, es gibt viele Tote und Verletzte.

Hannah nimmt diese geschichtlichen Ereignisse nur am Rande wahr. Sie ist zwar schon zwölf Jahre alt und geht auf die Königin-Louise-Schule, kurz Luisengymnasium genannt, das erste Mädchengymnasium in Ostpreußen, aber für die aktuelle Politik interessiert sie sich nicht. Ihr Wissensdurst geht in eine andere Richtung. Aus der umfangreichen Bibliothek ihres verstorbenen Vaters verschlingt sie alles, was ihr unter die Hände gerät: Romane, Gedichte, philosophische Werke, vieles davon lernt sie auswendig. Sie liest *Die Kritik der reinen Vernunft* von Immanuel Kant und das Werk des deutschen Philosophen Karl Jaspers, die *Psychologie der Weltanschauungen*.

Hannah zeigt für eine Dreizehnjährige eine erstaunliche geistige Frühreife. Später wird sie diesen Wissensdrang eher als Ausdruck einer Not verstehen. In einem Text der neunzehnjährigen Hannah Arendt mit dem Titel *Die Schatten*[2] versucht sie zu erklären, warum sie als Kind und Jugendliche trotz ihrer Begabung nie ein Gefühl der Unwirklichkeit verlassen hat. Ihr Wissen, so schreibt sie über sich in der dritten Person, blieb »isoliert und verkapselt«, ihr Leben war »in sich versunken« und die Gegenwart sei an ihr abgeprallt, weil sie einer inhaltslosen »Sehnsucht« nachhing.

Anfang 1919 entschließt sich Hannahs Mutter, wieder zu heiraten, und zwar den sechsundvierzigjährigen verwitweten Geschäftsmann Martin Beerwald. Offensichtlich möchte Martha Arendt, inzwischen einundfünfzig Jahre alt, durch eine erneute Ehe für sich und ihre Tochter gesicherte Verhältnisse schaffen und Hannah wieder eine Familie geben. Martin Beerwald hat zwei Töchter, Clara und Eva. Die eine ist sechs, die andere fünf Jahre älter als Hannah. Im Sommer 1920 findet die Hochzeit von Martha Arendt und Martin Beerwald statt und Hannah zieht mit ihrer Mutter in das Beerwaldsche Haus in der Busoltstraße, nur zwei Straßen entfernt von der Tiergartenstraße.

Wenn Martha gehofft hat, dass mit Martin Beerwald wieder eine strenge, väterliche Hand über die Erziehung ihrer Tochter wacht, dann sieht sie sich bald getäuscht. Hannah hat ihren eigenen Kopf und der ruhige, auf stille Ordnung bedachte Martin Beerwald kann mit seiner lebhaften und oft widerspenstigen Stieftochter wenig anfangen. Auch der Unterschied zwischen Hannah und den Beerwald-Töchtern könnte größer nicht sein. Clara und Eva sind brave, häusliche Mädchen, ziemlich unansehnlich, beide mit hoher Stirn und schweren Augenlidern, die ihrem Blick etwas Melancholisches geben. In der Tat leidet besonders Clara oft unter Depressionen und sie wird sich mit dreißig Jahren das Leben nehmen.

Hannah dagegen sprüht vor geistiger Neugier. Sie ist enorm gewachsen und mit ihren schwarzen Haaren, dem offenen Gesicht und ihren großen dunklen Augen ist sie fast eine Schönheit. Ihre Lust an neuen Erfahrungen, ihre fiebrige Suche nach Außerordentlichem und »Absonderlichem«[3] machen sie immun gegen alle Versuche, sie zu bändigen. Sie weigert sich grundsätzlich, an den Familienfesten der Beerwalds teilzunehmen und oft führt ihre ungebärdige Art zum Eklat. So verspeist sie einmal mit viel Appetit ungeniert ein Tablett belegter Brötchen, das man für ein Fest zubereitet und in der Küche abgestellt hat. Als ihre Stiefschwestern den Frevel entdecken, sind sie außer sich vor Empörung und gehen auf Hannah los, es kommt zum Handgemenge, bei dem schließlich die Wanduhr krachend zu Boden fällt.[4]

Hannah macht es ihren Mitmenschen wirklich nicht leicht. Hemmungslos lässt sie ihren Launen freien Lauf. Besonders morgens ist ihre Stimmung schlecht, dann muss sie erst lange und ausgiebig alleine frühstücken, bevor sie wieder genießbar ist. Martha Arendt ist nicht die Mutter, die ihrem Liebling solche Grillen austreiben kann und will, im Gegenteil, sie lässt ihrer eigenwilligen Tochter alle Freiheiten und unterstützt sie oft auch noch in ihren Extravaganzen. Als Hannah findet, dass man es niemandem zumuten könne, zu früh am Morgen Unterricht zu haben, muss Martha Arendt bei der Schulleitung bewirken, dass sie von den frühen Griechischstunden befreit wird. Ihren schulischen Leistungen tut das keinen Abbruch. Hannah lernt leicht und schnell. Und wenn sie von einem Fach begeistert ist, geht ihr Lerneifer über den Unterricht hinaus. So wird sie in den so genannten »Grumacher Kreis« aufgenommen, der von dem Studenten Ernst Grumach ins Leben gerufen wurde und in dem Schüler und Schülerinnen der höheren Klassen zusammen über Literatur und Philosophie reden und griechische Texte lesen.[5]

Hannah hat sich durch ihre immense Belesenheit neue Welten erschlossen, das macht sie selbstbewusst und oft fühlt sie sich gegenüber Gleichaltrigen überlegen. Sie ist durchdrungen von einer merkwürdig ziellosen Sehnsucht. »Ich meine nicht Sehnsucht nach einem bestimmten Was«, erklärt sie in *Die Schatten*, »sondern Sehnsucht als das, was ein Leben ausmachen, für es konstitutiv werden kann.«[6]

Die Königsberger Welt kommt ihr oft eng und spießig vor. Hannah will sich von dieser Welt abheben, und das erreicht sie unter anderem dadurch, dass sie ihre Umwelt schockiert. So gibt sie sich keine Mühe zu verheimlichen, dass sie mit dem fünf Jahre älteren Ernst Grumach mehr verbindet als nur philosophische Gespräche, und sorgt damit in Königsberg für einen kleinen Skandal. Dieser Ernst Grumach ist es auch, der ihr von einem ganz ungewöhnlichen Mädchen namens Anne Mendelssohn erzählt, und Hannah beschließt, sie unbedingt kennen zu lernen. Sie lässt sich auch nicht von der Tatsache abhalten, dass Anne Mendelssohn in Allenstein, einer Stadt westlich von Königsberg wohnt und ihr Vater wegen eines Sittlichkeitsdelikts im Gefängnis sitzt. Heimlich schleicht sie sich nachts aus dem Beerwaldschen Haus, fährt mit dem Zug nach Allenstein und weckt die Mendelssohns auf, indem sie Steinchen gegen die Hausfenster wirft. So lernt Hannah Anne Mendelssohn kennen, und es wird eine lebenslange Freundschaft daraus entstehen.

Hannah hat Lust am Rebellieren und sie nutzt jede Gelegenheit dazu. Um ihrem Lehrer in jüdischer Religion »etwas Schreckliches«[7] anzutun, steht sie während des Unterrichts auf und bekennt, dass sie nicht an Gott glaube. Aber Rabbi Vogelstein ist souverän genug, sich nicht von einer vorlauten Göre aus dem Gleichgewicht bringen zu lassen. Er reagiert nicht empört, sondern entgegnet erstaunt: »Wer hat das von dir verlangt?«

Aber nicht immer bringen Hannahs Lehrer die gleiche Geduld für das schwierige Mädchen auf. Als sich die Fünfzehnjährige von einem jungen Lehrer am Gymnasium beleidigt fühlt und ihre Mitschüler auffordert, dessen Unterricht zu boykottieren, ist für die Schulleitung das Maß voll. Hannah wird von der Schule verwiesen, auch alle Proteste der Mutter helfen da nichts mehr. Jetzt zeigt sich aber, mit welchem unbedingten Zutrauen Martha Arendt hinter ihrer Tochter steht. Sie denkt nicht daran, Hannahs Schulverweis einfach hinzunehmen. Sie will alles in Bewegung setzen, damit sie die Schule zu Ende bringen kann. Aber solange noch keine Lösung in Sicht ist, nutzt sie ihre weit reichenden Beziehungen, und sie erreicht, dass ihre Tochter auch ohne Abitur einige Semester an der Berliner Universität studieren kann.

Hannah zieht also in die deutsche Hauptstadt, »ins Reich«, wie man in Königsberg sagt, nachdem als Folge des verlorenen Krieges Ostpreußen durch einen polnischen Korridor vom Rest Deutschlands getrennt ist. In Berlin lebt Hannah sehr eigenständig, sie hat auch ein eigenes, kleines Zimmer. An der Universität besucht sie Kurse in Latein und Griechisch, aber die nachhaltigsten Eindrücke hinterlässt bei ihr ein junger Theologe, der erst seit kurzem an der Berliner Universität lehrt, es ist Romano Guardini. Guardini, ein deutscher Gelehrter mit italienischer Abstammung, verkörpert jene Art des Lehrers, von dem Hannah in ihrem Leben immer wieder angezogen werden wird. Mit seinem Programmwort »Die Kirche erwacht in den Seelen« vermag er auch Menschen zu erreichen, die sich von der Institution Kirche entfernt haben. Guardini doziert nicht, sondern er macht Wissen lebendig, und was Hannah am meisten fasziniert: er ist kein engstirniger Theologe, sondern bezieht in seine Gedanken Philosophie, bildende Kunst und vor allem Dichter wie zum Beispiel Dostojewski und Rilke mit ein.

Während Hannah in Berlin ihren Hunger nach Erfahrungen und geistigen Abenteuern stillt, setzt ihre Mutter in Königsberg alle Hebel in Bewegung, um ihrer Tochter doch noch den Schulabschluss zu ermöglichen. Und sie hat Erfolg. Es wird Hannah die Chance eingeräumt, als Externe, unter verschärften Bedingungen, das Abitur abzulegen. Im Frühjahr 1924, ihrer alten Klasse um ein Jahr voraus, unterzieht sie sich den Prüfungen und besteht mit glänzendem Erfolg. Als Zeichen der Anerkennung wird ihr sogar eine Goldmünze überreicht.

Mit dem Abitur geht für Hannah ein Lebensabschnitt zu Ende. Ihr Abschied von Königsberg steht bevor, aber an ihrem Lebensgefühl hat sich nicht viel geändert. Mit einer »erschreckenden Selbstverständlichkeit« hat sie sich angwöhnt, ihr Leben aufzuspalten, »in Hier und Jetzt und Dann und Dort«. Das Leben, das sie führt, die Jahre in der Schule, die Erlebnisse in Berlin – das alles hat etwas Vorläufiges. Sie ist fest überzeugt: Es muss noch ein anderes, ein eigentliches Leben geben, das auf sie wartet. Hannah schreibt Gedichte, in denen sie diese Ungeduld und die damit verbundene Melancholie einfangen will.

Die Stunden verrinnen,
die Tage vergehen,
es bleibt ein Gewinnen
das bloße Bestehen.[8]

Mit dem »bloßen Bestehen«, dem einfachen Dahinleben will sich Hannah nicht zufrieden geben. Sie will mehr gewinnen. Aber welchen Weg soll sie dazu einschlagen? Für sie selbst ist die Antwort klar. Sie muss weiter diesem Drang zum »Verstehenmüssen«[9] nachgeben, das ist für sie wie eine Frage von Leben und Tod. Und diesen Drang glaubt sie am ehesten in der Philosophie befriedigen zu können.

Für Philosophie ist die Zeit denkbar ungünstig. In vielen Ländern Europas herrscht die nackte Not, man erholt sich erst langsam von den Zerstörungen des

Krieges. Auf Deutschland lastet nach dem verlorenen Krieg der Friedensvertrag von Versailles: Gebiete im Osten, Westen und Norden mussten abgetreten werden; das Land ist fast völlig entwaffnet und gigantische Zahlungsverpflichtungen an die Kriegsgegner sind zu leisten. Viele Deutsche fühlen sich gedemütigt von rachsüchtigen Feinden, denen man sich nur durch Verrat unterlegen glaubt. Besonders Veteranen aus dem Ersten Weltkrieg wollen sich mit der neuen Republik, der sogenannten Weimarer Republik, nicht abfinden. Unter ihnen ist auch Adolf Hitler, ein Österreicher, der als Gefreiter in der deutschen Armee gedient hat. Er setzt sich an die Spitze einer Gruppe, die sich »Deutsche Nationalsozialistische Partei« nennt. Am 8. November 1923 wagt er mit seinen Getreuen sogar einen Putschversuch in München. Die Aktion schlägt fehl. Hitler wird zu fünf Jahren Festungshaft in Landsberg verurteilt, wo er seine Bekenntnisse unter dem Titel *Mein Kampf* niederschreibt. Schon Weihnachten 1924 wird er wieder entlassen werden.

Seit 1919 herrscht in Deutschland eine Inflation, die ab 1922 außer Kontrolle gerät. Am Ende des Krieges war eine deutsche Mark noch 10 Dollar wert, 1922 kostet ein Dollar schon 20.000 Mark. Alle deutschen Geldvermögen sind so gut wie verloren. Seit 1923 reicht die Notenpresse nicht mehr aus, um das benötigte Papiergeld zu drucken, man muss ganze Güterzüge einsetzen, um die neuen Banknoten zu verteilen. In

Königsberg wird ein Geldschein im Wert von hundert Milliarden Mark in Umlauf gebracht. Die Königsberger Wirtschaft wurde durch das Kriegsende besonders hart getroffen, nicht nur durch die Inflation. Die neuen Grenzen haben die alten Handelswege zerschnitten und man muss erst wieder mühsam neue Verbindungen aufbauen. Vielen Firmen gelingt das nicht und sie müssen Konkurs anmelden.

Auch der Eisenwarenfirma, in der Martin Beerwald Teilhaber ist, geht es zunehmend schlechter. Eva und Clara müssen arbeiten, um zum Unterhalt der Familie beizutragen. Eva ist Zahntechnikerin, Clara Pharmazeutin. Nur Hannah will ein Studium aufnehmen, das »kein Brotstudium« ist, sondern »eher das Studium entschlossener Hungerleider«[10].

Von ihrem Freund Ernst Grumach, der in Marburg studiert, hat Hannah von einem jungen Dozenten der Philosophie gehört. Er hat noch kein bedeutendes Werk verfasst, aber er soll in seinen Vorträgen eine Faszination ausüben, die alle Hörer mitreißt. Diesem Dozenten gehe es nicht um spröde Gelehrsamkeit, im Gegenteil, ihm gelinge es, jene Inhalte wirklich zum Leuchten zu bringen, über die andere Professoren nur unverbindlich reden. Der Name dieses Privatdozenten ist Martin Heidegger.

Was Hannah über diesen Heidegger hört, spricht ihr aus der Seele. Und ihr Entschluss steht fest: Sie will nach Marburg, um bei ihm zu studieren.

IV. Hannah und der Zauberer

»Ich habe immer gewusst, dass ich wirklich nur existieren kann in der Liebe.«

Im Herbst 1924 kommt Hannah Arendt nach Marburg. Das Leben in der Kleinstadt wird ganz von der altehrwürdigen Universität bestimmt, die auf eine fast 400jährige Geschichte zurückblicken kann. Aber trotz der gelehrten Bevölkerung ist die Atmosphäre in Marburg nicht sehr offen. Dafür sind die Verhältnisse zu überschaubar und kleinkariert. Akademische Cliquen geben den Ton an, die Professoren thronen wie Halbgötter hinter ihrem Katheder, der auf einem Podest steht, und die Studenten sind größtenteils »bieder, ohne besondere Antriebe«[1].

In dieser Umgebung fällt Hannah auf, auch äußerlich. Sie hat ihr Haar nach der neuesten Mode, dem Bubikopf, geschnitten und sie trägt elegante Kleider, oft ein grünes, was ihr den Spitznamen »Die Grüne« einbringt. Auch ihre Persönlichkeit sorgt für Aufsehen. Hans Jonas, ein Marburger Studienfreund, erinnert sich später an ihre »Intensität«, ihre »Zielstrebigkeit« und ihre »Suche nach dem Wesentlichen«. All das habe ihr »etwas Magisches verliehen«[2]. Dem überaus schüchternen Hans Jonas imponiert Hannahs Selbstsicherheit, aber auch die Selbstzweifel und Ängste, die sich dahinter verbergen, entgehen ihm nicht.

Hannah bewohnt eine Dachkammer nahe der Universität. Dort ist sie meistens allein, Gesellschaft leistet ihr nur eine Maus, die sich in der Studentenbude eingenistet hat. Wenn Hannah Besuch bekommt, können ihre Gäste miterleben, wie sie ihre kleine Mitbewohnerin aus ihrem Loch lockt, um sie zu füttern.

An der Universität hat Hannah die Fächer Philosophie, Griechisch und Theologie belegt. Aber Griechisch, das sie ohnehin schon beherrscht, und das Fach Theologie, das sie bei dem berühmten Neutestamentler Rudolf Bultmann studiert, treten in den Hintergrund vor dem Eindruck, den der junge Philosophiedozent auf sie macht, dessentwegen sie nach Marburg gekommen ist: Martin Heidegger. Bald ist sie ihm mit Haut und Haaren verfallen.

Der fünfunddreißigjährige Heidegger ist der Sohn eines Küfermeisters und Messners aus dem kleinen Ort Messkirch am Rand der Schwäbischen Alb. Nachdem seine Pläne, Priester zu werden, gescheitert waren, wandte er sich später vom Katholizismus ab und ging seine eigenen, philosophischen Wege. Er war zunächst in Freiburg Assistent bei Edmund Husserl, dem Begründer der so genannten Phänomenologie, und 1923 erhielt er eine Berufung nach Marburg.

Heidegger gilt als Rebell unter den Philosophen. Zusammen mit dem gleich gesinnten Karl Jaspers will er eine »Kampfgemeinschaft«[3] gegen eine in seinen Augen abgewirtschaftete Professorenphilosophie errichten. Wogegen Heidegger und Jaspers aufbegehren, ist eine Philosophie, die ihre Aufgabe lediglich darin sieht, gelehrtes Wissen zu verwalten oder Weltanschauungen zu entwerfen, in denen der Mensch nur vorkommt als Anhängsel geschichtlicher, biologischer oder psychologischer Abläufe. Heidegger dagegen will, gemäß dem Motto der Phänomenologen, »zu den Sachen selbst«; das heißt, er will Philosophie wieder als etwas entdecken, das in das Leben des Einzelnen eingreift, es erfasst und verändert. Für Heidegger ist philosophisches Denken deshalb auch nur unter dem Einsatz der eigenen Person möglich. Und was das heißt, zeigt der »Zauberer von Messkirch«, wie ihn seine Studenten nennen, in seinen Vorlesungen. Wenn er Aristoteles oder Platon behandelt, dann erscheinen diese Denker nicht wie Gestalten aus längst vergangenen Zeiten, sondern ihre Gedanken werden wieder zum Leben erweckt und zeigen ihre ungeheure Brisanz auch für gegenwärtige Lebensfragen.

Heidegger versteht es, seine Zuhörer in Bann zu ziehen. Der kleine, aber gut aussehende, dunkelhaarige Mann, der meistens eine Bundhose und eine Trachtenjacke trägt und im Winter begeistert Ski fährt, wird in Marburg zur Kultfigur, in deren Vorlesungen man pilgert. Seine Art, Philosophie zu betreiben, birgt jedoch auch Gefahren. Wie Karl Löwith, ein Schüler Heideggers, berichtet, fühlten sich auch »mehr oder minder psychopathische Existenzen«[4] von Heidegger angezogen, und als eine seiner Studentinnen Selbstmord begeht, schreibt man das seinem Einfluss zu.

Auch Hannah ist von Heideggers Kunst verzaubert. Und Heidegger fällt die junge, attraktive Frau auf. Er lädt sie zu einem Gespräch in sein Büro ein. Hannah erscheint in einem Regenmantel, den Hut tief ins Gesicht gezogen, und antwortet auf Heideggers Fragen mit einem kleinlauten »Ja« oder »Nein«. Trotz dieses sehr einseitigen Gesprächs muss der Lehrer von seiner jungen Schülerin sehr angetan gewesen sein. Nur wenig später schreibt er ihr einen Brief, in dem er sehr wohlwollend von ihrer Begabung spricht und sie ermutigt, unter seiner Beihilfe ihren Weg fortzusetzen. Dieser Brief vom 10. Februar 1925 beginnt mit der Anrede: »Liebes Fräulein Arendt«. Nur vier Tage später folgt ein weiterer Brief Heideggers, dieses Mal redet er sie mit »Liebe Hannah« an. Und zwei Wochen darauf lässt er ihr ein paar Zeilen zukommen, aus denen hervorgeht, dass das Verhältnis zwischen beiden nun sehr intim geworden ist.

Die Affäre zwischen der jungen Studentin und dem philosophischen Genie entwickelt sich unter denkbar schwierigen Umständen. Heidegger ist verheiratet und Vater von zwei Söhnen. Von Anfang an macht er Hannah klar, dass er auf keinen Fall seine Ehe und seine Karriere gefährden möchte – und Hannah akzeptiert diese Spielregeln. Nun beginnt ein ausgeklügeltes Versteckspiel vor der Öffentlichkeit. Geheime Zeichen wie ein geöffnetes Fenster oder eine angeschaltete Lampe werden vereinbart, um die Stelldicheins zu arrangieren. Und immer schwebt über dem Liebespaar die Angst, ihr Geheimnis könnte entdeckt werden.

Heidegger treibt ein doppeltes Spiel. Seine Frau Elfride ist wahrscheinlich für ihn nicht das, was man die große Liebe nennt, aber sie bietet ihm Rückhalt, auch gesellschaftlich gesehen, und sie schafft seinem eigenbrötlerischen Wesen damit Freiraum. Hannah dagegen ist die »Passion seines Lebens«[5]. Aber seine wahre Leidenschaft ist seine Philosophie und die Einsamkeit, in der allein er seine Gedanken entwickeln kann.

Seine freie Zeit verbringt Heidegger in einer Holzhütte in Todtnauberg bei Freiburg. Hier ist er in seinem Element. Die raue Natur und die spartanisch eingerichtete Hütte bilden den Hintergrund, den er für sein Philosophieren braucht. Darum wird er auch später eine Berufung in die Weltstadt Berlin ablehnen, und darum verachtet er auch jene Städter, die zur Ferienzeit in den Schwarzwald kommen, um die Schönheiten der Natur zu genießen. Für Heidegger ist die Hütte in Todtnauberg seine »Arbeitswelt«. Wie ein Bauer will er dort oben leben und seine gedankliche Arbeit soll hart, einfach und schwer sein wie die raue Bergwelt. »Wenn in tiefer Winternacht ein wilder Schneesturm mit seinen Stößen um die Hütte rast und alles verhängt«, schreibt Heidegger, »dann ist die hohe Zeit der Philosophie.«[6]

In seiner Hütte beginnt Heidegger an einem philosophischen Werk zu schreiben, das ihn weltberühmt machen soll. Es wird den monumentalen Titel *Sein und Zeit* tragen und erst 1927 erscheinen. Das ein halbes Tausend Seiten umfassende Buch ist schwer verständlich, aber in seinen Grundgedanken bringt es nichts anderes zum Ausdruck als das Lebensgefühl, das Heidegger auf seiner Hütte sucht und findet. In der selbst gewählten Einsamkeit und Kargheit will er alles Überflüssige abwerfen und fern von gelehrtem Gerede, von den »großstädtischen Vergnügungspalästen« und von »Zeitungen und Zeitschriften« eine feste Überzeugung gewinnen von dem »Einen, was Not tut«.[7]

Um dieses Eine, was Not tut, zu finden, ist es für Heidegger zunächst wichtig, sich bewusst zu werden, wie wir überhaupt auf der Welt sind. Ein Mensch ist für Heidegger nicht vorhanden wie ein Gegenstand, er ist nicht einfach da, sondern er hat ein »Dasein«. Das heißt, er findet sich in eine Situation »geworfen«, die radikal offen ist. Sein Leben ist in keiner Weise festgelegt, er ist frei, er ist sogar »verdammt zur Freiheit«, wie es Jean-Paul Sartre, der sich später intensiv mit Heidegger beschäftigt hat, formuliert. Aber anstatt ein Spiel mit tausend Möglichkeiten zu betreiben, kommt es für Heidegger darauf an, eine Möglichkeit als die seine zu ergreifen. Man muss, so betont er immer wieder, sich zu seinem Leben entschließen.

Auf diese Entschlossenheit kommt es Heidegger wesentlich an. Viele Studenten in Marburg erwarten, dass Heidegger eine neue Weltanschauung entwirft, für die sie sich dann entscheiden können. Aber das ist ein Missverständnis. Heidegger weigert sich, Auskunft zu geben darüber, woran sich diese Entschlossenheit festhalten soll. Davon ist ein Student so irritiert, dass er verzweifelt ausruft: »Ich bin entschlossen, aber ich weiß nicht wozu!«[8] Nichts liegt jedoch Heidegger ferner, als Lebensregeln zu liefern oder tröstliche Orientierungen zu geben. Ihm geht es gerade umgekehrt darum, falsche Erwartungen zu enttäuschen und fragliche Sicherheiten einzureißen. Auf der Suche nach dem, was Not tut, will er zurückfinden zu den elementaren Tatsachen, die das »faktische Leben« ausmachen. Aber was für Tatsachen sind das und was entwirft Heidegger für ein Bild vom menschlichen »Dasein«?

Dieses Dasein ist für Heidegger kein Hort der Sicherheit und Geborgenheit, im Gegenteil, es ist eine »Last«[9]. An seinem Ende wartet der Tod, nicht der der anderen, sondern der deine und meine. Diese Grundbedingung des Daseins zu erkennen und sich ihr zu stellen, darin liegt für ihn die »Eigentlichkeit« des Lebens. In dieser Eigentlichkeit aber wartet die Angst, nicht die Angst vor etwas Bestimmtem, sondern die Angst als bodenlose Grundstimmung. Und darum ist es der natürliche Drang jedes Menschen, vor dieser Erfahrung zu fliehen. Heidegger kennt viele Arten dieser Flucht: die Flucht in die »Sorge«, also in ein Planen,

Berechnen und Voraussehen; die Flucht in Zerstreuung, die Flucht in das »Man«, in eine Öffentlichkeit, wo keiner mehr »er selbst« ist und in einer allgemeinen Verantwortungslosigkeit verschwindet. All diese Fluchtmanöver laufen für Heidegger letztendlich darauf hinaus, dass man sich selbst verborgen bleibt, sich festlebt und das Leben gegen sich selbst abriegelt. Auf »eigentliche« Weise würde man hingegen existieren, wenn man das Gewicht der Welt zu tragen vermag, wenn man den Mut hat, die Angst vor der Leere auszuhalten, wenn man sich mit gesteigerter Geistesgegenwart in diesem gefährlichen Dasein behauptet.

Heidegger will natürlich seine Philosophie als überzeitliche Analyse verstanden wissen. Aber es ist doch unverkennbar, dass seine Gedanken in vielem eine weit verbreitete Stimmung in der Weimarer Zeit widerspiegeln. Nach der goldenen Ära der Sicherheit im Kaiserreich können sich weite Kreise der Bevölkerung mit der Republik nicht anfreunden. Es gibt zwar Mitte der zwanziger Jahre einen wirtschaftlichen Aufschwung und mit dem Vertrag von Locarno, in dem die Westgrenze festgelegt wurde, kann Deutschland einen außenpolitischen Erfolg verbuchen, aber das alles vermag die tiefe Skepsis gegen das Parteienwesen und gegen die Erscheinungen des modernen Lebens nicht zu beseitigen.

Die alte Welt ist aus den Fugen geraten, man weiß nicht mehr, woran man ist. Vorherrschend ist eine tiefe

Krisenstimmung, eine Verneinung des Fortschritts und der Gleichmacherei der Zivilisationsmaschine, wie sie etwa in Oswald Spenglers berühmtem Buch *Untergang des Abendlandes* zum Ausdruck kommen. Die bürgerliche Jugend stürzt sich auf Bücher wie Hermann Hesses *Demian*, in dem der leidvolle Weg in die Einsamkeit empfohlen wird, in ein wahres Selbst, aus dem allein eine neue Gemeinschaft geboren werden kann. Gerade bei den Kriegserfahrenen ist das Bedürfnis verbreitet, den Wust von Meinungen und Moden wegzufegen, um wieder mit den unbeugsamen Kräften des Lebens konfrontiert zu werden. In einer unübersichtlich gewordenen Welt der Zerstreuungen und Beliebigkeiten fühlen sich viele Menschen wie in einem »Kampf ohne Front«. In seinem Buch mit diesem Titel schreibt Karl Jaspers: »In der modernen Daseinsordnung ist man [...] betroffen von der Verworrenheit der Kampffronten [...]; was wie eine einheitliche Front aussah, kehrt sich gegen sich selbst. Und zwar alles in einem turbulenten Durcheinander und Wechsel.«[10]

Heidegger vergleicht sich selbst gerne mit einem Soldaten, der an die Fronten des Daseins vorstößt. Diesen Vorstoß, das betont er, kann man nur alleine, ohne Hilfe unternehmen. An dieser Überzeugung liegt es wohl, dass Heidegger auf andere äußerst unzugänglich wirkt, darauf bedacht, persönliche Verbindlichkeiten abzuwehren. Umso erstaunlicher ist es, mit welcher Leidenschaft er sich in Hannah Arendt verliebt. Aber Hannah weckt nicht nur seine sinnliche Leidenschaft. Immer wieder betont er in seinen Briefen, dass niemand sonst seine Gedanken so verstehe wie sie. Hannah ist sein guter Geist, sie inspiriert ihn in seinen Gedanken und später wird er ihr gestehen, dass er ohne sie *Sein und Zeit* nicht hätte schreiben können.

Hannah hängt an ihm bis zur Hörigkeit. Sie fügt sich in stiller Ergebenheit in seine geheimen Anordnungen, um, wie sie sagt, »wegen meiner Liebe zu dir nichts schwerer für dich zu machen, als es zu sein hat«.[11] Auch in der Liebe ist er der Lehrer und sie die Schülerin.

Die Semesterferien im Sommer 1925 verbringt Heidegger auf seiner Hütte in Todtnauberg. Hannah reist zu ihrer Familie nach Königsberg. Dort schreibt sie den erwähnten Text *Die Schatten*, der für Heidegger bestimmt ist. Dieser komplizierte Text lässt sich auch lesen als Versuch Hannahs, sich und ihrem Geliebten zu erklären, warum sie von ihm nicht loskommt und warum sie dabei nicht glücklich ist. Weniger abgehoben und philosophisch verbrämt erfasst sie in einem Brief elf Jahre später, was sie damals bewegte: »[...] ich habe immer gewusst – schon als Gör -, dass ich wirklich nur existieren kann in der Liebe. Und hatte gerade darum solche Angst, dass ich einfach verloren gehen könnte. Und nahm mir meine Unabhängigkeit.«[12]

Hannah klammert sich an den älteren, erfahrenen Lehrer und Liebhaber, weil sie bei ihm Halt zu finden hofft. Was sie jedoch findet, ist weniger Halt als Abhängigkeit. Heidegger zitiert zwar in einem Brief an sie die Worte des Augustinus: »Volo ut sis« – ich will, dass du seiest. Aber Hannah kann sich in dieser Beziehung gerade nicht entfalten. Dazu sind die Rollen zu festgelegt. Heidegger schätzt sie als loyale Liebhaberin und als verständige Bewunderin seiner Werke. Andere Seiten an sich darf sie nicht zeigen.

Hannah ahnt mehr, als sie weiß, dass der Liebe zwischen ihnen etwas Entscheidendes fehlt, sie wird es später den »Zwischenraum« nennen. Dieser Zwischenraum kann nur entstehen, wenn jemand gelernt hat, dass er nicht allein, sondern nur gemeinsam mit anderen Menschen herausfinden kann, wer er ist und was ihn mit seinen Mitmenschen verbindet. Erst dann kommt es zu einem Gespräch, das nicht durch Erwartungen und feststehende Überzeugungen bestimmt ist, sondern in dem sich jeder zeigt, ohne Ängste und Vorbehalte. Ohne diesen Zwischenraum bleibt für Hannah jede Liebe »weltlos«. Sie ist nur Leidenschaft und verbrennt wie Stroh zwischen den Liebenden.

Es wird auch noch Jahre dauern, bis Hannah erkennt, dass Heideggers Liebe zur ihr und seine Philosophie viel miteinander zu tun haben. Seine Abkehr vom »Man«, seine Vorstellung, dass man nur alleine, in Abkehr von den anderen Menschen zu sich selbst finden kann, führen zu einem Bild vom Menschen wie einem Gott, einem heroischen, aber sehr einsamen Gott. In einem Essay über die Existenzphilosophie schreibt

Hannah Arendt über ihren ehemaligen Lehrer: »Was infolgedessen bei Heidegger als ›Abfall‹ erscheint, sind alle jene Modi des Menschseins, die darauf beruhen, dass der Mensch Gott nicht ist und mit seinesgleichen zusammen in einer Welt lebt.«[13]

Was für Heidegger der »Abfall«, das Abfallen von einem eigentlichen Leben ist, wird Hannah als eigentliches menschliches Glück verstehen. Es ist das Glück, eben kein einsamer Gott zu sein, sondern zusammen mit seinesgleichen in einer gemeinsamen Welt zu leben, die man auch nur gemeinsam gestalten kann. Hannah wird Heidegger ein Leben lang verbunden bleiben, »treu« bleiben, wie sie sagt, und sie wird auch versuchen, eine philosophische Antwort auf ihn zu finden.

Im Sommer 1925 geht Hannah Arendt für ein Semester nach Freiburg, um bei Edmund Husserl zu studieren. Sie kehrt nicht mehr nach Marburg zurück. Sie will nach Heidelberg. Heidegger hat ihr dazu geraten. Sie soll an der dortigen Universität bei Heideggers Freund Karl Jaspers promovieren. Vierundzwanzig Jahre später bekennt Hannah Heidegger, dass sie nur wegen ihm Marburg verlassen habe. [14]

Für Hannah ist der Weggang aus Marburg der Versuch, sich gewaltsam von Heidegger loszureißen. Innerlich jedoch hat sie sich noch lange nicht von ihm gelöst.

V. Hingabe und Vernunft

»Der Weg, den du mir zeigtest, verlangt ein ganzes langes Leben.«

Ein berühmter Schlager der zwanziger Jahre besingt das schöne Heidelberg, in dem man leicht sein Herz verlieren kann. »Ich hab mein Herz in Heidelberg verloren, in einer lauen Sommernacht. / Ich war verliebt bis über beide Ohren, und wie ein Röslein hat ihr Mund gelacht! / Und als wir Abschied nahmen, vor den Toren, beim letzten Kuss, da hab ich klar erkannt, / dass ich mein Herz in Heidelberg verloren, mein Herz, es schlägt am Neckarstrand.«

Auf Hannah trifft das nicht zu. Ihr Herz liegt in Marburg. Sie ist fest entschlossen, nie wieder einen anderen Mann zu lieben als Martin Heidegger. Gleichwohl hat sie ihm ihre neue Adresse in Heidelberg absichtlich nicht gegeben. Für Heidegger ist die räumliche Distanz kein Grund, das Verhältnis nicht weiterzuführen, und er versucht, wieder Kontakt mit Hannah aufzunehmen. Es gelingt ihm schließlich auch, über Hans Jonas, der ebenfalls nach Heidelberg gewechselt ist, ihre Anschrift herauszubekommen. Er schreibt ihr – und Hannah antwortet. Ende März 1926 schlägt Heidegger ihr ein Treffen vor. Er plant, auf einer Reise in die Schweiz in einem kleinen Ort Halt zu machen, dort, so hofft er, wird Hannah am Bahnhof auf ihn warten. Wenn sie bereit sei, soll sie ihm eine unverfängliche Postkarte mit Grüßen schicken. Hannah ist bereit – und es kommt noch mehrmals zu solch heimlichen Treffen.

Hannah weiß, dass sie ihre Eigenständigkeit völlig einbüßt, wenn es ihr nicht gelingt, sich Heideggers Einfluss zu entziehen. Allerdings schmelzen ihre guten Vorsätze dahin, wenn wieder ein Brief aus Marburg ankommt. Einmal bricht sie sogar eine lang geplante Reise Hals über Kopf ab, als sie ein Brief Heideggers erreicht, worin er um ein Rendezvous bittet.

Hannah ist kein Mauerblümchen, sie ist gern in Gesellschaft und knüpft schnell Kontakte. Aber ganz anvertrauen kann sie sich doch niemandem. Erst in einigen Jahren wird sie eine Freundin finden, von der sie sich ganz und gar verstanden fühlt, nur leider ist diese Freundin schon hundert Jahre tot. Es ist die deutsche Jüdin Rahel Varnhagen, die im Übergang vom 18. zum 19. Jahrhundert gelebt hat. Hannah wird die Briefe dieser Frau lesen und ein Buch über sie schreiben. Das Schicksal der Rahel wird ihr darin zur Vorlage, um ihre eigene Entwicklung, auch die Liebe zu Heidegger, zu verstehen und zu beschreiben. Sie wird die Rahel als eine unschöne, aber kluge Frau schildern, die verzweifelt versucht, einen Platz in der Welt zu finden, der ihr durch ihre jüdische Herkunft versagt ist. Ein Versuch ist die geplante Heirat mit dem Grafen Finkenstein. Rahel erhofft sich davon das Geschenk der »Sichtbarkeit«, des »Gekanntwerdens«[1]. Doch der Graf beugt sich den Erwartungen seines Standes und seiner Familie und lässt Rahel sitzen. Für Rahel bricht die Welt zusammen, sie schwört, nie wieder eine solche Liebe zu riskieren. Nie wieder will sie sich jemandem so öffnen, nie wieder will sie so verletzt werden, sie will nur noch abwarten. Die Rahel geht ganz in ihrem Schmerz auf. Darin sieht Hannah Arendt auch eine Gefahr. Indem die Rahel sich in ihre Trauer fast genussvoll stürzt, nimmt sie sich auch jede Zukunft, jede Hoffnung. Mehr noch: Ihre maßlose Enttäuschung über die Welt hat gleichzeitig den Vorteil, dass sie sich nicht mehr auf die Welt einzulassen braucht. »Die hoffnungslose Verzweiflung kennt sich aus«, schreibt Hannah kritisch, »keine Erfahrung macht sie unsicher.«[2]

Zu Beginn ihrer Heidelberger Zeit hat Hannah noch nicht diesen Abstand zu sich selbst. Sie versucht zaghaft, den Schatten Heideggers abzuschütteln, und ängstlich ist sie darauf bedacht, niemand zu nah an sich herankommen zu lassen. Ihr ergeht es dabei wie der Rahel Varnhagen – in Gesellschaft kann sie mit jedem über alles sprechen, doch dann: »[...] man geht weg und weiß nichts von ihr.«[3]

Hannah schließt in Heidelberg viele Freundschaften und sie lässt sich auch auf engere Beziehungen ein. Mit einem jungen Studenten namens Erwin Loewenson hat sie eine kurze Liebesaffäre. Und bei einer Teegesellschaft lernt sie Benno von Wiese kennen, der auch bei

Jaspers studiert und sich später einen Namen als Literaturwissenschaftler machen wird. Die beiden freunden sich an und bald ist sogar von Heirat die Rede. Der drei Jahre ältere von Wiese ist fasziniert von Hannahs Persönlichkeit. Besonders beeindruckt ihn die »suggestive Kraft« ihrer Augen. In seinen Memoiren erinnert er sich: »Man tauchte in ihnen geradezu unter und musste fürchten, nicht mehr nach oben zu kommen.«[4] Ihm gefiel auch, dass Hannah »keine Suffragette sein wollte«. Hannah konnte, so von Wiese, sehr einfühlsam sein, oft sei sie sogar in eine »schulmädchenhafte Sentimentalität« geraten. Eher störend empfand er dagegen Hannahs »präzisen Verstand« und ihren Drang, sich selbst zu behaupten. Benno von Wiese wusste wohl nichts von Hannahs Beziehung zu Heidegger, sonst wäre er in seinen Urteilen wohl vorsichtiger gewesen: »[...] die völlige Hingabe an das männliche Du konnte ihr trotzdem nicht gelingen, weil sie, gegen ihren Willen, stets dominieren musste.« Von Wiese litt daher in Hannahs Gegenwart oft unter einem Gefühl der »Unterlegenheit«. Und das, so mutmaßt er, war vermutlich einer der Gründe, warum aus ihm und Hannah kein Paar wurde.

Aus Hannahs Sicht stellen sich die Dinge wohl anders dar. Mit dem Verhältnis zu Benno von Wiese will sie gerade aus einer »totalen Hingabe an ein männliches Du«, nämlich an Heidegger, entkommen. Ihr geht es um die Bewahrung der eigenen Person *und* um die

Liebe zu einem anderen Menschen. In einem Brief an ihren späteren Mann Heinrich Blücher wird sie schreiben: »Und bei der Liebe der anderen, die mich für kalt erklärten, dachte ich immer: habt ihr 'ne Ahnung, wie gefährlich das ist und für mich wäre.«[5]

Heidelberg ist in vielem das Gegenteil von Marburg. Die romantische Stadt am Neckar ist weltoffener und liberaler. Die alte Heidelberger Universität erlebt gerade eine Spätblüte: Hier lehren einige der namhaftesten deutschen Wissenschaftler, etwa der Soziologe Alfred Weber, der Archäologe Ludwig Curtius, der Germanist Friedrich Gundolf und nicht zuletzt Karl Jaspers. Dabei herrscht kein Cliquenwesen wie in Marburg. Auch wenn man sich fachlich bekämpft, trifft man sich im Haus der Marianne Weber, der Frau des 1920 verstorbenen, berühmten Soziologen und Sozialpolitikers Max Weber, die eine Art Salon unterhält.

Die meisten Studenten in Heidelberg sind völlig unpolitisch. Das trifft besonders auf die Philosophen zu. Die politische Arena gilt als vulgär. So registriert man auch nicht, dass in dieser Arena neue Kräfte auftreten. 1926 kommt ein ehemaliger Absolvent der Universität nach Heidelberg, der in die Politik gegangen ist. Es ist Dr. phil. Joseph Goebbels und er hält einen Vortrag vor 200 Personen. Und im August 1927 berichten die *Heidelberger Neuesten Nachrichten*, dass Adolf Hitler zum ersten Mal in Heidelberg aufgetreten ist. Er sprach zum Thema »Was ist Nationalsozialismus?«.

Zu seinem Vortrag erschienen 3500 Interessierte aus Stadt und Land. Politisch spielen die Nationalsozialisten jedoch noch keine Rolle. Bei den regelmäßigen Werbemärschen der Heidelberger SA zählt man selten mehr als 25 Braunhemden.

Auch Hannah interessiert sich nicht für Politik. Sie will ihr Studium zu Ende bringen. Dazu ist sie von Heidegger an Karl Jaspers sozusagen weitergegeben worden. Heidegger und Jaspers sind befreundet, sie fühlen sich noch immer in der philosophischen »Kampfgemeinschaft« verbunden. Aber Hannah wird bald bewusst, dass große Unterschiede zwischen den beiden Männern bestehen. Ist Heidegger ihr umschwärmtes Genie, so ist Jaspers eine Respekt gebietende Vaterfigur. Wenn es irgendeinem Menschen gelungen sei, sie zu erziehen, sie »zur Vernunft zu bringen«, so wird Hannah Arendt Jahrzehnte später bekennen, dann sei es Jaspers gewesen.[6]

Jaspers ist ein ganz untypischer Philosophie-Professor. Der gebürtige Friese, der sich selber einmal »norddeutscher Eisklotz« nennt, hat eigentlich Medizin studiert und brachte es in seiner Disziplin, der Psychiatrie und Psychologie, bis zum Professor. Erst 1921, mit achtunddreißig Jahren, erhielt er in Heidelberg einen Lehrstuhl für Philosophie. Diese Karriere ist umso bemerkenswerter, als Jaspers schon seit seiner Kindheit schwer krank ist. Bei dem Achtzehnjährigen stellte man ein angeborenes Herz- und Lungenleiden fest und gab ihm noch etwa zehn Jahre zu leben. Obgleich er diese Frist überlebt hat, hängt das Damoklesschwert seiner Krankheit dauernd über ihm. Und er kann seinen Alltag nur bewältigen, wenn er seine Kräfte penibel einteilt und sich äußerste Disziplin auferlegt.

In Heidelberg hat es Jaspers nicht leicht. Als spät berufenem Philosophen versagen ihm viele Kollegen die Anerkennung. Die Studenten lassen sich davon nicht beirren, sie strömen aus allen Fakultäten in seine Vorlesungen. Jaspers, so erinnert sich Benno von Wiese, trug keine fertige Lehre vor, sondern man hatte den Eindruck, als ob seine Gedanken erst beim Vortrag entstehen würden. Jaspers will kein Schulwissen vermitteln, er will seine Schüler dazu bringen, selbst zu denken. Und so kann es schon mal vorkommen, dass er nicht Kant, Hegel oder Nietzsche behandelt, sondern den Münchner Anarcho-Philosophen Karl Valentin.[7]

Bei Jaspers lernt Hannah etwas, das sie vorher noch nicht kannte. Man könnte es eine rückhaltlose Vernunft oder Offenheit nennen. Hannah hat sich in ihrem Umgang mit Menschen bisher immer eine letzte Fremdheit bewahrt, es gab immer einen Winkel in ihrem Inneren, der für andere nicht zugänglich war und der sich auch von anderen trennte. Jaspers dagegen versucht, seine Gedanken möglichst klar und deutlich und ohne alle Vorbehalte zu äußern, er gibt sich preis, und das erwartet er auch von seinen Gesprächspartnern. Diese Haltung ist natürlich nur möglich, wenn man sowohl den Mut hat, sich zu öffnen, als auch das Vertrauen, dass der andere diese Offenheit nicht missbraucht, sondern erwidert. Erst dann wird, wie Jaspers es ausdrückt, die »Kommunikation« der »Raum, in dem wir uns alle treffen können«.[8]

Für Hannah ist diese Einstellung wie eine Offenbarung. Bisher war sie wie selbstverständlich davon ausgegangen, dass sie nur in verschlossener Innerlichkeit zu sich selbst finden könne. Nun wird ihr bewusst, dass sie, um etwas über sich zu erfahren, nach außen treten, sich äußern und das heißt auch – sich aussetzen muss. In ihrem Buch *Vita activa oder Vom tätigen Leben* wird sie es so formulieren: »Dies Risiko, als ein Jemand im Miteinander in Erscheinung zu treten, kann nur auf sich nehmen, wer bereit ist, [...] im Miteinander unter seinesgleichen sich zu bewegen, Aufschluss zu geben darüber, wer er ist, und auf die ursprüngliche Fremdheit [...] zu verzichten.«[9]

Hannah kann, natürlich, nicht von heute auf morgen aus ihrer Haut. Sie kann ihre Kindheitsängste nicht einfach abschütteln, genauso wenig, wie sie ihre Liebe zu Heidegger beenden kann. Aber unter dem Einfluss von Jaspers findet sie doch allmählich aus ihrer Selbstbefangenheit heraus.

War sie bisher völlig »naiv« und an politischen Dingen uninteressiert, so beginnt sie jetzt, sich auch von außen zu sehen, und das heißt auch, sich als Jüdin wahrzunehmen. Dazu trägt ein anderer Mentor bei. Es ist Kurt Blumenfeld, ein führender Kopf der zionistischen Bewegung in Deutschland.

Hannah lernt Blumenfeld anlässlich eines Vortrags kennen, den dieser in Heidelberg hält. Blumenfeld war dazu von Hans Jonas eingeladen worden. Aber weil sich durch Jonas' Schüchternheit die Organisation etwas schwierig gestaltet hatte, musste Hannah die Verhandlungen zu Ende führen. Nach dem Vortrag schlendern Hannah und Blumenfeld – Jonas trottet ihnen nach – Arm in Arm durch das nächtliche Heidelberg. Die beiden sind sich auf Anhieb sympathisch. Blumenfeld ist hingerissen vom »Liebreiz ihres Wesens«[10]. Und für Hannah ist er ein Mann »sui generis«, so nennt sie alle Männer, die ganz selbstverständlich und unbefangen Frauen lieben. Sie singen, lachen und sagen sich griechische Verse auf. Blumenfeld kommt auch aus Königsberg und hat schon mit Hannahs Großvater Max Arendt heftige Diskussionen geführt. Hannah nennt den zweiundvierzigjährigen Blumenfeld »Onkel« und neckt ihn wegen seiner Ansichten, die für sie »von vorgestern« sind. Hannah teilt nicht alle Meinungen Blumenfelds, aber er öffnet ihr die Augen für die Tragweite der so genannten »Judenfrage«.

Diese »Judenfrage« hängt aufs Engste damit zusammen, ob und wie die in alle Länder verstreuten Juden wieder in ihr Ursprungsland, nach Palästina, zurückkehren können. Die Sehnsucht nach der Rückkehr in das Land der Väter ist unter den Juden lebendig, seit

Jerusalem im Jahre 70 nach Christus von den Römern erobert und niedergebrannt worden war. Aber die politische Bewegung des Zionismus entstand erst in den letzten Jahrzehnten des 19. Jahrhunderts aufgrund der Judenverfolgungen besonders im zaristischen Russland. Auf dem ersten Zionistenkongress 1897 in Basel verkündete Theodor Herzl das vorrangige Ziel der zionistischen Bewegung, nämlich die Errichtung eines Judenstaates. Das war eine Forderung, deren praktische Umsetzung jedoch noch völlig unklar war.

Bis zum Ende des Ersten Weltkriegs gehörte Palästina zum Osmanischen Reich. 1922 fiel es an Großbritannien, das die Türken mit Hilfe arabischer Verbündeter besiegt hatte. Palästina kam unter britische Mandatsverwaltung. Die Briten unterstützen die zionistische Bewegung, gleichzeitig stehen sie bei ihren arabischen Verbündeten im Wort, denen sie ihre Unabhängigkeit zugesagt hatten. Schon in der berühmten »Balfour-Deklaration« von 1917 hatte sich Großbritannien verpflichtet, den Aufbau einer »jüdischen nationalen Heimstätte« zu fördern. Diesem Versprechen wurde jedoch ausdrücklich hinzugefügt, dass nichts geschehen soll, »was die bürgerlichen und religiösen Rechte der dort bestehenden nichtjüdischen Gemeinschaften verletzen kann«. Offen blieb, ob mit »Heimstätte« auch ein eigener Staat gemeint ist. Und unklar blieb, wie die Rechte der arabischen Bevölkerung geschützt werden sollen. Diese Unklarheiten und Widersprüchlichkeiten wurden in den folgenden Jahrzehnten zur Quelle von Feindschaft und Gewalttätigkeit zwischen Juden und Arabern.

Kurt Blumenfeld vertritt einen »postassimilatorischen Zionismus«. Das heißt, er will jene Juden ansprechen, die in ihrer Identität gespalten sind, weil sie in einem nichtjüdischen Milieu aufgewachsen sind, sich aber noch ihrer ursprünglichen Kultur zugehörig fühlen. Der Zionismus ist für Blumenfeld ein Weg, wieder bewusst Jude zu werden und sich offen und stolz zum eigenen jüdischen Schicksal bekennen zu können.

Für Hannah kommt dieser Weg nicht in Frage, weil für sie ein jüdischer Nationalismus wie jeder andere Nationalismus den Keim zu neuem Unheil in sich trägt. Aber Blumenbergs Programm nimmt die Fragen auf, die auch auf sie zutreffen. Denn als was soll sich Hannah verstehen? Ist sie eine Deutsche, wie Jaspers sie zu überzeugen versucht? Hannah fühlt sich der deutschen Kultur und Sprache verpflichtet, allerdings nicht der deutschen Nation. Doch in welchem Sinn ist sie eine Jüdin? Hannah entstammt einer jüdischen Familie, zweifellos, aber sie ist aufgewachsen mit Büchern von Goethe, Kant und Marcel Proust, zum jüdischen kulturellen Erbe hat sie keinen Bezug. Soll sie sich also zu einem Judentum bekennen, das ihr fremd ist? Oder soll sie, wie so viele Juden, ihr Jüdischsein verleugnen und darauf bestehen, dass sie Deutsche ist?

Solche Fragen beginnen Hannah jetzt zu beschäftigen. Zunächst aber geht es für sie darum, ihr Studium abzuschließen und bei Jaspers eine Doktorarbeit zu schreiben. Sie einigt sich mit ihm auf das Thema *Der Liebesbegriff bei Augustinus.* Es wird nicht das erste Mal sein, dass Hannah ein Thema wählt, bei dem sie unter dem Vorzeichen der Wissenschaftlichkeit persönliche Anliegen einbringen kann. Und bei Jaspers hat sie gelernt, dass man Geschichte verstehen kann von dem her, »was man aus der Erfahrung schon weiß«[11]. Über die Liebe glaubt Hannah schon einiges zu wissen und vieles will sie noch darüber in Erfahrung bringen. Und nicht von ungefähr untersucht sie ein Phänomen, das in der Philosophie Heideggers so gut wie nicht vorkommt. In der Tat kann man bei dieser hochabstrakten Schrift Hannahs den Eindruck haben, als suche sie nach dem, was ihr bei Heidegger fehlt. Zum Beispiel, wenn sie recht frei nach Augustinus unterscheidet zwischen einer »begehrenden« und einer »erinnernden Liebe«. Als sie 1963 ihre Doktorarbeit noch einmal überarbeitet, notiert sie dazu folgende Bemerkung: »Todesfurcht und Unzulänglichkeit des Lebens sind die Wurzeln des Begehrens, wohingegen auf der anderen Seite die Dankbarkeit, überhaupt das Leben geschenkt bekommen zu haben – ein Leben, das man selbst im Elend schätzt – [...] die Wurzel der Erinnerung ist. Was letzten Endes die Todesfurcht lindert, ist nicht Hoffnung oder Begierde, sondern Erinnerung und Dankbarkeit.«[12]

So einfach und klar sind die Gedanken in ihrer Promotionsschrift noch nicht. Jaspers jedenfalls bringt die Arbeit in eine gewisse Verlegenheit, weil sie schwer einzuordnen ist. Sie suche »existentielle Ursprünge des Gedankens zu gewinnen«, schreibt er etwas ratlos in seiner Beurteilung und gibt nur die drittbeste Note.[13]

Ende 1928 ist Hannah nun »Dr. phil.«, mit zweiundzwanzig Jahren. Es stellt sich ihr die Frage, welchen beruflichen Weg sie jetzt einschlagen will. Sie hat keine klaren Vorstellungen. Ihr wird angeboten, eine Karriere an der Universität zu machen, aber diese Aussicht scheint ihr wenig reizvoll. Hannah ist kein Mensch, der langfristig plant. Sie lässt sich meistens leiten von bestimmten Ideen, die sie beschäftigen und mit denen sie sich auseinander setzen will. Eine solche Idee ist jetzt das Buch über Rahel Varnhagen. Hannah will nach Berlin umziehen und das Buch dort schreiben. Ohne finanzielle Hilfe ist das nicht möglich und von ihrer Familie hat sie keine Unterstützung mehr zu erwarten. Darum will sie ein Stipendium beantragen. Sie bittet ihren Lehrer Jaspers, ihr dazu ein Gutachten auszustellen. Jaspers tut mehr als das, er wendet sich auch an Heidegger, der sich ebenfalls für Hannah einsetzen soll. Von dem Verhältnis der beiden hat Jaspers keine Ahnung. Natürlich auch nicht davon, dass Heidegger gerade dabei ist, seine Beziehung zu Hannah mehr oder weniger diplomatisch zu beenden.

Heidegger hat inzwischen den Durchbruch als Philosoph geschafft. *Sein und Zeit* ist erschienen und er ist als Nachfolger von Edmund Husserl an die Freiburger Universität berufen worden. Offenbar hält er jetzt den Zeitpunkt für gekommen, den Kontakt zu Hannah abzubrechen. Jedenfalls lassen ihre Briefe darauf schließen. »Dass du jetzt nicht kommst–«, schreibt sie einmal, »ich glaube, ich habe verstanden.« Hannah stürzt in eine tiefe Verzweiflung. In einem dramatischen Brief lässt sie ihren Gefühlen freien Lauf: »Ich hätte mein Recht zu leben verloren, wenn ich meine Liebe zu dir verlieren würde.« Im gleichen Brief heißt es dann aber auch: »Der Weg, den du mir zeigtest, ist länger und schwerer, als ich dachte. Er verlangt ein ganzes langes Leben [...].«[14]

Heidegger schreibt für Hannah ein sehr wohlwollendes Gutachten. Und Hannah bekommt ein Stipendium der Notgemeinschaft der deutschen Wissenschaft.

Dieses Stipendium ist überlebenswichtig. Die wenigen Jahre relativer Stabilität und wirtschaftlicher Sicherheit, die man einmal die »goldenen Zwanziger« nennen wird, sind vorbei. Eine Weltwirtschaftskrise steht vor der Tür, die Deutschland in große Armut und Massenarbeitslosigkeit werfen wird. Überall werden Plakate erscheinen, auf denen eine Armee von Elendsgestalten dargestellt ist. Darunter stehen die Worte: »Hitler, unsere letzte Hoffnung.«

VI. Abschied von Deutschland

»Ich will mit dieser Gesellschaft nichts mehr zu tun haben.«

Mitte Juni 1929 bekommt Karl Jaspers einen Brief von Hannah Arendt aus Neubabelsberg bei Potsdam, in dem sie ihm mitteilt, dass sie seit vier Wochen verheiratet ist. Jaspers weiß die Neuigkeit schon von Benno von Wiese, der ebenfalls seit dem Winter in Berlin lebt und Kontakt zu Hannah hält.

Hannahs Ehemann ist Günther Stern. Die beiden kennen sich schon aus gemeinsamen Marburger Tagen. Nachdem sie lange nichts mehr voneinander gehört hatten, liefen sie sich wieder bei einem Neujahrsball in Berlin über den Weg. Stern kümmerte sich dann rührend um Hannah, als sie mit einer Erkältung im Bett lag. Und bald danach zog Hannah bei ihm ein.

Günther Stern stammt, wie Hannah, aus einer völlig assimilierten jüdischen Familie. Sein Vater und seine Mutter machten sich in der Wissenschaft einen Namen mit einem Werk über Kinderpsychologie. Dieser berühmten Eltern wegen ist Hannahs Mutter, die ihre Tochter oft in Berlin besucht, sehr stolz auf ihren Schwiegersohn.

Aber Günther Stern nützt der Ruhm seiner Eltern wenig. Wie bei den meisten Intellektuellen dieser Zeit sehen seine Zukunftsaussichten nicht rosig aus. »Was,

Sie sind Akademiker?«, lautet eine beliebte Scherzfrage der Berliner. »Und wovon leben Sie?«

Günther Stern hofft, an einer Universität unterzukommen. In Berlin stehen die Chancen dafür schlecht, aber in Frankfurt zeigt man sich entgegenkommend. Nach einem Probe-Vortrag wird er aufgefordert, eine Habilitationsschrift in Philosophie anzufertigen. Zu diesem Zweck ziehen er und Hannah zuerst nach Heidelberg und dann nach Frankfurt. Als dann Ende 1931 Stern mit seiner Arbeit fertig ist und in Frankfurt darüber entschieden werden soll, wird sie zu seiner grenzenlosen Enttäuschung nicht angenommen. Mit entscheidend sind die Einwände des Philosophen Theodor W. Adorno, der der so genannten Frankfurter Schule angehören wird. Hannah wird Adorno dieses Verhalten nie verzeihen.

Nachdem seine akademischen Pläne gescheitert sind, zieht Günther Stern mit Hannah, die jetzt auch Stern heißt, nach Berlin zurück. Im Stadtteil Halensee finden sie eine vorläufige Bleibe in einem »Großraumstudio«, das mit modernen Skulpturen voll gestellt ist. Allerdings können sie ihre Wohnung nur zum Schlafen benutzen. Tagsüber nämlich wird der Raum von einer Tanzschule belegt.

Weil er irgendwie zu Geld kommen muss, beginnt Stern jetzt, auf Vermittlung Bertolt Brechts, für das Feuilleton des Berliner Börsen Courier zu schreiben. Als Journalist hat Günther Stern Erfolg. Er schreibt über alles Mögliche, von der Theaterkritik bis zu den »Vermischten Nachrichten«. Anscheinend hat er mehrere Kollegen gleichen Namens. Jedenfalls macht ihn der Chef des Feuilletons, Herbert Ihering, eines Tages darauf aufmerksam, dass die Hälfte aller Artikel mit »Stern« unterzeichnet seien. Dann solle er ihn eben anders nennen, schlägt Günther Stern vor. Und Ihering nimmt ihn wörtlich: Günther Stern heißt von nun an Günther Anders.

Das Leben in Berlin Ende der zwanziger, Anfang der dreißiger Jahre gleicht einem Tanz auf dem Vulkan. Noch immer ist die deutsche Hauptstadt eine brodelnde Metropole mit Weltflair. In den zahllosen Theatern, Konzertsälen, Kabaretts, Bars und Cafés blüht das kulturelle Leben und auch das Nachtleben. Die Menschen strömen zu den neuesten Varieté-Nummern in das »Scala« oder in den »Wintergarten«; in den Traumfabriken der Ufa, der Universum-Film A.G., haben Regisseure wie Fritz Lang und Ernst Lubitsch dem deutschen Stummfilm zu Weltruhm verholfen und man fängt gerade an, die ersten Tonfilme zu produzieren; Filmstars wie Emil Jannings, Marlene Dietrich, Greta Garbo oder Hans Albers begeistern ihr Publikum. Im »Theater am Schiffbauerdamm« hat der junge Bertolt Brecht mit seiner *Dreigroschenoper* für eine Sensation gesorgt und der Arzt und Schriftsteller Alfred Döblin veröffentlicht seinen Roman *Berlin Alexanderplatz*.

Aber Glanz und Gloria der Weltstadt werden zunehmend überschattet von sozialen Problemen. 1932 erreicht die Arbeitslosigkeit in Deutschland mit sieben Millionen ihren Höhepunkt. Allein in Berlin müssen 652 000 Menschen »stempeln« gehen und von einer Unterstützung leben, die für eine dreiköpfige Familie wöchentlich 16,50 Mark beträgt. Im Durchschnitt registriert man täglich sieben Selbstmorde aus Verzweiflung.

Durch die wachsende wirtschaftliche Notlage bekommen extreme Parteien Zulauf. Bei den Reichstagswahlen am 6. November 1932 erhalten die Kommunisten mehr als 37 Prozent der Stimmen in der Reichshauptstadt, die Nationalsozialisten 26 Prozent. Reichspräsident Hindenburg und sein Kanzler Franz von Papen stellen Überlegungen an, wie sie Hitler in die Regierung einbinden können. Sie sehen in ihm einen Aufsteiger, den man kurzzeitig für eigene Zwecke einspannen kann. Das ist eine fatale Fehleinschätzung, an der sie immer noch festhalten, als Hitler am 30. Januar 1933 zum Reichskanzler ernannt wird.

Hannah und ihr Mann gehören zu jenen, die jede Mark umdrehen müssen. Immerhin haben sie endlich eine eigene Wohnung gefunden, die, wie Hannah stolz an Jaspers schreibt, »nicht schwabinghaft« ist[1]. Sie liegt in der Opitzstraße, am Rand der Künstlerkolonie am Breitenbachplatz. Die 200 Reichsmark Stipendium reichen kaum, um die Miete zu bezahlen. Hannah schreibt für Zeitungen, um noch einiges dazuzuverdienen. Daneben arbeitet sie an ihrem Buch über Rahel Varnhagen.

Was sie an dieser Frau so fasziniert, ist nicht ihre Tugend oder ihre Fehlerlosigkeit – die Rahel hat sich in ihrem Ehrgeiz, in die Gesellschaft aufgenommen zu werden, oft verrannt und ist in Sackgassen geraten. Nein, was Hannah an dieser geistesverwandten Frau so beeindruckt, ist, dass sie »mit außerordentlicher Schonungslosigkeit und einem völligen Mangel an Verlogenheit alles an sich selbst ausprobierte«. Die Rahel wollte, dass das Leben sie trifft »wie Wetter ohne Schirm«[2]. Weil sie so schonungslos ehrlich zu sich war, gelangte die Rahel zu ernüchternden Einsichten. »Sie hat gelernt«, schreibt Hannah, »dass die reine Innerlichkeit, die darauf pocht, ›seine Welt in sich zu tragen‹, zugrunde geht [...]. Wenn sie leben will, muss sie lernen, sich geltend zu machen, sich zur Schau zu stellen; [...] muss sie verzichten auf ihre Originalität und ein Mensch unter Menschen werden.«[3]

Indem die Rahel ihren lächerlichen Stolz auf ihre Besonderheit ablegt, begreift sie auch ihr Schicksal als Jüdin nicht mehr als ein privates Problem. Sie sieht ein, dass sie aus dem Judentum »nicht heraus« kann. Es gibt daher für sie nur zwei Möglichkeiten, wie sie sich zu ihrem Judentum stellen kann. Um diese Möglichkeiten zu beschreiben, übernimmt Hannah von dem Soziologen Paul Lazare die Begriffe »Paria« und »Parvenu«. Ein »Parvenu« will nicht nur Jude, sondern auch Bürger sein, er will aus eigener Kraft Eingang in eine Gesellschaft finden, zu der er eigentlich nicht gehört. Ein »Paria« dagegen ist jemand, der aus seiner Not eine Tugend macht, der als Jude in der Gesellschaft ein Außenseiter bleibt und – wie die Rahel es ausdrückt – eine tiefe Liebe zu den »wahren Realitäten« behält, als da sind: »Liebe, Bäume, Kinder, Musik«.[4]

In Berlin entwickelt sich Hannah zu einer Paria-Existenz, jedenfalls ist sie eine ungewöhnliche Erscheinung. Man sieht sie kaum ohne Zigarette und sie beginnt Marx und Lenin zu lesen. Auch Kurt Blumenfeld ist sie wieder begegnet, die beiden sitzen oft mit Freunden in »Mampes Weinstube« und diskutieren über den Zionismus, dem Hannah nach wie vor kritisch gegenübersteht. Eines Tages kommt Blumenfeld zu Besuch in die Opitzstraße und bringt für Hannah eine Kiste Havanna-Zigarren mit. Günter Stern missbilligt dieses Geschenk, es scheint ihm für eine Frau unangemessen und außerdem verpesten sie die Luft. Aber Hannah raucht die Zigarren, auch in der Öffentlichkeit. Das ist nicht das erste Mal, dass die Jungverheirateten verschiedener Meinung sind. Hannah hat sich immer mehr von Günther Stern entfremdet. Und ihr Verhältnis ist bald so weit zerrüttet, dass sie ihm »die ehelichen Pflichten« kündigt. In einem späteren Brief spricht sie sogar von der »Hölle, die das Zuhause war«[5].

Im Februar 1933 verlässt Günther Stern Berlin und geht nach Paris. Er hat erfahren, dass die Nazis seinen

Namen in Bertolt Brechts Adressbuch gefunden haben. Brecht selbst sitzt schon auf gepackten Koffern, um ins Exil zu gehen. Hannah bleibt. Sie muss sich jetzt auch um ihre Mutter kümmern, die nach Berlin gekommen ist.

Wenige Tage nach Sterns Flucht, am 27. Februar, brennt der Reichstag. Hitler nimmt die Brandstiftung zum Vorwand, um Notverordnungen zu erlassen und Grundrechte außer Kraft zu setzen. Willkürliche Verhaftungen sind jetzt an der Tagesordnung, der Terror gegen die politischen Gegner nimmt zu.

Viele Juden in Berlin und Deutschland beginnen erst jetzt, den Antisemitismus der Nationalsozialisten wahrzunehmen. Für Hannah ist das eine groteske Verkennung einer Entwicklung, die sich schon seit Jahren angekündigt hat. »Dass die Nazis unsere Feinde sind«, sagt sie im Rückblick, »mein Gott, wir brauchten doch, bitte schön, nicht Hitlers Machtergreifung, um das zu wissen!«[6] Hannah beurteilt die Situation viel realistischer als zum Beispiel ihre Freundin Anne Mendelssohn, die noch immer nicht an eine Gefahr für die Juden glauben mag. Für Hannah sind die Ziele der Nazis klar, und ebenso klar und eindeutig ist jetzt die Stellung, die sie bezieht: »Wenn man als Jude angegriffen wird, muss man sich als Jude verteidigen.«[7] Das ist gegen jene Juden gesprochen, die den Antisemitismus der Nazis als persönliche Tragödie nehmen. Und es ist ein Aufruf zum politischen Handeln.

Hannah will sich zur Wehr setzen und sie packt die erste Gelegenheit dazu gleich beim Schopf. Blumenfeld hat die Idee, eine Sammlung antisemitischer Äußerungen anzulegen, um das Ausland wachzurütteln und darüber zu informieren, was in Deutschland vorgeht. Er fragt Hannah, ob sie diese Aufgabe übernehmen will, und sie sagt: »Natürlich.« In erster Linie befriedigt sie das Gefühl, dass man »doch irgendetwas tun« kann.[8] Was Hannah in den nächsten Wochen – hauptsächlich in Bibliotheken – tut, ist sehr riskant. Es fällt unter die Rubrik »Greuelpropaganda« und es sind Leute schon aus weit nichtigerem Anlass verhaftet worden und auf immer verschwunden.

Hannah hat schon eine »schöne Sammlung« beieinander, als sie eines Tages mit ihrer Mutter verhaftet wird. Die beiden werden ins nächste Polizeipräsidium gebracht. Beim getrennten Verhör spielt Martha Arendt die Ahnungslose. Und Hannah hat das große Glück, dass der zuständige Kriminalbeamte ein »reizender Kerl«[9] ist. Er besorgt ihr Zigaretten und gibt ihr Tips, wie man sie in die Zelle schmuggeln kann. Sie verzichtet sogar auf einen Anwalt, weil der Beamte ein so »offenes, anständiges Gesicht« hat. Aber auch wenn der Polizist ihr sympathisch ist, so muss Hannah ihm doch sozusagen die Hucke voll lügen. Und er nimmt ihr auch alles ab. Nach acht Tagen ist sie wieder auf freiem Fuß. Der glückliche Ausgang wird gleich gebührend gefeiert. Zusammen mit ihrer Mutter, Kurt

Blumenfeld, Anne Mendelssohn und anderen veranstaltet sie eine ausgedehnte »Sauforgie«.

Nach diesem Zwischenfall ist für Hannah und ihre Mutter der Boden in Berlin zu heiß geworden. Sie entschließen sich zur Flucht. Was für Hannah die Situation so alarmierend macht, ist weniger der Terror der Nazis als das Verhalten vieler intellektueller Freunde und Bekannte. Gerade in diesen Kreisen nämlich wird die neue Bewegung oft begeistert begrüßt. Nicht aus Furcht vor Verfolgung, was für Hannah noch verzeihlich wäre, sondern freiwillig, aus voller Überzeugung. »Das Schlimme war«, erinnert sie sich später, »dass die wirklich daran glaubten! [...] Zu Hitler fiel ihnen was ein. Und zum Teil ungeheuer interessante Dinge! Ganz phantastisch interessante und komplizierte! Und hoch über dem gewöhnlichen Niveau schwebende Dinge! Das habe ich als grotesk empfunden. Sie gingen ihren eigenen Einfällen in die Falle.«[10]

Den Deutschen fällt zu Hitler tatsächlich viel ein. Eugen Rosenstock-Huessy zum Beispiel erklärt in einem Vortrag, die nationalsozialistische Revolution sei der Versuch der Deutschen, Hölderlins Traum zu verwirklichen. Und Felix Jacoby, ebenfalls ein Jude, vergleicht in einer Vorlesung Adolf Hitler mit dem römischen Kaiser Augustus. Hannah denkt bei ihrer Bemerkung wahrscheinlich eher an Martin Heidegger in Freiburg, der den Umsturz von 1933 als metaphysische Revolution feiert. In eigentümlicher Vermischung von Philosophie und Politik verspricht er sich von ihr eine »völlige Umwälzung unseres deutschen Daseins«[11].

Mit solchen pathetischen Formeln kann Hannah wenig anfangen, sie widern sie an und machen sie sehr allergisch gegen das intellektuelle Milieu, zu dem sie bisher ja auch gehört hat. Als sie von Deutschland Abschied nimmt, ist sie jedenfalls beherrscht von der Vorstellung: »Nie wieder! Ich rühre nie wieder irgendeine intellektuelle Geschichte an. Ich will mit dieser Gesellschaft nichts zu tun haben.«[12]

Hannah und Martha Arendt verlassen Deutschland im August 1933 illegal über die so genannte »grüne Grenze«, auf einem Schleichweg durch die dichten Wälder des Erzgebirges. Mit Hilfe einer tschechischen Fluchthilfeorganisation gelangen sie über Prag, Genua und Genf nach Paris.

VII. Monsieur

»Nun weiß ich endlich auch, was Glück ist.«

Bis Ende 1933 verlassen über eine halbe Million Menschen Deutschland. Nach deutschen Gesetzen haben sie dadurch, dass sie »das Feld geräumt« haben, ihr Recht auf die deutsche Staatsbürgerschaft verloren. Auf den ersten Ausbürgerungslisten stehen Namen wie Heinrich Mann und Kurt Tucholsky.

Ungefähr 25000 flüchten nach Frankreich. Die Asylsuchenden sind bei vielen Franzosen nicht willkommen. Besonders rechtsradikale Gruppen wie die »Action Française« schüren die Vorurteile gegen die Flüchtlinge. »Ils mangent notre pain«, so heißt es. »Sie essen unser Brot.« Und es geht die Angst um, dass die Ausländer den Franzosen die spärlichen Arbeitsstellen wegnehmen und Frankreich in einen Krieg mit Deutschland treiben. Aber Arbeit zu finden wird den Emigranten fast unmöglich gemacht. Denn dazu braucht man eine Aufenthaltserlaubnis, und um diese »carte d'identité« zu erhalten, muss man paradoxerweise nachweisen können, dass man eine Arbeitsstelle hat. Also versucht man sich irgendwie durchzuschlagen. Wie das Leben der Flüchtlinge in Paris aussieht, schildert Hans Sahl in einem Roman: »Man borgt sich durch. Man hungert. Man wartet [...]. Einige schreiben. Andere haben ihr letztes Geld in eine Wäscherei oder eine Fotoagentur gesteckt, backen Kuchen oder verkaufen Würste, die sie von Haus zu Haus tragen. Sehen Sie dort den kleinen, furchtsamen Mann mit dem schwarzen Hornkneifer? Er war einmal ein bekannter Frauenarzt in Berlin. Jetzt fährt er mit der Aktentasche durch Paris und verkauft künstliche Blumen.«[1]

Hannah trifft in Paris viele alte Freunde wieder, wie Anne Mendelssohn und Hans Jonas. Sie lebt auch wieder mit Günther Stern zusammen. Nach wie vor ist sie mit ihm verheiratet. Aber die beiden haben sich nicht mehr viel zu sagen. Und als Stern 1936 nach Amerika auswandert, besteht die Ehe endgültig nur noch auf dem Papier.

Hannah geht es die erste Zeit in Paris nicht anders als den meisten Emigranten. Sie wohnt in billigen Hotels und treibt sich in der Stadt herum. Wie der Schriftsteller Walter Benjamin, den sie in Paris kennen lernt, beginnt sie sich in die Passagen und Boulevards zu verlieben. »In Paris«, so schreibt sie später, »fühlt sich der Fremde heimisch, weil man diese Stadt bewohnen kann wie sonst nur die eigenen vier Wände.«[2]

Aber Hannah ist keine Bohemienne, die in den Tag hinein lebt. Sie ist mit ganz festen Vorsätzen nach Paris gekommen. Sie hat sich klargemacht, dass ihre jetzige Lage allein dadurch herbeigeführt worden ist, dass sie Jüdin ist und als solche verfolgt wird. Ob nun die Verfolgung der Juden ein Missverständnis und der Judenhass unbegründet ist, spielt für Hannah kein Rolle. Fest steht für sie, dass dieser Hass nicht aus der Welt zu schaffen ist. Und mit dieser Tatsache müssen sich alle Juden abfinden, sonst ist ihnen nicht zu helfen. Der Judenhass ist ein rein politisches Problem, keine Frage der persönlichen Einstellung. Also will Hannah auch politisch darauf reagieren. Sie will in die »praktische Arbeit und [...] ausschließlich und nur in die jüdische Arbeit«[3].

Mit ihrer Einstellung steht Hannah jedoch ziemlich allein. Die meisten geflüchteten Juden, denen sie in Paris begegnet, wollen nicht nur Jude sein. Sie wollen anerkannte Staatsbürger sein, so wie die französischen Juden, für die alle Juden jenseits des Rheins nur »Polacken« sind. Hannah ist erschüttert über die Unfähigkeit ihrer Landsleute, ihr Schicksal politisch zu begreifen. In ironischem Ton schildert sie in einem Aufsatz die jüdische Untugend, möglichst sich anzupassen, ja nicht aufzufallen. In Deutschland, so schreibt sie, wollten die Juden gute Deutsche sein, in Prag gute tschechische und in Wien vorbildliche österreichische Patrioten. Es sei ihnen unangenehm, wenn sie Ärger erregten, es sei ihnen peinlich, dass Hitler »sie nicht leiden konnte«[4].

Je weniger die Flüchtlinge gelten, desto mehr neigen sie dazu, ihre Vergangenheit zu glorifizieren. Hannah macht sich über dieses Verhalten lustig und erzählt gern die Anekdote vom »einsamen Emigrantendackel«, der sich traurig an die Zeiten erinnert, »als er ein Bernhardiner war ...«. Unvergesslich bleibt für Hannah jener Jude, dem im Exil eine Arbeit zugeteilt wurde, die er als unter seiner Würde empfand, und der darauf seufzte: »Sie wissen nicht, mit wem Sie sprechen; ich war Abteilungsleiter bei Karstadt in Berlin.«[5]

Hannah versucht, ohne »diese faulen Tricks der Anpassung und Assimilation« ihren Weg zu machen, und sie verfolgt ihr Ziel mit erstaunlicher Hartnäckigkeit. So gelingt es ihr schließlich – auch ohne Arbeitserlaubnis -, bei einer jüdischen Organisation eine Anstellung zu finden. Zunächst arbeitet sie als Sekretärin bei »Agriculture et Artisan«, später für die »Jugend-Aliyah«. Beides sind Einrichtungen, die junge Juden ausbilden, um sie für ein zukünftiges Leben als Handwerker und Landwirte in Palästina vorzubereiten. Einige Monate lang ist Hannah sogar die Privatsekretärin der Baronesse Germaine de Rothschild. Die Baronin aus dem berühmten Haus Rothschild, eine der reichsten und einflussreichsten Familien in Frankreich, unterstützt jüdische Einrichtungen, besonders Kinderheime, und Hannah hilft ihr dabei, die Empfänger auszusuchen und die Verwendung der Gelder zu überwachen.

Im Zusammenhang mit ihrer Arbeit bei der »Jugend-Aliyah« hat Hannah 1935 erstmals die Gelegenheit, eine Gruppe Jugendlicher nach Palästina zu begleiten. Sie ist beeindruckt von der Aufbauleistung. Als sie jedoch einen Kibbuz besucht, ist ihre erste Reaktion skeptisch. »Ich dachte: eine neue Aristokratie«, so erinnert sie sich später. »Ich wusste schon damals [...], dass man dort nicht leben konnte. ›Herrsche über deine Nachbarn‹, darauf läuft es natürlich letzten Endes hinaus.«[6]

An Hannahs Einstellung zum Zionismus hat sich nichts geändert. Sie unterstützt ihn, weil er mit politischen Mitteln versucht, die jüdischen Interessen zu vertreten. Aber das zionistische Ziel eines eigenen jüdischen Staates lehnt sie ab. In Paris ist sie stolz darauf, heimat- und staatenlos, also ein bewusster Paria zu sein. Und ein Gefühl von Heimat kommt bei ihr nur auf, wenn sie mit gleich gesinnten Menschen zusammen sein kann, wenn sie frei reden kann und verstanden wird. Eine solche Gruppe von Leuten sammelt sie in Paris um sich. Ihr gehören unter anderen Walter Benjamin, der Rechtsanwalt Erich Cohn-Bendit, der Maler Karl Heidenreich oder der Ostjude Chanan Klenbort an, der Hannah auch Unterricht in Hebräisch erteilt. Man trifft sich gewöhnlich in Benjamins Wohnung, in der rue Dombasle, Nummer 10.

Eines Tages stößt auch ein merkwürdiger Deutscher zu der Gruppe. Er ist angezogen wie ein reicher Stutzer, mit Anzug, Hut und Spazierstock, und nennt sich Heinrich Larsson. In Wirklichkeit ist er ein bettelarmer deutscher Kommunist, der sich illegal in Paris aufhält, Heinrich Blücher heißt und auf deutschen Ausweisanträgen oft als Berufsbezeichnung »Drahtzieher« angegeben hat.[7]

Dieser Heinrich Blücher ist, ähnlich wie Kurt Blumenfeld, einer jener Männer »sui generis«, zu denen sich Hannah hingezogen fühlt. Und Blücher, den Hannah wegen seines Aufzugs »Monsieur« nennt, macht ihr auch den Hof. Aber Hannah hält ihre Gefühle noch im Zaum. Ihre politische Arbeit ist ihr jetzt wichtiger als ihr Privatleben und so kurz nach der Trennung von Günther Stern will sie sich nicht gleich wieder auf ein neues Verhältnis einlassen.

Im August 1936 reist sie nach Genf, um am Jüdischen Weltkongress teilzunehmen. Heinrich Blücher, der liebeskrank im verregneten Paris zurückbleiben muss, schreibt ihr lange Briefe, in denen er von seinen frustrierenden Auseinandersetzungen mit seinen kommunistischen Kameraden berichtet. Er nennt Hannah »meine Frau« und meint, »dass es in Anbetracht deiner Abwesenheit keinerlei Grund zur Heiterkeit gibt«.[8]

Hannah antwortet ihm zurückhaltend: »Dass ich dich liebe – das hast du schon in Paris gewusst, wie ich es wusste. Wenn ich es nicht sagte, so weil ich Angst hatte vor den Konsequenzen. Und was ich heute dazu sagen kann, ist nur: Wir wollen es versuchen – um unserer Liebe willen. Ob ich deine Frau werden kann, sein werde, weiß ich nicht. Meine Zweifel sind nicht weggepustet. Auch nicht die Tatsache, dass ich verheiratet bin.«[9]

Hannahs Zweifel werden jedoch schnell »weggepustet«. Noch im gleichen Jahr mieten Heinrich und sie in einem Pariser Hotel in der rue Servandoni ein gemeinsames Zimmer, dessen wichtigste Möbel zwei Spirituskocher, ein Grammophon und Platten sind. Und als Hannah im nächsten Jahr erneut nach Genf reist, um ihre Mutter zu treffen, schreibt sie an Heinrich: »Lieber Liebster, das einzig Gute ist, dass ich schön klar weiß, wie ich zu dir gehöre.«[10]

Heinrich Friedrich Ernest Blücher, wie »Monsieur« mit vollem Namen heißt, ist 1899 in Berlin geboren. Auch er wuchs, wie Hannah Arendt, vaterlos auf, aber nicht in behüteten Verhältnissen, sondern in einem proletarischen Berliner Milieu. Seine Mutter war Näherin und konnte für sich und ihren Sohn nur das Nötigste verdienen. Immerhin schaffte sie es, dass Heinrich eine Ausbildung als Lehrer aufnehmen konnte. Aber der Erste Weltkrieg zwang ihn, diese Karriere abzubrechen. In den revolutionären Ereignissen der Nachkriegszeit schloss sich der neunzehnjährige Heinrich den Spartakisten um Rosa Luxemburg und Karl Liebknecht an und wurde später ein enger Vertrauter von Heinrich Brandler, einem Nachfolger der Luxemburg und Anführer der neu gegründeten Kommunistischen Partei Deutschlands (KPD). 1933 musste er vor dem Nazi-Terror gegen die Kommunisten und Linken ins Ausland fliehen.

Obwohl Blücher auch in Paris noch Kontakt zu seinen kommunistischen Freunden hält, hat er jedoch inzwischen eine innere Abkehr von einem Kommunismus vollzogen, der nur noch doktrinär auf das sowjetische Vorbild ausgerichtet war. Heinrich hatte viele Hoffnungen in den Kommunismus gesetzt, aber zum blinden Parteigänger eignete er sich nicht. Dazu ist er viel zu wissensdurstig und erfahrungshungrig. Er hat sich aus eigenem Antrieb ein umfangreiches Wissen angeeignet. Er interessiert sich für Literatur und Kunst und geht leidenschaftlich gern ins Kino. In Berlin, wo Robert Gilbert, ein bekannter Verfasser von Texten für Operetten und Kabarett, sein bester Freund war, führte er das Leben eines Freigeistes und Lebenskünstlers.

In Paris hält Heinrich seine Vergangenheit möglichst im Dunkeln, auch gegenüber Hannah. Erst nach und nach erfährt sie von seinem turbulenten Vorleben. Eher durch Zufall und durch Dritte bekommt sie auch heraus, dass Heinrich schon zweimal verheiratet war und dass die zweite Ehe mit der Russin Natascha Jefroikyn immer noch besteht. Für Hannah sind die verheimlichten Ehen kein Grund, sich von Heinrich zu trennen. Im Gegenteil, sie schätzt seine antibürgerliche Einstellung. Bei dem unsentimentalen, aber sehr warmherzigen Heinrich findet Hannah etwas, das sie weder bei Heidegger noch bei Stern gefunden hat, eine Liebe, bei der sie nicht mehr einen wichtigen Teil von sich verleugnen muss.

Heinrichs »Güte«, seine »Klugheit« und vor allem seine »absolute Unabhängigkeit von allem und allen«[11] geben ihr ein nicht gekanntes, aber lange ersehntes Gefühl der Sicherheit. Und gleichzeitig teilt sie mit ihm das Bedürfnis nach Freunden, das vitale Interesse an öffentlichen Angelegenheiten und die Lust am leidenschaftlichen Debattieren. Von einer ihrer Reisen in die Schweiz schreibt sie ihrem »Stups«, wie sie Heinrich liebevoll und spaßhaft nennt: »Und als ich dich dann traf, da hatte ich endlich keine Angst mehr [...]. Immer noch scheint es mir unglaubhaft, dass ich beides habe kriegen können, die ›große Liebe‹ und die Identität mit der eigenen Person. Und habe doch das eine erst, seit ich auch das andere habe. Weiß aber nun endlich auch, was Glück eigentlich ist.«[12]

Während Hannah sich im Ausland für die Belange der Juden einsetzt, tritt der Antisemitismus der Nationalsozialisten in Deutschland immer unverhohlener zutage. In der Nacht vom 9. auf den 10. November 1938, der so genannten »Kristallnacht«, werden jüdische Geschäfte und Wohnungen verwüstet, Synagogen angezündet und Tausende von Juden verhaftet. Jetzt wird auch die Lage für jene Deutschen immer gefährlicher, die, wie es heißt, »jüdisches Blut« in ihrer Familie haben. Auch Karl Jaspers, Hannahs verehrter Lehrer, ist davon betroffen. Seine Frau, Gertrud Jaspers, ist Jüdin, und weil er sich weigert, sich von ihr zu trennen, wird er im Zuge der »Maßnahmen gegen jüdisch versippte Hochschullehrer« in den Ruhestand versetzt und mit einem Publikationsverbot belegt.[13] Das Ehepaar muss damit rechnen, dass Gertrud Jaspers in ein Lager deportiert wird. Aber so weit wollen sie es nicht kommen lassen. Sie sind fest entschlossen, vorher gemeinsamen Selbstmord zu begehen, und für diesen Fall tragen sie ständig Giftkapseln bei sich.

Martin Heidegger in Freiburg schweigt zu diesen Vorgängen. Der Kontakt zwischen den ehemaligen »Kampfgenossen« ist seit dem Sommer 1936 abgebrochen. Heidegger war 1933 zum Rektor der Universität Freiburg gewählt worden und in die NSDAP eingetreten. Zu seinem Amtsantritt hat er eine Rede gehalten, in der offen blieb, wie er eigentlich zum Nationalsozialismus steht. Man habe nicht gewusst, meinte Karl Löwith, einer seiner Schüler, ob man die Vorsokratiker studieren oder in die SA eintreten solle. Auch ist Hannah zu Ohren gekommen, dass Heidegger jüdischen Kollegen wie seinem Lehrer Husserl aus dem Weg gehe und jüdische Studenten benachteiligt haben soll. Heidegger wird diese Vorwürfe später zurückweisen. Er wird darauf beharren, dass er in seiner öffentlichen Funktion so handeln musste, um Schlimmeres zu vermeiden.

Nach dem »Anschluss« Österreichs im März 1938 und dem Einmarsch deutscher Truppen in die Tschechoslowakei ein Jahr später, beginnt am 1. September 1939 der deutsche »Blitzkrieg« gegen Polen. Das ist der

Auftakt zum Zweiten Weltkrieg. Schon am 3. September erklärt Frankreich Deutschland den Krieg.

Hannah Arendt fühlt sich in Frankreich als Jüdin noch sicher. Das gilt nicht für ihre Familie. Eva Beerwald, ihre Stiefschwester, die in England lebt, möchte zu Hannah nach Paris kommen. Hannah hält davon wenig. Sie will nicht auch noch für ihre Stiefschwester sorgen müssen. Etwas anderes ist es mit ihrer Mutter. Für Martha Beerwald wird die Situation in Königsberg immer gefährlicher. Sie denkt daran, nach Frankreich zu fliehen. Aber ihr Mann, Martin Beerwald, will nicht weg aus seiner Heimat. Wenn Martha ins Ausland gehen will, muss sie ihn verlassen.

VIII. Fluchtpunkt Marseille

»Es ist eine Lust zu leben, auch wenn die Weltlage beschissen ist.«

Mit dem Kriegseintritt Frankreichs ändert sich auch die Situation der deutschen Emigranten dramatisch. Waren sie bisher im Nachbarland ungebetene Gäste, so sind sie jetzt »étrangers indésirables« – unerwünschte Ausländer. Alle Deutschen gelten als »boches«, ob sie nun von den Nazis verfolgt wurden oder nicht. Besonders die politisch Aktiven und Kommunisten betrachtet man nach dem Pakt zwischen Hitler und Stalin als Spione und Agenten Hitlers, als »fünfte Kolonne«.

Am 7. September erscheint eine Anzeige in den Pariser Zeitungen, in der alle emigrierten Männer im Alter zwischen siebzehn und fünfzig dazu aufgefordert werden, sich sofort in den angegebenen Sammellagern einzufinden. Ein Sammellager ist das Stadion »Roland Garos«. Ein anderes ist das Olympia-Stadion »Yves de Manoir« in Colombes, am Rande von Paris. Dorthin muss sich auch Heinrich Blücher begeben. Auf dem »schönen Rasen« der Sportanlage trifft er viele seiner Freunde, auch den »unglücklichen Benji«.

»Benji«, so heißt Walter Benjamin unter Freunden. Und »unglücklich« nennt ihn Blücher, weil Benjamin in seinem Leben bisher kein Schicksalsschlag erspart geblieben ist. Hannah schildert ihn später als einen liebenswürdigen homme de lettres, der vom Pech verfolgt wird wie vom »bucklicht Männlein« aus dem Kinderbuch, das einem das Bein stellt oder den Krug aus der Hand schlägt. Wegen seiner Weltfremdheit und Unbeholfenheit hat Benjamin solche Missgeschicke immer wieder geradezu angezogen. So wird er im Winter 1939/40 aus Angst vor Bombenangriffen Paris verlassen. Auf Paris wird keine Bombe fallen. Aber Benjamin wird sich mit »nachtwandlerischer Präzision« gerade an einen Ort, Meaux, begeben, der wegen der Nähe zu einem Truppenübungsplatz außerordentlich gefährdet ist.[1]

Blücher muss sich im Olympia-Stadion von Colombes um »Benji« kümmern. An diesem Ort findet sich Walter Benjamin nicht zurecht. Man muss sich vor Regen schützen, seine Kleider trocknen oder wissen, wie man nachts über die Bänke zur Latrine findet, ohne sich die Beine zu brechen. Vor dem Stadion stehen lange Schlangen von Frauen, die Pakete für ihre eingesperrten Männer abgeben wollen. Wie lange sie dort festgehalten werden sollen, kann niemand sagen. »Niemand weiß, was man von uns will«, schreibt Heinrich an Hannah.[2]

Mitte September werden die Internierten in verschiedene Lager verlegt. Heinrich kommt in das Lager Villemalard, nahe der Stadt Blois, südwestlich von Paris. In seinen Briefen versucht er, Hannah über seine Lage zu beruhigen. Man lebe »wie die Soldaten im Manöver«, schreibt er, »das heißt ziemlich primitiv, aber absolut ausreichend«.[3] In der Tat sind die französischen Internierungslager nicht zu vergleichen mit den Arbeits- und Konzentrationslagern, die im Nazi-Deutschland errichtet werden. Heinrich darf Pakete mit Lebensmitteln und Kleidern empfangen und er kann sogar besucht werden von Hannah und Anne Mendelssohn, die jetzt Anne Weil heißt, nachdem sie den französischen Philosophen Eric Weil geheiratet hat. Doch Heinrich ist, wie er sagt, mit seinen vierzig Jahren kein »Percy Heißsporn«[4] mehr und die Strohlager und das nasskalte Wetter setzen seiner Gesundheit sehr zu. Er leidet unter Nierenkoliken und muss wochenlang liegen. Hannah nutzt alle ihre Beziehungen, um Heinrich aus dem Lager herauszubekommen, und schließlich kann er Ende des Jahres nach Paris zurückkehren.

In die gemeinsame Wohnung in Paris ist inzwischen auch Hannahs Mutter eingezogen. Sie hat sich entschieden, Königsberg und Deutschland und damit auch ihren Mann zu verlassen. Im Gegensatz zu vielen Verwandten und Freunden, die dem Rassenwahn der Nazis zum Opfer fallen, wird Martin Beerwald eines natürlichen Todes sterben, an einem Herzschlag, in einem Königsberger Altenheim.

Hannahs Zweifel, ob ein gemeinsames Leben mit Heinrich möglich ist, sind nun endgültig verflogen. Nachdem die Scheidung von ihren früheren Ehepartnern besiegelt ist, heiraten sie am 16. Januar 1940. Den frisch Vermählten ist es aber nicht vergönnt, lange zusammenzubleiben. Die große Politik kommt wieder dazwischen.

Im Mai besetzen deutsche Truppen Belgien, und in Reaktion darauf werden in Frankreich erneut Ausländer interniert. Diesmal sind nicht nur Männer betroffen, auch ledige und kinderlos verheiratete Frauen werden aufgefordert, sich in das »Vélodrome d'Hiver«, kurz »Vel d'Hiv« genannt, zu begeben. Das trifft nicht auf Martha Beerwald, aber auf Hannah zu. Laut Anordnung hat sie Verpflegung für zwei Tage, Essgeschirr (Gabel, Löffel, Trinkbecher etc.) und eine Decke mitzunehmen. Das Gepäck darf insgesamt nicht schwerer als 30 Kilogramm sein. Hannah muss sich von Heinrich, der sich ebenfalls an einer Sammelstelle einfinden muss, verabschieden und mit der Metro zum »Vel d'Hiv« fahren.

Das »Vélodrome d'Hiver« ist ein riesiger Sportpalast mit einer Glaskuppel. Die meisten Frauen, die man hier zusammensperrt, sind unpolitische jüdische Emigrantinnen. Daneben gibt es aber auch gebürtige Französinnen, die einen Deutschen geheiratet haben, unbescholtene Bürgersfrauen, die seit Jahrzehnten in Frankreich leben, Dienstmädchen, die es mit ihrer Herrschaft nach Paris verschlagen hat, oder auch Reichsdeutsche, die sich bei Kriegsausbruch auf französischem Boden befanden.

In dem allgemeinen Durcheinander trifft Hannah einige Freundinnen und tut sich mit ihnen zu einer Gruppe zusammen. An die Frauen werden Strohsäcke ausgegeben und auf den harten Betonboden wird Stroh gestreut. Die Tage im Sportpalast sind für die Frauen eine Strapaze. In der Halle ist es heiß, die Luft ist voll Staub und Spreu und die sanitären Einrichtungen sind völlig unzureichend. Gerüchte machen die Runde, dass die Deutschen Nordfrankreich überrennen. Immer wieder, am Tag und in der Nacht, heulen die Sirenen des Luftalarms. Bisher war es immer Fehlalarm. Dennoch rechnet man mit einem Angriff der deutschen Flieger. Die Frauen im »Vel d'Hiv« könnten sich nicht in Sicherheit bringen. Das Gebäude hat keine Luftschutzkeller, zudem lebt man in der ständigen Angst, dass die Glaskuppel getroffen werden könnte. Käthe Hirsch, eine Freundin von Hannah Arendt, die auch unter den Frauen im »Vel d'Hiv« war, erinnert sich später: »Wir lagen bereits eine Woche im Vel d'Hiv. Inzwischen rückten die Deutschen vor. Nachts hörten wir die dumpfen Detonationen der französischen Flugabwehr. Hannah kam und sagte, gesetzt den Fall, es fiele eine Bombe auf das Dach des Gebäudes, dürfte sie mit ihrer Gruppe bei unserer Loge über die Rampe klettern. ›Aber selbstverständlich‹, sagte ich.«[5]

Nach etwa zwei Wochen wird den Frauen mitgeteilt, dass sie verlegt werden. Mit Lastwagen transportiert man sie das Seine-Ufer entlang, am Louvre vorbei zum

Bahnhof. Dort werden sie in bereitstehende Züge verfrachtet. Tagelang rollt der Zug Richtung Süden, bis er sein Bestimmungsziel erreicht hat. Es ist das Lager Gurs, benannt nach einem kleinen Ort am Fuße der Pyrenäen, nur 30 Kilometer von der spanischen Grenze entfernt.

Das Lager Gurs ist das größte der etwa 100 französischen Internierungslager. Ursprünglich war es 1939 für Soldaten der Internationalen Brigaden errichtet worden, die nach dem Ende des Spanischen Bürgerkriegs nach Frankreich geflohen waren. Seit 1940 ist es fast ein reines Frauenlager, mit zeitweise 20 000 Insassen. Das Lager besteht aus 382 Baracken. In jeder Baracke sind 50 bis 60 Personen untergebracht. Jeder Person steht ein etwa 75 Zentimeter schmaler Platz zur Verfügung.

Gurs ist kein Straflager wie das nahe gelegene, berüchtigte Lager Le Vernet. Aber was das Leben in Gurs zum »Jammertal« macht, sind die katastrophalen hygienischen Zustände, die mangelnde medizinische Versorgung und die äußerst karge Verpflegung. In den Baracken hat man mit Ratten und Läusen zu kämpfen. Wenn es regnet, dringt Wasser durch die schadhafte Dachpappe und der Lehmboden im Lager verwandelt sich in knöcheltiefen Schlamm. Es gibt nur wenige Waschstellen, und die Latrinen, »Hochburgen« genannt, sind Pfahlbauten mit Sitzlöchern und jeweils einer großen Tonne darunter. Die tägliche Hauptmahlzeit besteht aus einer Suppe mit »pois chiches«, Kichererbsen, und einem Stück Brot. »Wie ich diese Kichererbsen hasste!«, schreibt Lisa Fittko in ihren Erinnerungen an Gurs. »Jeden Tag musste ich mich zwingen, sie hinunterzuwürgen.«[6]

Nicht nur diese widrigen äußeren Umstände machen den Frauen zu schaffen. »Was an dem Lagerleben für mich unerträglich war«, schreibt Susi Eisenberg-Bach im Rückblick, »war weder der Strohsack noch die unzureichende Ernährung, noch der Schlamm an Regentagen, noch auch das tatsächlich penible Zusammenleben mit sechzig Frauen, auch nicht der überall sichtbare Stacheldraht – es war die völlige Aussichtslosigkeit.«[7] Für viele Frauen ist die Situation wirklich hoffnungslos. Vor den Konzentrationslagern Hitlers sind sie geflohen, um nun von ihren Rettern in Internierungslager gesperrt zu werden.

Hannah gehört nicht zu den Frauen, die leicht verzweifeln. Auch in schlechten Zeiten ist es für sie »eine Lust zu leben«. Aber angesichts einer Weltlage, die »so beschissen« ist, kann auch sie bestimmte Gedanken nicht von sich fern halten. Gegenüber Kurt Blumenfeld gesteht sie zwölf Jahre später, dass sie in Gurs mit dem Gedanken an Selbstmord gespielt, aber diese Frage dann »spaßhaft« beantwortet habe.[8] Für Hannah, die darauf pocht, das Private vom Politischen zu trennen, wäre ein Selbstmord in einem Gefangenenlager ein zutiefst ohnmächtiger, ja komischer Akt. Um das zu verdeutlichen, schildert sie in einem späteren Aufsatz ein Erlebnis in Gurs: »Im Lager Gurs [...] hörte ich nur ein einziges Mal von Selbstmord, und zwar als Vorschlag für eine kollektive Aktion, was anscheinend eine Art Protesthandlung war, um die Franzosen in Verlegenheit zu bringen. Als einige von uns bemerkten, dass wir sowieso ›pour crever‹ [um zu verrecken] hierher verfrachtet worden seien, da schlug die allgemeine Stimmung plötzlich um und ein leidenschaftlicher Lebensmut brach aus. Es galt allgemein die Auffassung, dass derjenige, der das ganze Unglück noch immer als persönliches Missgeschick anzusehen vermochte und dementsprechend seinem Leben persönlich und individuell ein Ende setzte, schon auf abnorme Weise asozial und an dem allgemeinen Ausgang der Dinge desinteressiert sein musste.«[9]

Viele Überlebende von Gurs werden bezeugen, dass unter den Frauen im Lager ein geradezu trotziger Selbstbehauptungswille herrschte. An manchen Tagen schminken sie sich sogar aufwendig, ziehen ihre besten Kleider an und gehen auf dem Gelände spazieren wie auf einem Boulevard.

Trotz Stacheldraht und Nachrichtenverbot werden Zeitungen ins Lager geschmuggelt und sickern Neuigkeiten durch. So erfährt man, dass die Deutschen Mitte Juni Paris besetzt haben und weiter nach Süden vorrücken. Unter den Frauen rufen diese Meldungen Panik hervor. Sie fühlen sich in einer Falle. Was, wenn das Lager in deutsche Hände fällt? Soll man untätig warten, bis man von der Gestapo abgeholt wird?

Auch die Lagerleitung weiß nicht mehr, wie sie sich verhalten soll. Die Regierung ist zurückgetreten. Die Macht in Frankreich übernimmt jetzt der über achtzigjährige Marschall Philippe Pétain. Unter ihm kommt es zu einem Waffenstillstand mit Deutschland. Eine Folge davon ist, dass Frankreich zweigeteilt wird. Der Norden und die Atlantikküste werden von Deutschland besetzt, der Süden bleibt unbesetzt. In Vichy, einer Stadt im unbesetzten Teil, bildet Pétain eine neue Regierung, die so genannte Vichy-Regierung. Sie kollaboriert mit Hitler. Aus dem Erzfeind ist plötzlich ein Partner geworden, mit dem man zusammenarbeitet.

Diese Kehrtwende in der Politik führt kurzzeitig zu einer völligen Verunsicherung bei den Kommandanten der Internierungslager. Manche Lager werden einfach geöffnet und die Gefangenen ihrem Schicksal überlassen. Auch im Lager Gurs löst sich die Disziplin langsam auf. Keiner mehr kontrolliert die nächtliche Ausgangssperre, und die Bewachung der Lagertore geschieht sehr nachlässig.

In dieser Konfusion führen einige Frauen einen gewagten Plan durch. Sie entwenden einen Stapel Entlassungsformulare und fälschen darauf die Unterschrift des Lagerkommandanten. Mit diesen Papieren gelingt es einer Gruppe von etwa zweihundert Frauen tatsächlich, ohne größere Schwierigkeiten das Lager zu verlassen. Hannah ist auch darunter. Lisa Fittko berichtet, dass man »die Frau von Blücher« nicht vergessen wollte.[10]

Mit ihrer Flucht aus Gurs haben die Frauen eine einmalige Chance genutzt. Schon wenige Tage später ist die Ordnung im Lager wieder hergestellt und ein Entkommen so gut wie unmöglich. Es werden antisemitische Gesetze erlassen und die Zusammenarbeit mit den deutschen Behörden beginnt. Laut Artikel 19 des Waffenstillstandsabkommens muss die Vichy-Regierung gesuchte Flüchtlinge an Deutschland ausliefern. Ab 1942 werden viele Gefangene aus dem Lager Gurs »zum Arbeitseinsatz« nach Auschwitz deportiert.

Im Süden Frankreichs herrschen chaotische Zustände. Die Straßen und die malerischen Dörfer im Departement Basses-Pyrénnées, an der Grenze zu Spanien, sind überfüllt mit Flüchtlingen aus dem Norden. Viele wissen nicht wohin und laufen im Kreis von Ort zu Ort, immer vorwärts getrieben von der Angst, verhaftet zu werden. Die meisten wollen nach Marseille, dem einzigen französischen Überseehafen, der noch nicht von den Deutschen kontrolliert wird. Marseille ist eines der letzten Schlupflöcher, um aus der Falle zu entkommen.

Unter den hungernden Gestalten, die auf den Straßen herumirren, befinden sich auch die Schriftstellerin Anna Seghers mit ihren zwei Kindern und der deutsche Journalist Arthur Koestler. Er hat im Spanischen

Bürgerkrieg gegen General Franco gekämpft und eine lange, abenteuerliche Odyssee durch spanische und französische Gefängnisse und Lager hinter sich. Um nicht in die Hände der Deutschen zu fallen, hat er sich als letzten Ausweg in die Fremdenlegion aufnehmen lassen und sucht jetzt nach einer Möglichkeit, aus Frankreich wegzukommen. In seinem Tagebuch vermerkt Koestler, wie er in Navarrenx den Frauen aus Gurs begegnet ist: »Die Einwohner nennen sie ›Gursiennes‹. Die Bauern in Navarrenx, Sus, Géronce und den anderen Dörfern in der Umgebung stellen ihnen Zimmer zur Verfügung und lassen sie au pair auf den Feldern arbeiten. Sie sind untererernährt und erschöpft, aber sauber und ordentlich. Alle tragen Turbane aus bunten Tüchern.«[11]

Hannah setzt sich von den anderen Frauen ab und versteckt sich zunächst in einem Dorf. Lisa Fittko begegnet Hannah noch einmal, als diese allein durch die Wiesen wandert. Sie macht Hannah das Angebot, mit ihr und einigen anderen Frauen aus Gurs nach Lourdes zu gehen. Aber Hannah lehnt ab. Allein rechne sie sich mehr Chancen aus, meint sie. Zu Fuß macht sie sich auf nach Montauban, immerhin eine Strecke von über 200 Kilometern. Montauban ist ein Treffpunkt für Flüchtlinge und Hannah hofft, dort etwas über den Verbleib von Heinrich Blücher zu erfahren.

Es zeigt sich, dass Hannah den richtigen Instinkt hatte – und viel Glück dazu. Nicht nur trifft sie in

Montauban alte Freunde – Lotte Klenbort, die Cohn-Bendits, Anne Weil –, eines Tages entdeckt sie unter den Menschenmassen, die sich mit ihrem Hab und Gut zu Fuß oder auf dem Rad durch die Stadt wälzen, auch Heinrich. Das Lager, in das man ihn gebracht hatte, war beim Herannahen der deutschen Truppen aufgelöst worden und die befreiten Männer hatten sich dem Flüchtlingsstrom nach Süden angeschlossen.

Heinrich und Hannah sammeln in Montauban neue Kräfte und warten auf Hannahs Mutter, die im Oktober aus Paris zu ihnen stößt. Aber ihre Lage spitzt sich gefährlich zu. Die Vichy-Regierung hat Gesetze erlassen, wonach sich Juden bei den örtlichen Stellen melden müssen und interniert werden können. Viele, die aus Gurs geflüchtet sind, werden wieder dorthin zurückgebracht.

Hannah weiß, dass sie jetzt handeln müssen, bevor es zu spät ist. Mit Heinrich und ihrer Mutter begibt sie sich nach Marseille, um sich um Einreisevisa für Amerika zu bemühen. Diese Visa sind schwer zu bekommen. Die Einreise in die Vereinigten Staaten wird nach Quoten geregelt, die Wartezeiten sind lang und ungewiss und man braucht ein so genanntes »Affidavit«, die eidesstattliche Erklärung eines amerikanischen Bürgers, dass er die finanzielle Absicherung eines Einwanderers übernimmt. Hannah kommen bei ihrem Antrag ihre Kontakte zu jüdischen Organisationen zugute, außerdem setzt sich Günther Stern in Amerika für sie ein.

Sie erhält zwei der begehrten Not-Visa, für sich und Heinrich. Die Bewilligung von Marthas Visum zögert sich hinaus.

Mit den Visa ist jedoch erst eine Hürde genommen. Die meisten Schiffe nach Amerika legen nämlich vom neutralen Hafen von Lissabon ab. Um aber nach Lissabon zu kommen, braucht man Transitvisa für Spanien und Portugal. Und dazu muss man sich oft tagelang in den Schlangen vor den Konsulaten anstellen. Und wenn man Glück hat und ein Visum erhält, besteht immer noch die Schwierigkeit, wie man aus Frankreich hinauskommt. Nur in sehr seltenen Fällen wird von der Vichy-Regierung eine Ausreisegenehmigung ausgestellt. Vielen Flüchtlingen bleibt daher gar nichts anderes übrig, als Frankreich auf illegalem Wege zu verlassen.

Einer, der dies auch versuchen will, ist Walter Benjamin. Hannah trifft ihn in Marseille, und Benjamin vertraut ihr ein Manuskript an mit dem Titel *Thesen über den Begriff der Geschichte*. Benjamin ist im Besitz aller nötigen Visa, sitzt jedoch in Frankreich fest. Er hat deshalb schon einmal einen Fluchtversuch unternommen: Zusammen mit seinem Freund Fritz Fränkel ließ er sich an Bord eines Frachters schmuggeln, verkleidet als französischer Matrose. Aber die Sache flog auf. Jetzt hat Benjamin vor, sich zu Fuß über die Pyrenäen nach Spanien durchzuschlagen. Er trägt fünfzig Morphiumtabletten mit sich, die Hälfte davon gibt er seinem alten

Freund Arthur Koestler – »für alle Fälle«, wie er meint.[12] Benjamin wendet sich an eine Fluchthelferin in Port-Vendre, es ist niemand anderes als Lisa Fittko, Hannahs Leidensgenossin aus Gurs. Sie bringt den herzkranken Benjamin, der eine schwere Aktentasche mit Manuskripten mit sich schleppt, über die Pyrenäen. Kurz vor der spanischen Grenze verlässt sie ihn, in der Annahme, dass er jetzt in Sicherheit sei. Aber in Port-Bou, dem Grenzort, wird Benjamin mitgeteilt, dass die Grenze seit kurzer Zeit gesperrt ist. Die Beamten wollen ihn am nächsten Tag wieder nach Frankreich zurückschicken. Doch am nächsten Tage stirbt Walter Benjamin. Er hat in der Nacht eine große Menge Morphiumtabletten zu sich genommen. Das »bucklicht Männlein« hat ihn bis zum Schluss verfolgt.[13]

Hannah und Heinrich haben mehr Glück. Sie nutzen eine kurzfristige Lockerung der Ausreisebestimmungen, um mit dem Zug nach Lissabon zu fahren. Hannahs Mutter müssen sie bei einer Freundin zurücklassen. Es ist abgemacht, dass sie sofort nachkommt, wenn das Visum genehmigt ist.

Im April 1941 gehen Hannah und Heinrich in Lissabon an Bord eines Schiffes, das sie nach New York bringen soll. Martha Arendt folgt ihnen nur wenige Wochen später.

IX. Ein Zimmer in der 95. Straße

»Freiheit ist keine Prämie für ausgestandene Leiden.«

In Europa waren die Emigranten auf ihrer Flucht vor den Nazis von einem Ort zum anderen getrieben worden. Man sprang, wie Hans Sahl es ausdrückt, »von Eisscholle zu Eisscholle«. Die Flucht nach Amerika war dagegen ein Schritt ins Ungewisse. Man sprang, so Sahl, »ins Wasser«.[1]

Was sie jenseits des Atlantiks erwartet, davon haben die Flüchtlinge aus Europa nur sehr vage, oft abenteuerliche Vorstellungen. Viele kennen Amerika nur aus dem Kino. New York ist zum Beispiel für Sahl eine stehen gebliebene Filmkulisse, mit Wohnpalästen, »aus denen jeden Augenblick ein Clark Gable, eine Katharine Hepburn, ein Spencer Tracy heraustreten könnte«.

Die meisten der deutschen Emigranten erwarten nicht, eine neue Heimat zu finden. Amerika ist für sie ein letzter Zufluchtsort, ein zwangsläufiger und vorübergehender Aufenthalt, von dem man wieder nach Europa zurückkehren wird, wenn der Nazi-Spuk vorüber ist.

Aber noch deutet nichts auf ein baldiges Ende des »Tausendjährigen Reiches« hin, das mit der nationalsozialistischen Herrschaft begründet werden soll. Hitler hat mit Italien und Japan einen Dreimächtepakt geschlossen. Deutsche Truppen erobern Jugoslawien und

Griechenland und der Überfall auf die Sowjetunion steht unmittelbar bevor. Amerika hält immer noch an seiner Neutralität fest. Dennoch hat Präsident Roosevelt es durchgesetzt, dass Länder wie England, die gegen Hitler kämpfen, mit Waffen und Kriegsmaterial unterstützt werden. Das Verhältnis zwischen den USA und Deutschland wird immer angespannter, so dass man von einem »nichterklärten Krieg« sprechen kann.

Als Hannah Arendt und Heinrich Blücher in New York ankommen, haben sie noch ungefähr fünfzig Dollar in den Taschen. Sie sind auf die Unterstützung durch Hilfsorganisationen angewiesen. Als Erstes weist man ihnen ein möbliertes Zimmer zu, in einem schäbigen Mietshaus mit Gemeinschaftsküche in der West 95th Street. Für Martha Arendt mieten sie im Haus ein separates Zimmer.

Von den Neuankömmlingen wird erwartet, dass sie möglichst schnell die englische Sprache lernen und sich nach Arbeit umsehen. Dabei müssen sich auch berühmte Gelehrte und Künstler oft mit einfachen Handlangerdiensten zufrieden geben. Hans Morgenthau, einem Politikwissenschaftler, bietet man einen Job als Fahrstuhlführer an. Der Komponist Paul Dessau arbeitet auf einer Hühnerfarm. Der Schriftsteller Walter Mehring ist Aufseher in einem Warenhaus. Und Hans Sahl soll für das Militär Flugschriften verfassen, die man dann mit Hilfe von Katapulten in die feindlichen Reihen schleudern will.

Heinrich Blücher zeigt wenig Lust, sich um irgendwelche Jobs zu bemühen. Eine Arbeit in einer Fabrik, wo er Chemikalien schaufeln musste, hat er schnell wieder aufgegeben. Lieber verbringt er die Tage in der kleinen Wohnung, liest Bücher oder besucht deutschsprachige Seminare an der »New School for Social Research«, einer in den dreißiger Jahren von deutschen Emigranten gegründeten Hochschule. Hannah ist weit davon entfernt, ihm wegen seiner Einstellung Vorhaltungen zu machen. Nur in seiner Nähe fällt von ihr der Zwang ab, »tüchtig zu spielen«[2]. Martha Arendt dagegen lässt Heinrich merken, dass sie von ihrem Schwiegersohn mehr erwartet. Pure Faulheit ist es für sie, dass Heinrich sich standhaft weigert, Englisch zu lernen. Auf seine Muttersprache zu verzichten, das wäre für Heinrich, als ob man ihm seine »Stradivari« klaue. Und eine neue Sprache könne niemals mehr für ihn sein als eine »Bierfidel«, behauptet er trotzig.[3] Martha Arendt selbst übernimmt Heimarbeiten für eine Strick- und Häkelfabrik. Mit ihren siebenundsechzig Jahren tut sie sich schwer, in einer fremden Welt noch einmal neu anzufangen. Die meiste Zeit ist sie zu Hause und führt den Haushalt für Hannah und Heinrich.

Als das unternehmungslustigste und lernbegierigste Mitglied der Familie Arendt-Blücher erweist sich Hannah. Um Englisch zu lernen, nutzt sie das Angebot einer Flüchtlings-Organisation, einige Wochen bei einer amerikanischen Familie als eine Art Au-pair-Gast zu leben. Mitte Juli kommt Hannah zu der Familie Giduz in Winchester, Massachusetts. Das kinderlose Ehepaar wohnt in einem typisch amerikanischen Einfamilienhaus, einer Art »Wohnmaschine mit Books«[4], wie Hannah amüsiert und fasziniert an »Monsieur« und »Mutt« in New York berichtet. Sie hatte eigentlich erwartet, als Dienstmädchen eingespannt zu werden. Aber das Ehepaar Giduz ist ängstlich darum besorgt, sie nur ja nicht auszunutzen. Hannah genießt alle Freiheiten. Sie darf sogar im Haus rauchen, während der Hausherr, Mr Giduz, ein starker Raucher, dazu in den Garten gehen muss. Überhaupt hat Mr Giduz sehr viel Respekt vor der »puritanischen Strenge«[5] seiner Frau. Er beugt sich auch ihrer Überzeugung, »für gesunde Nahrung in den Tod zu gehen«, wie Hannah Mrs Giduz' vegetarische Lebensweise beschreibt. Als Hannah einmal mit Mr Giduz allein zu Hause ist, bereitet sie ein »Riesenhuhn« zu, das sie beide dann mit Genuss »auffressen«. Nur zu Pommes frites kann sie ihn nicht überreden.

Hannah verdächtigt anfangs den kleinen, rotblonden Mr Giduz, ein Antisemit zu sein. Doch dann gesteht er ihr seine eigene deutsch-jüdische Abstammung und es stellt sich heraus, dass er, obwohl in Amerika geboren, noch gut Deutsch sprechen kann, manchmal »sächselt« er sogar. Aber seine jüdische Herkunft und seine Deutschkenntnisse verheimlicht Mr Giduz vor aller Welt wie ein Verbrechen.

Tagsüber, wenn ihre Gastgeber in der Arbeit sind, kann sich Hannah in den Garten legen und Bücher lesen. Abends dann ist ihre Gastfamilie begierig darauf, sich mit Hannah bis tief in die Nacht zu unterhalten. Von ihr wird erwartet, so klagt sie Heinrich, »sämtliche Welträtsel vom Versailler Vertrag bis zur Unsterblichkeit der Seele« zu lösen. Am Wochenende wird Hannah zu Besuchen bei Bekannten und Verwandten mitgenommen. Als jemand, der »out of the Night«, also aus der Finsternis des europäischen Krieges kommt, ist sie bei diesen Gelegenheiten immer im Mittelpunkt.

Früher als geplant nimmt Hannah Abschied von der Familie Giduz. Mitte August kehrt sie nach New York zurück. Sie hat Sehnsucht nach Heinrich, der sich inzwischen doch dazu durchgerungen hat, Englisch-Kurse zu nehmen, und einen Job gefunden hat, der ihm mehr zusagt als Chemikalienschaufeln. Im Auftrag eines Komitees, das Amerika zum Kriegseintritt bewegen will, schreibt er Reden und Artikel über die Kriege in der deutschen Geschichte und über Greueltaten der Nazis, die auch im Radio gesendet werden.

Hannah nimmt regen Anteil an Heinrichs Arbeit, zumal sie dadurch selbst wieder Anschluss findet an Probleme, die sie bereits in Berlin und Paris beschäftigt hatten. Ganz in ihrem Element ist sie dann, als sie ihrem alten Freund »Kurtchen« Blumenfeld wieder begegnet. Der Zionist Blumenfeld hält in New York einen Vortrag über das Thema einer jüdischen Armee.

Das ist eine Frage, die in jüdischen Kreisen zu dieser Zeit heftig diskutiert wird und ins Zentrum von Hannahs politischem Anliegen trifft.

Hannah Arendt ist entschieden dafür, dass die Juden mit einer eigenen Armee in den Krieg eingreifen. Das hat nichts mit Kriegstreiberei oder Militarismus zu tun. Sie zieht die Konsequenz, die sie nach ihrer Flucht aus Deutschland für sich gezogen hat, nun auch für ihr Volk. »Wer als Jude angegriffen wird, muss sich als Jude wehren«, hat sie schon damals gefordert und sich in der jüdischen Sozialarbeit engagiert. Nun tritt sie dafür ein, dass die Juden als jüdisches Volk auf die Verfolgung durch die Nazis antworten. Und das heißt für Hannah Arendt, dass sich die Juden nicht mehr auf die Hilfe anderer verlassen sollen und auch nicht mehr versuchen dürfen, durch Anpassung irgendwie und um jeden Preis zu überleben. Wenn die Juden selbst zu den Waffen greifen und als eines unter anderen europäischen Völkern gegen Hitler kämpfen, dann nehmen sie endlich ihr Schicksal selbst in die Hand und erhalten auch ihre Würde wieder.

Obwohl sie erst wenige Monate in Amerika ist, findet Hannah erstaunlich schnell ein Forum für ihre Auffassung. Nachdem sie an die deutschsprachige Zeitschrift *Aufbau* einen offenen Brief geschickt hat, ist der Chefredakteur Manfred George von der Kraft ihrer Argumentation so beeindruckt, dass er ihr eine Stelle als freie Mitarbeiterin im Feuilleton anbietet.

Im *Aufbau* erscheint ab November 1941 alle zwei Wochen eine Kolumne unter der Überschrift *This means You*, in der Hannah ihre Position verteidigt. So wachrüttelnd wie der Titel sind auch ihre Beiträge. »Wie die Axt«, so beschreibt Heinrich ihre zugleich leidenschaftliche und unerbittlich sachliche Art, die Dinge zu sagen. In ihrem ersten Beitrag schreibt sie: »Nur der wirkliche Krieg des jüdischen Volkes gegen Hitler wird dem phantastischen Gerede von dem jüdischen Krieg ein Ende – und ein würdiges Ende bereiten. Freiheit ist kein Geschenkartikel [...]. Freiheit ist auch keine Prämie für ausgestandene Leiden.«[6]

Hannah Arendt schreibt diese Zeilen vor dem Hintergrund der Judenverfolgung durch die Nazis in Osteuropa und einer veränderten Politik der Briten in Palästina. Nachdem immer mehr Juden aus Europa nach Palästina eingewandert waren und bei der arabischen Bevölkerung der Widerstand gegen eine jüdische Übermacht immer größer wurde, haben die Briten beschlossen, die Einwanderungszahlen zu begrenzen. Flüchtlingsschiffen wird es verweigert, einen Hafen in Palästina anzufahren. Es kam schon zu Katastrophen wie dem Untergang des Transporters »Struma«, der nach langem diplomatischem Hin und Her einfach wieder ins offene Meer geschleppt und seinem Schicksal überlassen wurde. Das völlig überladene und manövrierunfähige Schiff ging wie erwartet unter. Nur zwei Überlebende konnten gerettet werden. Alle übrigen 760 Passagiere, die Hälfte davon Frauen und Kinder, ertranken.

Als Folge dieser Politik entstehen militante jüdische Gruppen wie die Untergrundbewegung »Irgun«, die Anschläge auf britische Einrichtungen und Personen verübt. Hannah Arendt verurteilt diese Terroristen unter ihrem Anführer Menahim Begin als »Sprengstoff-Spießer«, weil sie einem völlig rückständigen Freund-Feind-Bild anhängen und verantwortungslos handeln würden. Sie warnt vor der jüdischen Neigung, den Antisemitismus als ein »natürliches Phänomen« zu betrachten und in den gefährlichen Irrglauben zu verfallen, dass die Juden als auserwähltes Volk von einer feindlichen Welt umzingelt seien. Ebenso warnt sie vor der zionistischen Hoffnung, ein eigener Judenstaat sei der einzige Ort, wohin man vor dem Antisemitismus fliehen könne. Immer wieder erinnert sie in ihren Artikeln daran, dass Palästina nicht »auf dem Mond« liegt, sondern von einer arabischen Bevölkerung umgeben ist, mit der man eine Verständigung suchen muss. Ein eigener jüdischer Staat würde diese Verständigung unmöglich machen, weil in ihm die Nicht-Juden immer nur Minderheitsrechte hätten. Außerdem würde sich ein jüdischer Staat zwangsläufig einer Großmacht, England oder Amerika, ausliefern. Und das Ergebnis, so prophezeit Hannah Arendt, wäre dann alles andere als ein Gelobtes Land: nämlich ein »Kriegerstamm« wie Sparta, umgeben von einer feindlichen arabischen

Bevölkerung, der von seiner militärischen Verteidigung so in Anspruch genommen würde, dass jede wirtschaftliche Entwicklung, jeder kulturelle Fortschritt dadurch so gut wie zum Erliegen käme.

Für Hannah Arendt kann eine jüdische Heimstätte nur überleben, wenn man sich mit den arabischen Nachbarn versöhnt und friedlich zusammenlebt. Um das zu erreichen, muss man von allen nationalstaatlichen Plänen Abschied nehmen. Auch der Vorschlag eines binationalen Staates, wie er von Juda Magnes, dem Präsidenten der Hebräischen Universität in Jerusalem, vorgeschlagen wird, geht ihr noch nicht weit genug. Was ihr vorschwebt, ist eine Art »Mittelmeerföderation« oder eine noch größere Föderation europäischer Nationen, in der Palästina seinen Platz fände und in der es keine Mehrheiten und Minderheiten mehr gäbe und unterschiedliche nationale und politische Elemente gleichberechtigt koexistieren würden.

In den folgenden Jahren schreibt Hannah Arendt über fünfzig Artikel für den *Aufbau* und andere Zeitschriften. Sie gründet sogar eine Vereinigung, die so genannte »Jungjüdische Gruppe«, um auf die Politik der zionistischen Kreise in Amerika Einfluss zu nehmen. Letztlich jedoch hat sie mit ihrem Einsatz keinen Erfolg. Die Mehrheit der Zionisten entscheidet sich für einen Kurs, der im Mai 1942 auf einer Konferenz amerikanischer Zionisten im »Biltmore Hotel« in New York festgelegt worden ist. Der sozialdemokratische Zionist Ben Gurion hat sich dabei mit seiner Forderung durchgesetzt, am alten Traum vom eigenenjüdischen Staat weiterhin unnachgiebig festzuhalten. In diesem Programm spielt das Verhältnis zu den Arabern keine Rolle mehr. Es wird genau der Weg beschritten, vor dem Hannah Arendt so eindringlich gewarnt hat.

Nachdem viele ihrer Mitstreiter aufgegeben haben und »von der Armee nur noch der Trompeter übrig geblieben«[7] ist, zieht auch sie sich aus der zionistischen Politik zurück. Ohnehin liegt ihr nicht dran, sich längere Zeit an eine bestimmte Gruppe oder Partei zu binden. Sie möchte unabhängig bleiben. Auch hält sie sich von Natur aus nicht für einen »Handlungsmenschen«, sondern neigt eher zur geistigen Arbeit. Andererseits verabscheut sie aber jene jüdischen Gelehrten, die in Amerika um jeden Preis eine akademische Karriere machen wollen. Sie ist entschlossen, »in diesem herrlichen Lande des Jux eher vor Hunger zu krepieren als zu so einer Jammergestalt zu degenerieren«[8].

Verhungern muss Hannahs Familie noch nicht, dennoch sind ihre Lebensumstände sehr armselig. Martha, Heinrich und Hannah wohnen weiterhin in ihren möblierten Zimmern, für die sie Miete zahlen müssen. Hannahs journalistische Arbeiten bringen nicht viel Geld ein. Heinrich hat einen neuen Job gefunden als deutschsprachiger Nachrichtensprecher beim Rundfunksender NBC. Aber diese Arbeit gibt er bald wieder auf, weil er dabei auch Artikel schreiben muss. Und Heinrich kann nur gut reden. Schreiben fällt ihm sehr schwer.

Hannah macht die Armut und die fehlende Perspektive nicht viel aus. Sie wird oft von einem kindlichen Übermut gepackt, der ihr das Gefühl gibt, über alle Schwierigkeiten hinwegkommen zu können. Aber das ändert sich, als Nachrichten über das wahre Ausmaß der Judenvernichtung in Europa nach Amerika kommen. Von der antijüdischen Einstellung der Nazis wusste man, auch von Enteignungen und Lagern. Aber die massenhafte systematische Vernichtung, davon erfährt man in den Vereinigten Staaten erst Anfang 1943. Für die Familie Blücher-Arendt ist das ein Schock. »Es war«, so erinnert sich Hannah Jahre später, »als ob der Abgrund sich öffnet. Weil man die Vorstellung gehabt hat, alles andere hätte irgendwie noch einmal gutgemacht werden können [...]. Dies nicht. Dies hätte nie geschehen dürfen [...]. Da ist etwas passiert, womit wir alle nicht fertig werden.«[9]

Hannah versucht trotzdem, mit dem Geschehenen fertig zu werden. Sie beginnt, sich mit dem Nationalsozialismus auseinander zu setzen. Sie ist überzeugt davon, dass es sich bei der Vernichtungsmaschinerie der Nazis um etwas in der Geschichte Beispielloses handelt. Aber welche Traditionen sind verloren gegangen, dass so etwas möglich werden konnte? Welche untergründigen Entwicklungen in der Geschichte haben dazu beigetragen? Hannah sucht Bibliotheken auf und liest eine Unmenge von Dokumenten und Büchern über den Nazi-Terror, über den Antisemitismus und über den Imperialismus. Das alles muss sie in ihrer Freizeit machen, da sie inzwischen einen neuen Job hat. Sie ist nun Forschungsleiterin bei der »Commission on European Jewish Cultural Reconstruction« und hat die Aufgabe, zusammen mit einem Mitarbeiterstab eine Liste jüdischer Kulturschätze in den europäischen Ländern zu erstellen.

Das Ende des Zweiten Weltkriegs ist absehbar. Amerika ist nach dem japanischen Überfall auf Pearl Harbour in den Krieg eingetreten. Die Alliierten sind auf den Kriegsschauplätzen in Asien und Europa auf dem Vormarsch. Und am 6. Juni 1944 gehen sie in der Normandie an Land.

Die deutschen Exilanten in New York sind voller Zweifel. Sollen sie in die Heimat zurückkehren? Oder gibt es, nach allem, was passiert ist, diese Heimat nicht mehr? Hans Sahl erzählt, dass sich die deutschen Exilanten abends oft am Hudson River trafen, wenn am gegenüberliegenden Ufer, in New Jersey, die Lichter angingen. Man starrte in die Strömung, auf den Unrat, der da vorbeigetrieben wurde, und man hatte das Gefühl, selbst überflüssiger Abfall im Strom der Geschichte zu sein.

Auch Hannah und Heinrich unternehmen lange Spaziergänge am Hudson River und im Central Park.

Über einen dieser Spaziergänge macht Hannah ein Gedicht, dessen letzte Strophe lautet:

Fischer fischen still an Flüssen –
Einsam hängt der Ast.
Fahrer fahren blind auf Wegen
Rastlos in der Rast.
Kinder spielen, Mütter rufen,
Ewigkeit ist fast.
Geht ein liebend Paar vorüber,
Trägt der Zeiten Last.[10]

X. Die Schuldfrage

»Ein Chor von Spießern wird ausrufen: ›Dies haben wir nicht getan.‹«

Bis zum Kriegsende im Mai 1945 waren Hannah Arendt und Heinrich Blücher völlig im Ungewissen über das Schicksal ihrer Freunde in Europa. Nach und nach treffen nun Lebenszeichen ein. Anne Weil meldet sich aus Paris. Hans Jonas ist als britischer Soldat in Heidelberg aufgetaucht. Und auch Hannahs alter Freund und Lehrer Karl Jaspers ist heil durch das »Höllenspektakel«[1] gekommen. Sie nimmt sofort brieflichen Kontakt zu ihm auf und schickt ihm und seiner Frau Care-Pakete nach Heidelberg, denn im völlig zerstörten Deutschland mangelt es an allem.

Jaspers ist nach Jahren der Ächtung und Erniedrigung schlagartig wieder ein angesehener Mann, so etwas wie ein Aushängeschild für ein besseres Deutschland. Wichtiger als diese »wunderlichen Umkehrungen«[2] ist ihm allerdings, dass Hannah ihm die Treue gehalten hat, und er ist begierig darauf, von ihrem Leben in Amerika zu erfahren. Sie sei »eine Art freier Schriftsteller geworden«, berichtet Hannah. Und in einem weiteren Brief schreibt sie: »Sehen Sie, ich bin in keiner Weise respectable geworden. Bin mehr denn je der Meinung, dass man eine menschenwürdige Existenz nur am Rande der Gesellschaft sich heute ermöglichen kann, wobei man dann mit mehr oder weniger Humor riskiert, von ihr entweder gesteinigt oder zum Hungertod verurteilt zu werden. Ich bin hier ziemlich bekannt und habe in gewissen Fragen ein wenig Autorität, d. h. sie haben Vertrauen zu mir.«[3]

In der Tat hat sie sich in New York inzwischen einen großen Freundes- und Bekanntenkreis geschaffen. Ihren Rückhalt findet sie nach wie vor bei Heinrich. Aber die »Fixierung an einen Menschen« wäre für sie »das Zerrbild und der Ruin der Freundschaft«[4]. Wenn Hannah einmal mit jemandem Freundschaft geschlossen hat, dann setzt sie sich dafür auch über gesellschaftliche Tabus hinweg. So hat sie schnell festgestellt, dass die meisten Amerikaner Juden zwar politisch unterstützen, aber ansonsten nichts mit ihnen zu tun haben wollen. Juden bleiben unter sich. So ist der Fall einer jüdischen Freundin Hannahs keine Seltenheit: Diese Freundin ist zwar in Amerika geboren, aber bei einem Treffen in Hannahs Wohnung hat sie zum ersten Mal in ihrem Leben Umgang mit nicht-jüdischen Amerikanern.

Für Hannah ist dieser Umgang selbstverständlich, vor allem seit sie auch in der *Partisan Review* Artikel veröffentlicht. Die *Partisan Review* ist zu dieser Zeit die führende liberale Zeitschrift in den Vereinigten Staaten und zu ihren Mitarbeitern gehört eine Gruppe der bekanntesten Schriftsteller und Intellektuellen. Hannah lernt die Herausgeber William Phillips und

Philip Rahv, Kritiker wie Alfred Kazin und Schriftsteller wie Robert Lowell kennen.

1945 wird ihr auf einer Party bei Philip Rahv Mary McCarthy vorgestellt. Die sechs Jahre jüngere McCarthy schreibt Theaterkritiken für die *Partisan Review*, außerdem hat sie mit einem Roman über ihre Kindheit und Jugend auf sich aufmerksam gemacht. Die erste Begegnung der zwei Frauen endet mit einem Eklat. Hannah erregt sich über Marys intellektuellen Party-Small-Talk. In einem Gespräch über die Feindseligkeit der Franzosen gegenüber den deutschen Besatzern meint Mary, Hitler täte ihr Leid, weil er die Liebe seiner Opfer wolle. Einige der Partygäste finden die Bemerkung witzig. Hannah ist empört. Sie weist Mary McCarthy darauf hin, dass sie selbst zu den Opfern Hitlers gehöre und in einem Lager gewesen sei. Alle Erklärungen und Entschuldigungen Mary McCarthys helfen nichts mehr. Hannah ist unversöhnlich.

Es muss erst einige Zeit vergehen, ehe die beiden wieder miteinander reden. Nach einem Treffen bei Dwight McDonald, dem Herausgeber der Zeitschrift *Politics*, warten Mary McCarthy und Hannah anschließend auf dieselbe U-Bahn. Sie versöhnen sich und es wird eine lebenslange Freundschaft daraus, obwohl beide Frauen in vielem sehr unterschiedlich sind. Für Hannah ist eine gewisse Stabilität in ihrem Leben unverzichtbar. Mary McCarthy dagegen stürzt sich geradezu in neue Abenteuer und Erfahrungen. Sie hält es an keinem Ort lange aus und auch ihr Liebesleben ist ziemlich turbulent. Sie ist schon zweimal geschieden. Von ihrem zweiten Mann Edmund Wilson hat sie einen Sohn, Reuel. Hannah kann Marys Sprunghaftigkeit oft schwer nachvollziehen. Aber was sie immer wieder für sie einnimmt, ist ihre Klugheit, ihre Aufrichtigkeit und ihre naive Herzlichkeit. Umgekehrt ist Mary fasziniert von Hannahs untrüglichem Gespür für Qualität und von der Bildung, aus der diese Stärke zu kommen scheint. Wie viele Intellektuelle in Amerika beginnt Mary die europäische Literatur und Philosophie zu entdecken. Und Hannah ist die Verkörperung dieser Kultur, nicht nur für Mary McCarthy.

Alfred Kazin erinnert sich an die erste Wirkung Hannahs in ihrem Freundeskreis: »Als ich sie in den späten vierziger Jahren kennen lernte, war sie eine faszinierende, temperamentvolle Jüdin. Sie war weichherzig, witzig und ebenso weiblich wie scharfzüngig und unglaublich gebildet. Wenn sie von einer neuen Freundschaft hingerissen war, dann schmolzen ihre jüdischen Gesichtszüge und ihre rauhe Stimme in versonnene Liebenswürdigkeit. [...] Sie bezauberte mich und andere, denn ihr Interesse an ihrem neuen Heimatland und an englischsprachiger Literatur wurde ebenso ein Teil von ihr selbst wie ihr Akzent und ihre Leidenschaft, über Plato, Kant, Nietzsche, Kafka, ja selbst über Duns Scotus zu diskutieren, als lebten sie alle zusammen mit ihr und ihrem energischen Gatten Heinrich Blücher in dem schäbigen Mietshaus in der West 95th Street.«

Hannah beginnt sich in der Neuen Welt einzuleben. Doch geistig zu Hause ist sie in der Kultur und Sprache der Alten Welt. Auf diese Welt ist aber durch das Dritte Reich ein Schatten gefallen. Und nichts beschäftigt Hannah mehr als die Frage, wie es zu dieser Barbarei kommen konnte. In ihren Beiträgen für die *Partisan Review* versucht sie eine Antwort zu finden. Und auf Anregung von Karl Jaspers schickt sie der deutschen Zeitschrift *Die Wandlung*, die von Jaspers und Dolf Sternberger gegründet wurde, einen Aufsatz, den sie bereits 1944, also vor Kriegsende, verfasst hat. Darin beschäftigt sie sich mit der Schuldfrage.

Von einer kollektiven Schuld oder Unschuld zu reden, hat keinen Sinn, so etwas gibt es nicht, schreibt sie, weil Schuld etwas ist, das nur einen einzelnen Menschen betreffen kann. Wenn sich jemand schuldig gemacht hat, dann ist es ein bestimmter Typ von Mensch, dessen sich die Nazis für ihre teuflischen Pläne bedienen konnten. Und dieser Typ ist kein Fanatiker, Sadist oder Lustmörder, es ist der gewöhnliche Familienvater, der »treusorgende Hausvater«, dem die Sicherheit seines Privatlebens über alles geht. »Es hatte sich herausgestellt, dass er durchaus bereit war, um der Pension, der Lebensversicherung, der gesicherten Existenz von Frau und Kindern willen Gesinnung, Ehre und menschliche Würde preiszugeben.«

Was diesen »Spießer«-Typus für Hannah Arendt vor allem kennzeichnet, ist seine totale Gleichgültigkeit gegenüber der Frage, wie eine allen gemeinsame Welt aussehen und wie sie überdauern soll. Für ein gesichertes Leben in den eigenen vier Wänden war der Familienvater, der sonst keiner Fliege etwas zuleide tun konnte, auch bereit, zum Verbrecher und Mörder zu werden – vorausgesetzt, er wurde zum Funktionär in einer Todesmaschinerie, in der er jede Verantwortung von sich weisen konnte. »Wenn der Vorhang diesmal fallen wird«, so prophezeite Hannah schon vor Kriegsende, »werden wir einem ganzen Chor von Spießern zu lauschen gezwungen sein, die ausrufen werden: ›Dies haben wir nicht getan.‹[5]

Aus Heidelberg schreibt Jaspers, dass er gelegentlich wieder Briefe mit Heidegger wechselt. Die Beziehung zwischen den ehemaligen »Kampfgefährten« war im Sommer 1936 abgerissen. Ihre Wege haben sich dann erst 1945 wieder gekreuzt. Heidegger hat sich nach Kriegsende einem »Bereinigungsausschuss« stellen müssen, vor dem er seine Unschuld beteuerte. Schließlich aber wurde ihm von der französischen Militärregierung die Lehrerlaubnis entzogen. Bei diesem Urteil stützte man sich hauptsächlich auf ein Gutachten von Karl Jaspers. Darin äußerte er Bedenken an Heideggers »Denkungsart« und nannte sie »unfrei, diktatorisch, communikationslos«[6]. Im Frühjahr 1946 erlitt Heidegger einen körperlichen und seelischen Zusammenbruch. Seit seiner Gesundung lebt er zurückgezogen, aber sein Ruf als genialer Philosoph ist wieder im Steigen, besonders in Frankreich, und viele seiner Kollegen, auch Jaspers, treten dafür ein, ihm die Lehrerlaubnis wieder zurückzugeben. Trotzdem kann Jaspers seine Skepsis gegenüber Heidegger nicht ablegen. Auch in den Briefen, die er aus Freiburg bekommt, spürt er eine »Unreinheit«, die ihn nichts Gutes ahnen lässt.

Hannah ist in ihrem Urteil nicht so zurückhaltend wie Jaspers. Was er »Unreinheit« nennt, nennt sie »Charakterlosigkeit«, und zwar in dem Sinn, »dass er buchstäblich keinen hat«. Auch an Heideggers erster Schrift nach seinem Zusammenbruch, dem *Brief über den Humanismus*, lässt sie nicht viel Gutes: »Dies Leben in Todtnauberg, auf Zivilisation schimpfend und Sein mit einem y schreibend, ist ja doch in Wahrheit nur das Mauseloch, in das er sich zurückgezogen hat, weil er mit Recht annimmt, dass er da nur Menschen zu sehen braucht, die voller Bewunderung anpilgern.«[7]

New York ist wahrlich nicht Todtnauberg. Hannah sieht täglich so viele Leute, dass sie oft nicht mehr weiß, wo ihr der Kopf steht. Sie ist jetzt Leiterin der »Commission on European Jewish Cultural Reconstruction«. Ihr kleines Büro befindet sich am Columbus Circle, in der Nachbarschaft von schäbigen Tabakkiosks, zwielichtigen Trödelläden und heruntergekommenen Bürogebäuden, in denen schmierige

Quacksalber mit illegalen Abtreibungen ihr Geschäft machen. Manchmal holt Alfred Kazin Hannah ab, um mit ihr in der Nähe des Büros eine Tasse Kaffee zu trinken. Kazin wird dann begrüßt von einer strahlenden Hannah, die geradezu überschäumt vor Begeisterung über neue Erfahrungen. Einmal bleibt sie im strömenden Regen auf dem Columbus Circle stehen, um Kazin von Kafka vorzuschwärmen und ihn davon zu überzeugen, dass dieser so viel größer sei als Thomas Mann.

Die Arbeit für die Kommission ist für Hannah zwar sehr zeitraubend, aber sie wirft nicht genug Geld ab, um davon leben zu können. Zusätzlich hält sie noch Kurse über europäische Geschichte am Brooklyn College. Ihren eigentlichen Lebensunterhalt verdient sie aber beim Schocken Verlag, in dem sie seit 1946 Lektorin ist. Diesen Verlag hat Salman Schocken, ein »jüdischer Bismarck«, wie Hannah ihn nennt, bereits 1933 in Berlin gegründet und nach seiner Emigration in New York wieder aufgebaut.

Die Arbeit im Büro liegt ihr nicht besonders. Sie leidet unter der »stupid machenden Überwachheit« und der »chronischen Verschlafenheit eines Office«. Diese »Überwachheit« entsteht vor allem dadurch, dass in ihrem Büro ein ständiges Kommen und Gehen herrscht. Sie muss so viele Menschen kennen lernen, dass ihr »Gesichter und Namen in wildem Chaos durcheinander rutschen«[8]. Einige Namen und Gesichter bleiben aber auch hängen. Da ist zum Beispiel der junge Schriftsteller Randall Jarrell, für Hannah wegen seinem sensiblen und leidenschaftlichen Charakter eine Erscheinung wie eine »Figur aus der Märchenwelt«. Sie bringt ihm deutsche Gedichte nahe und umgekehrt eröffnet er ihr einen Zugang zur englischen und amerikanischen Literatur. Zwischen beiden entsteht eine sehr herzliche Freundschaft. Als Randall Jarrell sie sanft dazu drängt, ihn doch mit seinem Vornamen anzureden, ist Hannah verwirrt, denn sein Vorname klingt für sie auch nicht persönlicher als sein Nachname.

Ein anderer Schriftsteller, den Hannah und Heinrich regelmäßig treffen, ist der Österreicher Hermann Broch. Broch war in seiner Heimat Leiter einer Textilfabrik, bis er sich entschloss, nur noch für die Literatur zu leben. Hannah hält Brochs *Der Tod des Vergil* für eines der bedeutendsten Bücher der Zeit. Was ihr allerdings an ihm weniger gefällt, ist seine Neigung zum »Heiligsein«. Broch lebt unter dem Existenzminimum und trotzdem opfert er bedenkenlos seine Kraft und Zeit, um anderen Emigranten zu helfen.

Bei Schocken ist Hannah zwei Jahre lang beschäftigt. Ihre wichtigste Aufgabe in dieser Zeit ist die Herausgabe von Kafkas Tagebüchern. Sie verehrt Franz Kafka, der 1924 gestorben ist, und sie nutzt jede Gelegenheit, auf seine Texte aufmerksam zu machen. In Amerika ist Kafka kaum bekannt. Und so kann es schon vorkommen, dass sie auf einer Party gefragt wird, wer denn nun eigentlich dieser »Francis« Kafka sei.

Für Hannah Arendt ist Kafka der Autor, der am eindrücklichsten den »Wahn« der neueren Zeit schildert, den Wahn nämlich, dass es die Aufgabe des Menschen sei, sich Gesetzen zu unterwerfen, denen man den Anschein von natürlichen Notwendigkeiten gibt. Dieses Phänomen ist für sie so interessant, weil sie auch selber nach einer Antwort auf die Frage sucht, wie es kommen konnte, dass Menschen während der nationalsozialistischen Herrschaft massenweise bereit waren, sich einer »Maschinerie der Vernichtung« anzuschließen. Mit dem treusorgenden Familienvater hat sie einen neuen Menschenschlag angeprangert, der aus Sorge um seine private Existenz zum Mörder wird. Damit ist aber noch nicht geklärt, wie dieser »Typ« Mensch entstehen konnte, für den anscheinend alle früheren kulturellen Hemmschwellen keine Bedeutung mehr haben. Hannah Arendt geht dieser Frage nach. Aber sie tut es nicht wie Kafka, mit literarischen Erzählungen vom Kampf eines Einzelnen gegen ein unangreifbares und allmächtiges Gericht oder gegen Schlossherren, die gottgleich bestimmen, was gut und schlecht ist. Ihre Begabung ist das historische und philosophische Denken. Sie durchkämmt die Geschichte, um jene Entwicklungen ausfindig zu machen, die schließlich zu einem totalitären Nazi-Staat geführt haben.

Hannah hat in New York ein ausgefülltes Leben. Sie

hat einen anspruchsvollen Job, sie schreibt ein Buch, das ihr am Herzen liegt, und sie hat viele Freunde. Das alles kann man von ihrer Mutter nicht sagen. Amerika ist Martha Arendt fremd geblieben. Sie führt ein zurückgezogenes Leben in ihrem möblierten Zimmer in der 95. Straße. Mit ihrem Schwiegersohn versteht sie sich schlecht. Heinrich führt nach mehreren Jobs wieder das Leben eines Privatgelehrten. Er hat hochfliegende Pläne für einen eigenen philosophischen Entwurf, mit dem er dem ganzen abendländischen Denken den Garaus machen will. Außerdem ist er für Hannah ein unverzichtbarer Gesprächspartner, bei dem sie sich Anregungen und Rat für ihr Buch holt.

Anfang 1948 fasst die vierundsiebzigjährige Martha Arendt den Entschluss, ihren Lebensabend bei ihrer Stieftochter Eva Beerwald in London zu verbringen. Im Juli nimmt Hannah Abschied von ihrer Mutter und begleitet sie zu ihrem Schiff, der »Queen Mary«. Am 27. Juli erreicht Hannah an ihrem Urlaubsort in New Hampshire ein Telegramm von Eva Beerwald: »Mutter letzte Nacht im Schlaf gestorben, regeln Einäscherung – herzlich Eva.« Martha Arendt hatte auf dem Schiff einen Asthma-Anfall erlitten, von dem sie sich nicht mehr erholte.

Hannah ist »zugleich traurig und erleichtert«. Nichts in ihrem Leben habe sie »so schlecht gemacht wie diese Angelegenheit«, schreibt sie an Heinrich.[9] Sie macht sich Vorwürfe, sich nicht genug um ihre Mutter gekümmert zu haben. Gleichzeitig weiß sie aber auch, dass sie Martha Arendts Erwartungen nicht erfüllen konnte, ohne sich selbst zu zerstören. Fast noch schlimmer als dieser Zwiespalt ist für Hannah der Gedanke, wie schwer für Heinrich das Zusammenleben mit seiner Schwiegermutter war.

»Hitler und Stalin hatten mehr getan, als uns deine Mutter aufzuhalsen«, schreibt Heinrich in seinem Antwortbrief, »mir war meine persönliche Unbekümmertheit zum Teufel gegangen, ich fing an, ein schlechtes Gewissen zu bekommen, und die Heirat hat das verstärkt. Die Alte hat es nur unerträglich gemacht. Sie hatte mir die beschränkte, aber starke Berechtigung des privaten bürgerlichen Gesichtspunktes, die ich ja immer kannte, etwas zu deutlich vor Augen geführt. Eigentlich rasend gemacht aber hat mich ihr dauerndes Blutsaugen an dir und der totale Mangel an Respekt vor deiner unglaublichen Leistung.«[10]

Mit dieser »unglaublichen Leistung« meint Heinrich in erster Linie die Arbeit an jenem Buch, das Hannah schon seit Jahren beschäftigt und das sie gerade im Begriff ist fertig zu stellen. Sie hat jede freie Minute genutzt, um neben ihren Arbeiten bei Schocken und am Brooklyn College, neben ihren politischen und journalistischen Aktivitäten und neben ihrer Tätigkeit für die »Jewish Cultural Reconstruction« an ihrem Werk weiterzuschreiben. Dazu musste sie eine ganze Bibliothek von Büchern lesen und verwerten. Noch dazu hatte sie den Ehrgeiz, das Buch in englischer Sprache zu verfassen. Was schließlich herauskommt, ist ein Manuskript von fünfhundert eng bedruckten Seiten. Das fertige Buch wird den Titel *The Origins of Totalitarianism* (deutsch: *Elemente und Ursprünge totaler Herrschaft*) tragen und es wird Hannah weltberühmt machen.

Aber das Manuskript ist noch lange nicht druckreif. Und ob es überhaupt gedruckt wird, ist auch noch nicht entschieden. Ein Bostoner Verlag steigt aus einem Vorvertrag wieder aus, nachdem man von einem Harvard-Professor ein Gutachten eingeholt hat, das ziemlich kritisch ausgefallen ist. Alfred Kazin gibt das Manuskript daraufhin an Robert Giroux vom Harcourt Verlag weiter. Der liest es begeistert und beschließt, es herauszubringen.

Im Sommer 1949 können Hannah und Heinrich endlich ihr möbliertes Zimmer verlassen und eine neue Wohnung beziehen. Sie liegt am Morningside Drive, eine ziemlich unsichere Gegend an der Grenze zum Stadtteil Harlem. Der nahe gelegene Morningside Park ist verdreckt und es ist nicht ratsam, dort Spaziergänge zu machen. Die Tür des neuen Apartments ist mit zwei Schlössern und einem Riegel gesichert. Vom Wohnzimmerfenster aus hat man einen Blick auf den Park und auf die »Krakauer Klavier Fabrik«. An der Wand im Flur hat Hannah eine riesige Fotografie von Franz Kafka angebracht. Und im Wohnzimmer hängt die Fotografie einer Büste mit königlichem Bart, die Platon darstellen soll. Alfred Kazin, ein häufiger Besucher, ist immer wieder überwältigt von der Atmosphäre des Exils, die in dieser Wohnung herrscht. Und Hannah erzählt ihm oft, wie sie darunter leidet, von so vielen Freunden und Bekannten in Deutschland getrennt zu sein.

Ende des Jahres ergibt sich die Gelegenheit, die alten Freunde wieder zu sehen. Nachdem sie die Stelle bei Schocken aufgegeben hat, ist sie jetzt Geschäftsführerin der »Jewish Cultural Reconstruction«. In dieser Funktion soll sie nach Europa reisen. Ganz bestimmt will sie Jaspers besuchen. Beruflich wird es sich nicht vermeiden lassen, auch nach Freiburg zu kommen. Ob sie Heidegger sehen will, das weiß sie noch nicht.

Im November reist Hannah ab. Das erste Mal in ihrem Leben sitzt sie in einem Flugzeug. Sehr gegen den Willen Heinrichs, der den Gedanken unerträglich findet, dass seine »Schnupper«, wie er Hannah nennt, eingepresst wie eine Sardine in einer gebrechlichen »Blechkiste« über den Ozean fliegt. Hannah ist von dem Flug begeistert. Aber Heinrich lässt sich seine Abneigung gegen das Fliegen nicht nehmen: »Nicht mal richtig winken kann man«, murrt er.[11]

XI. Das radikal Böse

»Die Deutschen leben von der Lebenslüge und der Dummheit.«

Als Hannah Arendt im Dezember 1949 nach Deutschland reist, sie ist jetzt dreiundvierzig Jahre alt, ist ihr Totalitarismus-Buch noch nicht erschienen. Sie kommt als Vertreterin der »Jewish Cultural Reconstruction«, nicht als Buchautorin. Dennoch ist sie inzwischen eine Expertin für totalitäre Systeme und es ist für sie interessant zu sehen, was aus einem Land geworden ist, das vor wenigen Jahren noch fest im Griff eines solchen Terrorregimes war.

The Origins of Totalitarianism, das Buch, an dem Hannah Arendt über vier Jahre lang geschrieben hat, ist der groß angelegte Versuch, die Eigenart totaler Herrschaft zu beschreiben. Dabei hat sie ausdrücklich nicht nur das Nazi-Regime, sondern auch den Stalinismus in der Sowjetunion vor Augen. Beides sind für sie Formen totaler Herrschaft. Aber was zeichnet diese Systeme gegenüber anderen Diktaturen und Gewaltregimen aus?

Als Hannah und Heinrich erstmals von den Vernichtungslagern hörten, wollten sie diesen Meldungen zunächst keinen Glauben schenken, weil für sie völlig unverständlich war, welchen Sinn solche Einrichtungen haben sollten. Weder aus militärischer noch aus wirtschaftlicher Sicht war das Vernichtungsprogramm von Nutzen. Im Gegenteil, es erforderte einen ungeheuren Aufwand an Organisation und Personal und wirkte sich letztendlich auf die Kriegsführung verheerend aus. Erst allmählich begann Hannah Arendt zu verstehen, dass gerade in dieser Sinnlosigkeit die beispiellose Eigenart des Nazi-Terrors liegt.

In den *Origins* lehnt sie es strikt ab, Hitler mit Dschingis-Khan oder anderen Schreckensgestalten aus der Geschichte zu vergleichen. Ebenso bekommt man nach ihrer Überzeugung das Besondere der totalitären Politik nicht in den Blick, wenn man nach ähnlichen dunklen Kapiteln in der Geschichte sucht. Angriffskriege hat es immer schon gegeben, die Ausrottung ganzer Völker wie in Australien, Amerika und Afrika ist nichts Neues, und an größenwahnsinnigen und blutrünstigen Diktatoren hat es in der Geschichte auch nicht gefehlt. So schrecklich diese früheren Untaten und Unmenschen auch waren, so kann man sie doch noch irgendwie verstehen, das heißt, man kann Motive entdecken, auch wenn es nur so niedere Antriebe sind wie nackte Habgier oder schierer Machthunger.

Das jedoch ist bei den Todesfabriken der Nazis nicht mehr der Fall. Der gesunde Menschenverstand wird hier mit der »vollendeten Sinnlosigkeit«[1] konfrontiert. Und der Ort, an dem diese absolute Sinnlosigkeit am furchtbarsten exerziert wurde, das waren die Konzentrationslager. Die Insassen konnten ihre Qualen nicht einmal mehr als Strafe für irgendeine Schuld sehen. Ob ein wirklicher Verbrecher oder ein völlig Unbescholtener in die Gaskammer geschickt wurde, war in diesem System völlig egal. Die Vernichtung widerfuhr menschlichen Wesen, die praktisch schon »tot« waren – ihrer Rechte und ihrer Würde beraubt. Und es ging nur mehr darum, bestimmte Quoten in der fabrikmäßigen Vernichtung einzuhalten. Das Verbrechen verschwand hinter der industriell durchgeführten »Säuberung«, die man routinemäßig erledigte.

Hinter dieser Todesmaschinerie sieht Hannah Arendt eine »wahnwitzige Logik« am Werk, der es darum geht zu beweisen, dass die völlig abstruse Vorstellung von der zukünftigen Weltherrschaft einer Elite-Rasse sich wirklich bewerkstelligen lässt, und zwar durch Terror und perfekte Organisation. Bei der Durchsetzung dieses Ziels waren die Menschen nur das »Material«, an dem dieser geschichtliche Auftrag zu vollstrecken war. Und von den Tätern wurde erwartet, dass sie ihre Aufgabe ohne persönliche Anteilnahme erledigten, nur aus einer unmenschlichen und übermenschlichen Treue zu einem Gesetz, das in der Geschichte und in der Natur beschlossen sein soll. Die Akteure in diesem mörderischen Programm sahen sich in einem geheimen Bund mit einer höheren Moral, der sie von einem schlechten Gewissen befreite. Wenn tausend Leichen daliegen würden, so erklärte Heinrich Himmler vor SS-Einsatzgruppen, dann sei es ein Ruhmesblatt, dies durchgehalten zu haben und dabei anständig geblieben zu sein«.

Für Hannah Arendt ist dieser Versuch, im Namen eines geschichtlichen Auftrags massenweise zu morden, so ungeheuerlich und geht so weit über alles Menschliche hinaus, dass sie zu der Vorstellung vom »radikal Bösen« greift: »[...] in ihrem Bestreben, unter Beweis zu stellen, dass alles möglich ist, hat die totale Herrschaft, ohne es eigentlich zu wollen, entdeckt, dass es ein radikal Böses gibt und dass es in dem besteht, was Menschen weder bestrafen noch vergeben können.«[2]

Um zu zeigen, dass es möglich ist, die Welt nach den Geboten einer Ideologie zu verändern, mussten die Nazis eine fiktive Welt aufbauen, die abgeschottet war gegen jede störende Erfahrung. Ihr Unternehmen bestand also darin, die Realität durch ein Wahnsystem zu ersetzen.

Diese Schein-Welt schuf sehr wohl eine Gemeinsamkeit, eine »Bewegung«, aber es war dies eine Gemeinschaft isolierter Individuen, völlig unfähig zu wirklichem gemeinsamem Handeln. Was sich von außen wie ein »Irrenhaus« ausnahm, war für die Menschen in diesem System völlig vernünftig und stimmig. Und sobald diese fiktive Welt zusammenfällt, zerfällt auch die »Bewegung«, und übrig bleiben die Menschen, die nun wieder das sind, was sie vorher waren: vereinzelte, »heimatlose« Individuen.

Die totale Herrschaft ist angewiesen auf Menschen, für die es keine gemeinsame Welt mehr gibt, sondern die nur noch durch eine Ideologie zusammengeschweißt werden. Den »heimatlosen« Menschen gibt es für Hannah Arendt jedoch schon länger, er ist ein Phänomen der Moderne. Im größten Teil ihres Totalitarismus-Buchs beschäftigt sie sich, direkt oder indirekt, mit diesem »heimatlosen« Menschen. In langen geschichtlichen Darstellungen, anhand von Charakterstudien historischer Persönlichkeiten, Anekdoten und literarischen Beispielen will sie zeigen, welche Entwicklungen ihn hervorgebracht haben. Dabei glaubt sie nicht an zwangsläufige Abläufe in der Geschichte: Nichts, was ist und was war, musste so kommen. Und nichts kann man eindeutig ableiten aus dem, was vorher war. »Das Ereignis erhellt seine eigene Vergangenheit«, schreibt Hannah Arendt, »niemals kann es aus ihr abgeleitet werden.«[3] Auch das Ereignis der totalen Herrschaft erhellt seine eigene Vergangenheit und es werden »Kristallisationen«, »unterirdische Ströme« sichtbar.

Solch ein unterirdischer Strom in der Geschichte ist für Hannah Arendt der Drang nach unbegrenzter Macht, wie er sich am stärksten im Imperialismus zeigt, dem sie in ihrem Buch eines der drei Kapitel widmet. Diesen Drang hält sie für unersättlich, so dass den imperialistischen Geschäftsmann, wie sie sagt, »die Sterne ärgern, weil er sie nicht annektieren kann«. Mit der

Sprengung der nationalen Grenzen bekommen auch die vorher begrenzten Konflikte einen größeren Maßstab. Aus einem Engländer wird ein »weißer Mann«, aus einem Deutschen ein »Arier«. Und von diesen geborenen Herren unterscheidet man eine Sklavenrasse, die »Schwarzen« oder – die »Juden«.

Rassismus und Imperialismus gehören zusammen. Eine Gruppe, die sich berufen fühlt, die Welt zu lenken, grenzt sich ab gegen eine minderwertige Rasse, die, so glaubt man, keinen Anspruch auf Beteiligung am Herrschen hat. Daher lässt sich auch verstehen, warum die Juden der Funke waren, an dem sich der Nazismus entzündete, warum gerade die Juden zum Hauptfeind wurden. Der Nationalsozialismus führte alle Tendenzen des Imperialismus ins Extreme. Die Nazis sahen sich als über-nationale Bewegung von Auserwählten mit dem geschichtlichen Auftrag, nicht weniger als die Welt zu beherrschen. Und darum mussten alle Gruppen zum Gegner werden, die eine ähnliche weltweite Verbreitung und ein ähnliches Selbstverständnis hatten, und das waren in erster Linie die Juden. Hier war ein Volk, ohne Staat, verstreut über die ganze Welt und trotzdem zusammengehalten durch Familienbande und durch den Glauben an seine besondere geschichtliche Mission. Die Nazipropaganda verwandelte das besondere Schicksal des jüdischen Volkes in die Fabel von einer jüdischen Weltverschwörung. Und die Nazis handelten wirklich so, als ob die Welt von Juden unterwandert sei und nur eine Gegenverschwörung diese Welt retten könne.

Die Frage, ob die jüdische Weltverschwörung vielleicht ein Hirngespinst ist, stellte sich überhaupt nicht. Man tat so, als ob sie wirklich wäre, und damit wurde sie wirklich. Der Wahn wurde einfach wahr gemacht. Sobald aber die wesentlichen Stützen dieses Lügengebäudes, Organisation und Terror, nicht mehr funktionieren, zeigt sich die fundamentale Schwäche eines totalitären Systems: Es platzt wie eine Seifenblase, und die Menschen fallen wie aus einem Traum, den sie nicht mehr wahrhaben wollen.

Hannah Arendt schreibt hierzu: »Mit dem Zusammenbruch ihrer fiktiven Heimat kehren die Massen wieder in die Welt zurück, vor deren Realität die Bewegung sie geschützt hatte, werden wieder zu den isolierten Individuen, als die sie sich massenhaft zusammengefunden hatten, und übernehmen entweder neue Aufgaben in einer veränderten Welt oder fallen in die verzweifelte Überflüssigkeit zurück, von der die Fiktion sie für einen Moment erlöst hatte. [...] In aller Stille, als handele es sich um nichts als einen dummen Reinfall, werden sie ihre Vergangenheit aufgeben und, wenn es Not tut, verleugnen, sich nach einer neuen viel versprechenden Fiktion umsehen oder warten, bis die alte Ideologie wieder an Stärke gewinnt und eine neue Massenbewegung ins Leben ruft.«[4]

Das Deutschland, in das Hannah nun zurückkommt, hat die Ratlosigkeit und das Chaos der ersten Nachkriegsjahre schon hinter sich und ist auf dem besten Weg, eine demokratische Industrienation zu werden. Eine Währungsreform wurde durchgeführt, die Westzonen haben sich zusammengeschlossen und im August 1949 fanden die Wahlen zum ersten Bundestag statt. Zum Bundespräsidenten wurde Theodor Heuss gewählt, Bundeskanzler ist der frühere Kölner Oberbürgermeister Konrad Adenauer.

Hannah ist mit ihrer Arbeit für die »Jewish Reconstruction« rund um die Uhr beschäftigt. Sie hastet von einer Stadt zur nächsten und von einem Termin zum anderen. Dabei hat sie viele Gelegenheiten, mit Leuten zu sprechen. Und sie ist entsetzt. An Heinrich schreibt sie: »Weißt du eigentlich, wie Recht du hattest, nie wieder zurückzuwollen? Die Sentimentalität bleibt einem im Halse stecken, nachdem sie einem erst in die Kehle gestiegen ist. Die Deutschen leben von der Lebenslüge und der Dummheit. Letztere stinkt zum Himmel.«[5] Hannah hat den Eindruck, dass die Deutschen sich nach »Hitler ohne Krieg« zurücksehnen und ihnen jeder »Trick« recht ist, um vor der »Realität der Zerstörung« zu fliehen. Entweder sie versinken in Selbstmitleid oder flüchten sich in eine besinnungslose Geschäftigkeit.

In einem späteren Aufsatz über ihren Deutschland-Besuch schreibt sie angeekelt über den deutschen

Zwang, »dauernd beschäftigt zu sein«, und das »gierige Verlangen, pausenlos an etwas zu hantieren«.[6] Die Nachwirkungen des totalitären Regimes zeigen sich für sie besonders darin, dass man Meinungen und Tatsachen einfach gleichsetzt. Mit unleugbaren Fakten über das Dritte Reich geht man so um, als handele es sich um bloße Meinungen, die jedem frei stehen und auf die es nicht ankommt.

Die einzige rühmliche Ausnahme in Deutschland sind für Hannah die Bewohner Berlins, wo sie ihren alten Jugendfreund Ernst Grumach besucht. Obwohl die Stadt ein einziges Trümmerfeld ist und noch unter den Auswirkungen der sowjetischen Blockade leidet, findet Hannah die Berliner »großartig, menschlich, humorvoll, klug, blitzklug sogar«. Als sie sich mit dem Auto durch die zerbombte Stadt fahren lässt und sie in der Ostzone an einem Stalin-Plakat vorbeikommen, meint ihr junger Chauffeur, auf die Trümmer ringsum zeigend: »Tja, wir haben bereits so 'nen großen Freund des Volkes gehabt; und das hat er denn seinem geliebten Volk hinterlassen.«[7]

Einen solchen nüchternen Sinn für die Gegebenheiten findet Hannah in Deutschland sonst nicht, schon gar nicht bei den Intellektuellen. Sie hat den Eindruck, dass jene auf eine besonders raffinierte Art an der Wirklichkeit vorbeisehen, indem sie nämlich bei jedem Problem nach der wesenhaft-metaphysischen Ursache fragen. Statt die Gründe der Zerstörung um sie herum bei den Nazis zu suchen, gehen sie zurück bis zu den »Ereignissen, die zur Vertreibung von Adam und Eva aus dem Paradies geführt haben«[8].

Mitte Dezember trifft Hannah bei den Jaspers in Basel ein. Zwischen Karl Jaspers und ihr kommen sofort wieder jene rückhaltlosen Gespräche in Gang, die Hannah so schätzt: »Man denkt nicht: Oh, das sollte ich nicht sagen, es wird ihn verletzen. Das Vertrauen in die Freundschaft ist so groß, dass man weiß, nichts kann verletzend sein.«[9]

Natürlich wird auch über Heidegger gesprochen. Jaspers zeigt Hannah die Briefe, die er von ihm bekommen hat. Und Hannah gesteht ihm zu ersten Mal ihr früheres Verhältnis zu Heidegger. »Ach, aber das ist ja sehr aufregend«, meint daraufhin Karl Jaspers.

Nach dem Besuch bei Jaspers hat Hannah eigentlich keine Lust mehr, Heidegger zu sehen, zumal sie gerüchteweise von einer Kampagne gehört hat, die dieser gegen Jaspers angezettelt haben soll. Doch auch wenn sie es sich nicht eingesteht – es scheint sie wie magnetisch nach Freiburg zu ziehen. In Amerika hat sie einen Aufsatz über Heidegger veröffentlicht, in dem sie ihn den letzten »Romantiker« nennt. Ob in dieser abwertend gemeinten Bezeichnung nicht auch etwas von dem Zauber steckt, den Heidegger seit jeher auf sie ausübt? Jedenfalls wendet sich Hannah an Hugo Friedrich, einen Studienfreund aus Heidelberger Tagen, um Heideggers Adresse zu erfahren. Und am

7. Februar 1950 ist sie, aus rein beruflichen Gründen, wie sie beteuert, in Freiburg.

Vom Hotel aus, in dem sie unterkommt, lässt sie Heidegger einen Zettel zustellen, ohne Unterschrift, mit der schlichten Mitteilung: »Ich bin hier«. Gegen halb sieben Uhr abends kommt Heidegger ins Hotel. Er will eigentlich nur einen Brief für Hannah an der Rezeption abgeben, in dem er sie für den Abend in sein Haus einlädt. Doch dann lässt er sich doch bei Hannah anmelden. Als er in ihr Zimmer tritt, steht er, so schildert sie die Szene, vor ihr wie »ein begossener Pudel«. Was in ihr selbst vorgeht, das beschreibt sie in einem zwei Tage später geschriebenen Brief an Heidegger. »Als der Kellner deinen Namen sagte (ich hatte dich nicht eigentlich erwartet, hatte ja den Brief nicht bekommen), war es, als stünde plötzlich die Zeit stille. Da kam mir blitzartig zu Bewusstsein, was ich vorher nicht mir und nicht dir und keinem zugestanden hätte, dass mich der Zwang des Impulses, nachdem Friedrich mir die Adresse gegeben hatte, gnädig bewahrt hat, die einzig wirklich unverzeihliche Untreue zu begehen und mein Leben zu verwirken. Aber eines sollst du wissen [...], hätte ich es getan, so nur aus Stolz, d.h. aus purer reiner verrückter Dummheit. Nicht aus Gründen.«[10]

Eine »unverzeihliche Untreue« wäre es gewesen, zu Heidegger alle Brücken abzubrechen. Und Hannah sieht ein, dass sie diese Untreue aus »Stolz« und nicht aus »Gründen«, d. h. wegen seiner Nazi-Vergangenheit begangen hätte.

Sie nimmt Heideggers Einladung an und beide verbringen den Abend in dessen Haus, allein, Elfride Heidegger ist nicht da. An diesem Abend scheint eine sehr offene Aussprache stattgefunden zu haben. »Wir haben«, schreibt Hannah an Heinrich, »zum ersten Mal in unserm Leben miteinander gesprochen.«[11]

Heidegger will, dass Hannah vor ihrer Abreise am nächsten Tag noch einmal in sein Haus kommt, um seine Frau kennen zu lernen. Hannah sträubt sich zunächst, sagt aber dann zu. Auf der Rückfahrt in ihr Hotel liest sie »halb verschlafen« den Brief, den Heidegger für sie an der Rezeption abgegeben hatte. Darin erwähnt er, dass seine Frau Elfride über ihre frühere Liebesbeziehung Bescheid weiß.

Das Treffen am nächsten Morgen im Haus der Heideggers verläuft unter großen Spannungen. Heidegger ist viel daran gelegen, dass seine Frau und Hannah Freundschaft schließen, und er will – auch in späteren Briefen – Hannah davon überzeugen, dass Elfride ihm seinen Seitensprung verziehen hat und es gutheißt, wenn sie an die alte Freundschaft wieder anknüpfen. Für Heidegger ist es ein Zeichen der Versöhnung und der Anfang eines Dreierbundes, als Hannah und Elfride sich zum Abschied umarmen.

Hannah erlebt diese Szene anders, viel zwiespältiger. Einerseits ist sie »erschüttert« von der Aufrichtigkeit, mit der Elfride Heidegger ihr begegnet. Andererseits kommt sie nicht darüber hinweg, dass Elfride Heidegger aus ihrer antisemitischen Haltung nie einen Hehl gemacht hat. Auch stört es sie, dass Elfride wegen der Affäre mit ihrem Mann offenbar ein schlechtes Gewissen von ihr erwartet. Zwei Tage nach ihrer Abreise aus Freiburg schreibt Hannah einen Brief an Elfride Heidegger, in dem sie bekräftigt, dass sie sich reuelos zu ihrer großen Liebe bekennt. Und an Heinrich schreibt Hannah am Abend nach dem Treffen in Freiburg: »Heute früh kam dann noch eine Auseinandersetzung mit seiner Frau – die macht ihm seit 25 Jahren, oder seit sie auf irgendeine Weise die Bescherung aus ihm rausgekriegt hat, offenbar die Hölle auf Erden. Und er, der doch notorisch immer und überall lügt, wo er nur kann, hat ebenso offenbar, d. h. wie sich aus dem vertrackten Gespräch zu dritt ergab, nie in all den 25 Jahren geleugnet, dass dies nun einmal die Passion seines Lebens gewesen sei. Die Frau, fürchte ich, wird, solange ich lebe, bereit sein, alle Juden zu ersäufen. Sie ist leider einfach mordsdämlich. Aber ich werde versuchen einzurenken, soweit ich kann.«[12]

Baden-Baden, Rastatt, Wiesbaden, Koblenz, Kassel, Marburg – das sind die nächsten Situationen von Hannahs Reise. Dazu kommt noch ein Besuch bei Anne Weil in Paris und ein Abstecher nach London zu Eva Beerwald. Am Ende dieses Parcours ist sie »leicht verdummt« und hat einen Hexenschuss.

Am 15. März tritt Hannah die Rückreise in die Staaten an. Diesmal mit dem Schiff, zur großen Erleichterung Heinrichs, der ihr Pillen gegen die Seekrankheit schicken muss. Hannah reist sehr ungern mit dem Schiff, besonders wenn es überfüllt ist. Dann kommt sie sich vor »wie in einem Konzentrationslager erster Klasse«.

Heinrich ist während Hannahs Abwesenheit klar geworden, dass Einsamkeit etwas ganz anderes ist als Verlassenheit. Wenn er einsam sei, so schreibt er einmal in einem Brief, dann genieße er das. Unter seiner Verlassenheit aber leide er.

Viel Gelegenheit, einsam zu sein, hatte Heinrich freilich nicht. Während Hannah in Europa war, vermietete er einen Teil der Wohnung an einen Maler namens Krauskopf, der mit Frau und Baby einzog. Einmal mussten er und die Familie Krauskopf mitten in der Nacht ins Treppenhaus flüchten, weil in der Wohnung unter der ihren Feuer ausgebrochen war. Heinrich kümmerte sich auch um Hilde Fränkel, eine gemeinsame Freundin in New York, die unheilbar an Krebs erkrankt ist. Und da im Freundeskreis seine sensible, aber bestimmte Art geschätzt wird, wurde er in »fünf seelische Krisen, der Reihenfolge nach eine fürchterlicher als die vorige«, hineingezogen, unter anderem sollte er die Ehe von Alfred und Carol Kazin retten. Als dann Hermann Broch und Annemarie Meier-Gräfe heirateten, fungierte er als Trauzeuge. Beim Champagnerumtrunk nach der Trauung hielt er eine kleine Ansprache über seine Definition der Ehe, die da lautet: »Die Ehe verdoppelt alles«.

Heinrich, inzwischen einundfünfzig Jahre alt, hat noch immer keinen Beruf, in dem er seine rednerischen und pädagogischen Talente richtig entfalten könnte. Seine Versuche, eine passende Stelle zu finden, verliefen bisher alle glücklos. »Manchmal komme ich mir vor wie ein Pestkranker«, klagt er Hannah.

Immerhin hat sich ganz unvermutet eine Perspektive für ihn aufgetan. Bei einer Veranstaltung im Künstlerklub »The Club« in Greenwich Village erschienen die Referenten nicht. In der Not bat man Heinrich, der unter den Gästen war, einzuspringen. Und Heinrich hielt aus dem Stegreif einen Vortrag, der alle mitriss. Es war ein »überwältigender Erfolg«. Und nun will man ihn für weitere Vorträge in ganz Amerika verpflichten.

Die Entwicklung, die Hannah Arendt in Deutschland und Europa erlebt hat, wirkt sich auch auf das politische Klima in den Vereinigten Staaten aus. Es herrscht der Kalte Krieg zwischen den Westmächten und den Staaten des Ostblocks, eine Konfrontation, die auf der ganzen Welt zu Konflikten führt. In Korea, das, wie Berlin, gespalten ist, versucht im Juni 1950 der kommunistische Nordteil den amerikanisch beeinflussten Südteil zu erobern. Es kommt zum Krieg, der letztlich an der Teilung des Landes nichts ändert, aber die Gefahr eines neuerlichen Weltkrieges heraufbeschwört und in den USA mit beiträgt zu einer Furcht vor kommunistischer Unterwanderung.

Im Jahr 1951 erscheint Hannah Arendts *The Origins of Totalitarianism*. Das Buch wird begeistert aufgenommen. Hannah kann sich sogar als »Cover-girl« auf der Frontseite einer Zeitschrift sehen, in der ihr Buch ausführlich besprochen wird.

Im gleichen Jahr erhält Hannah die amerikanische Staatsbürgerschaft. Nach siebzehn Jahren Flucht und Emigration ist sie nun keine Staatenlose mehr.

XII. Hexenjagd

»Ich leiste mir manchmal die unglaublichsten Eskapaden.«

Auf seine Einbürgerung wartet Heinrich Anfang 1952 noch immer. Er hat Angst, dass man ihn wegen seiner politischen Vergangenheit denunziert hat. In den USA herrscht eine überhitzte Stimmung gegen alles Kommunistische. Das geht so weit, dass man in Hollywood, wo ein Schauspieler namens Ronald Reagan die Antikommunisten anführt, Filme auf den Index setzt, weil in ihnen lachende russische Kinder vorkommen.

Seitdem der Kongress 1951 antikommunistische Gesetze erlassen hat, wird eine »Roten-Hetze« betrieben, bei der sich der republikanische Senator Joseph McCarthy besonders hervortut. McCarthy ist Vorsitzender des »Ausschusses für antiamerikanische Umtriebe«, der eine Verfolgungswelle besonders gegen Künstler und Intellektuelle startet. Jeder, der verdächtig ist, muss sich vor diesem Ausschuss verantworten. Wenn er sich weigert oder die Vorwürfe sich bestätigen und er vor dem Ausschuss keine Reue zeigt, landet sein Name auf einer schwarzen Liste, was in den meisten Fällen das berufliche Aus und die gesellschaftliche Ächtung bedeutet. Oft sind es gerade ehemalige Kommunisten, die sich aus Enttäuschung über die Verbrechen Stalins an dieser Hexenjagd beteiligen. Und nicht wenige berühmte Leute wie der Schauspieler Gary Cooper oder der Regisseur Elia Kazan unterstützen den Ausschuss und sagen gegen Kollegen aus, um ihre Karriere zu retten. Die Folge ist, dass sich, wie Hannah an Karl Jaspers schreibt, die Angst »wie eine Giftwolke über das gesamte geistige Leben legt«[1].

Auch Hannah und Heinrich sind von dieser Unsicherheit betroffen. Nicht nur muss Heinrich um seine Einbürgerung bangen, es wird auch damit gedroht, missliebigen Einwanderern die bereits erhaltene Staatsbürgerschaft wieder zu entziehen. Trotzdem veröffentlicht Hannah einen Artikel, in dem sie alle Versuche verurteilt, »Amerika amerikanischer zu machen«. Für sie steckt hinter diesem Vorhaben ein Gedanke, den sie schon in den *Origins* als typisch totalitär angeprangert hat, nämlich die Idee, die Wirklichkeit an ein zukünftiges, abstraktes Ziel anpassen zu wollen. Eine Demokratie, so argumentiert sie, ist aber kein fertiges Modell, das man mit gewaltsamen Methoden herstellen kann. Sie ist etwas »Lebendiges«, das Auseinandersetzung genauso braucht wie Übereinstimmung. Und wenn man ihr dieses Lebendige nimmt, zerstört man sie.

Auch Heinrich ist empört über den Fanatismus der Kommunistenjäger, der ihn an die Judenhetze der Nazis erinnert. »Und wie bald werden sie nun aus dem ›Born American‹ die Meisterrasse entwickeln wollen«, erregt er sich[2]. Für ihn ist die Unsicherheit besonders schwer zu ertragen, hat er doch erst seit kurzem in seiner neuen Heimat richtig Fuß gefasst. Nach seinem Erfolg im Künstlerklub ist ihm angeboten worden, die Stelle von Günther Stern, Hannahs erstem Mann, an der »New School of Social Research« zu übernehmen. Stern selbst hat sich entschlossen, nach Europa zurückzukehren.

Heinrich hält nun an der »New School« Vorlesungen über Kunst, womit er keineswegs politischen Verfänglichkeiten aus dem Weg gehen will. In Kunstwerken, besonders in modernen Kunstwerken, geht es für ihn immer um die Erfahrung von Freiheit, und darum sind sie hoch politisch. Heinrich redet frei, ohne schriftliche Vorlage, aber mit äußerster Konzentration, und seine Zuhörer finden ihn »wunderbar und brillant«. »He has come into his own, wie man so schön auf Englisch sagt«, schreibt Hannah an Kurt Blumenfeld – er hat seinen Weg gefunden.

Alfred Kazin berichtet, dass inmitten der allgemeinen Hysterie der McCarthy-Ära Hannah Arendt für ihn ein großer Rückhalt war. Sie habe ihren vielen Freunden so etwas wie »intellektuelle Courage« gegeben. Mut, das ist für Hannah eine politische Kardinaltugend. Er bedeutet für sie, die Angst um die persönliche Sicherheit zu überwinden und sich um die gemeinsame Welt zu kümmern. »Der Mut«, schreibt sie einmal pathetisch, »befreit von der Sorge um das Leben für die Freiheit der Welt.«[3]

Etwas von dieser Freiheit wird auch für die Besucher in der kleinen Wohnung am Morningside Drive 130 spürbar. Einer, der häufig zu Besuch kommt, ist Alfred Kazin und er erlebt jedes Mal das Schauspiel einer wahrhaft ungewöhnlichen Ehe. »Bei jeder Unterhaltung mit den beiden konnte das Gespräch urplötzlich ins Deutsche wechseln und ein Ehestreit ausbrechen über irgendeinen philosophischen Gedanken, der völlig überraschend aufgetaucht war. Heinrich, die Pfeife zwischen den zusammengepressten Lippen, brummte seine Argumente hervor, als kämpfte er auf einem Schlachtfeld gegen starrköpfige Philosophen. [...] Hannah konfrontierte dich mit der Wahrheit; sie konfrontierte dich mit ihrer Freundschaft; sie trotzte Heinrich, auch wenn er ihr Partner war in dem leidenschaftlichsten Seminar, das ich je zwischen einem Mann und einer Frau erlebt habe.«[4]

Hannah und Heinrich sitzen mit ihrem Besuch in schweren Sesseln unter der Fotografie der Platon-Büste. Man raucht und knabbert, was Hannah liebt: Nüsse aller Art und Crackers. Und wenn Hannah ins Schwärmen gerät über die griechische Polis, dann lässt sie sich nur unterbrechen vom Untermieter, der über den Flur zur Toilette geht und, wenn er die Spülung betätigt, die ganze Wohnung zum Erzittern bringt. Hannah hält dann kurz inne, um anschließend so leidenschaftlich wie vorher über Platon oder den modernen Polizeistaat weiterzureden. »Die beiden lebten wirklich Philosophie«, erinnert sich Kazin, »nicht ›ihre‹ Philosophie, sondern Philosophie als ›ein Denken durch die Zeiten‹.«[5]

Eine unwiderstehliche Anziehungskraft übt Hannah auf die Künstler in ihrem Bekanntenkreis aus, auf Robert Lowell und besonders auf Randall Jarrell. Jarrell versäumt es nie, bei Hannah und Heinrich vorbeizuschauen, wenn er in New York ist. Er kündigt sich dann mit einer kleinen Nachricht an, in der er etwa Hannah auffordert, sie solle in ihr Terminbuch schreiben: »Wochenende unter dem Zeichen amerikanischer Dichtung«. Wenn er dann die Wohnung betritt, hat Hannah immer das Gefühl, als ob sich alles verzaubern würde.[6] Jarrell wäre für sie ein Dichter, auch wenn er nie eine Zeile geschrieben hätte, und sein poetisches Wesen strahlt auf seine Umgebung aus. Stundenlang liest er ihr Texte amerikanischer Autoren vor. Und Hannah weckt bei ihm die Begeisterung für Goethe, Hölderlin und Rilke.

Jarrell liebt die deutsche Sprache fast mehr als seine Muttersprache, aber er weigert sich beharrlich, sie systematisch zu lernen. Stattdessen bevorzugt er es, Grimms Märchen ohne Wörterbuch und Grammatik zu lesen. Wenn Jarrell in Schwung gekommen ist, verfolgt er Hannah bis in die Küche und redet auf sie ein, während sie das Essen zubereitet. Wird er dann von Hannah sanft hinauskomplimentiert, sucht er Heinrich in dessen Zimmer auf. Und schon bald hört man beider Stimmen immer lauter werden in dem Versuch, sich in ihren Ansichten zu übertrumpfen. »Stell dir vor«, berichtet Jarrell seiner Verlobten Maria von Schrader, »Hannahs Mann ist enthusiastischer als ich!« Und über das Ehepaar Blücher-Arendt schreibt er: »Die beiden sind manchmal wirklich zum Schreien. Sie tragen kleine lustige Scheingefechte aus und sie haben eine wirklich seltsame Art, die Arbeiten im Haushalt aufzuteilen; sie neckt ihn mehr als er sie. Ich glaube, sie sind ein sehr glücklich verheiratetes Paar.«[7]

Obwohl Jarrell wegen seiner schwärmerischen Begeisterung für Poesie Hannah manchmal vorkommt wie eine Märchenfigur, ist er für sie kein Mensch, der aus der Welt in ein Traumschloss flieht, sondern im Gegenteil jemand, der der Welt »die Stirn bietet«. Er ist für Hannah sozusagen ein Realist, der sich eine kindliche Naivität und eine Fähigkeit zum Staunen erhalten hat.

Realismus gepaart mit einer Art Weltfremdheit – es sind diese scheinbar widersprüchlichen Eigenschaften, die Hannah an einem Menschen immer wieder anziehen. Wie zum Beispiel bei Waldemar Gurian, einem russischstämmigen Juden, der in den USA Politikwissenschaften lehrt. Gurian ist ein Koloss von einem Mann, dabei sensibel wie ein Kind und ungeheuer belesen. Hannah hält ihn für einen »sehr mutigen Mann«, weil er sich in der Welt außerordentlich gut auskenne und gerade deshalb allen Mut benötige, »um seine ursprüngliche Unschuld lebendig und unversehrt zu halten«.[8]

Ähnliches gilt auch für Hannahs Freundin Mary McCarthy, die Hannah einmal mit dem Kind vergleicht, das über die neuen Kleider des Kaisers staunt. Für Mary ist die Wohnung am Morningside Drive zu einem »regelrechten Magneten«[9] geworden – auch wenn sie Hannahs Kochkünste nicht sehr schätzt. Hannah selbst hält sich übrigens für eine gute Köchin. Mary ist inzwischen zum dritten Mal verheiratet, mit Bowden Broadwater, und hat einen satirischen Roman über amerikanische Intellektuelle geschrieben. Sie kann sich sehr erregen über die »dümmliche Nachdenklichkeit« dieser Intellektuellen, die sich in Pseudo-Fragen verstricken, anstatt gegen die freiheitsfeindliche Politik der Regierung Partei zu ergreifen. Mary selbst plant sogar, ihre Schriftstellerkarriere aufzugeben und Jura zu studieren, um, wie es Heinrich ausdrückt, »ein richtiger fighter für freedom zu werden«[10].

In ihren Erinnerungen an die Besuche am Morningside Drive berührt Mary McCarthy auch einen wunden Punkt des Ehepaars Blücher-Arendt – seine Kinderlosigkeit. Hannah macht dafür ganz pragmatische Gründe verantwortlich. »Als wir jung waren«, erklärt sie Hans Jonas, ebenfalls ein häufiger Gast, »hatten wir kein Geld, und als wir Geld hatten, waren wir zu alt.«[11]

An dieser Kinderlosigkeit liegt es vielleicht auch,

dass Hannah und Heinrich besonders stark aufeinander angewiesen sind. Trotz ihrer vielen Freunde und Bekannten sind beide einander doch der stärkste Halt. Das gilt für Hannah mehr als für Heinrich. Sie macht sich ständig Sorgen um seine anfällige Gesundheit, er ist immerhin schon dreiundfünfzig Jahre alt. Und wenn sie verreist, muss er sich verpflichten, regelmäßig zu schreiben. Bleibt dann ein Brief aus oder verspätet sich, kann Hannah furchtbar wütend, ja ausfällig werden – einfach aus der Not, es nicht längere Zeit ohne Kontakt zu Heinrich auszuhalten. In einem Aufsatz über Erziehung betont sie, wie wichtig es sei, zwischen dem öffentlichen und dem privaten Bereich zu unterscheiden. Im verborgenen Privaten finde jedes Kind die Geborgenheit, die für es lebenswichtig sei, und im Öffentlichen müsse es lernen, sich zu zeigen. Das trifft auch auf Hannah zu. Bei Heinrich findet sie die Sicherheit, die sie braucht, um sich wieder in die Öffentlichkeit zu wagen. »Mit Heinrich im Rücken kann mir gar nichts passieren«, schreibt sie an Kurt Blumenfeld, »und so leiste ich mir die manchmal unglaublichsten Eskapaden. Aus einem Übermut der Sicherheit.«[12]

Im März 1952 wagt sich Hannah wieder in die Welt. Sie will nach Europa. Dieses Mal plant sie noch länger auszubleiben, bis zum Juli. Wieder soll sie für die »Jewish Cultural Reconstruction« Aufgaben erledigen, aber der Hauptgrund für die Reise ist ein anderer. Hannah hat ein Guggenheim-Stipendium in Aussicht, was

annah Arendt im Alter von acht Jahren mit ihrer Mutter

Hannah Arendt mit den Stiefschwestern Eva und Clara Beerwald, um 1921

Hannah Arendt, 1923

.ünther Stern (Anders) und Hannah Arendt, um 1929

Hannah Arendt in Paris

annah Arendt und Heinrich Blücher in New York, um 1950

annah Arendt und Karl Jaspers mit seiner Frau Gertrud in St. Moritz, 1952

Hannah Arendt an der University of Chicago, um 1965

nnah Arendt, 1963

nnah Arendt und Mary McCarthy auf Sizilien, 1971

Hannah Arendt kurz vor ihrem Tod, 1975

für sie bedeuten würde, die nächsten zwei Jahre nicht ans Geldverdienen denken zu müssen. Sie will das Stipendium nutzen, um ein Buch zu schreiben. Die Literatur, die sie dazu braucht, findet sie in den europäischen Bibliotheken. Das Buch soll eine Ergänzung zu den *Origins* sein, eine fundiertere Beurteilung des Marxismus. Denn Hannah gefällt es gar nicht, dass ihre Gleichsetzung von Hitler und Stalin bei den notorischen Anti-Kommunisten in Amerika Beifall gefunden hat. Jeder »kleine Idiot« glaube, auf Marx herabsehen zu können, schreibt Hannah an Jaspers.[13] Und so einfach will sie es sich nicht machen.

Ihre zweite Europareise tritt Hannah unter ganz anderen Voraussetzungen an. Obwohl die *Origins* noch nicht in andere Sprachen übersetzt sind, eilt ihr bereits der Ruf voraus, die Verfasserin eines bahnbrechenden Werkes zu sein. Sie soll Vorträge halten in Berlin, Tübingen und Manchester und sie bekommt das ehrenvolle Angebot, nach ihrer Rückkehr in die USA an der angesehenen Universität von Princeton als erste Frau Vorlesungen zu halten. »Unser berühmter Schnupper«, meint denn auch Heinrich bewundernd.

In Paris will alles, was Rang und Namen hat, die Bekanntschaft der gefeierten amerikanischen Jüdin machen. Hannah sieht »Gott und die Welt«. Auch Albert Camus will sich mit ihr treffen. Hannah hält ihn für die bedeutendste Persönlichkeit in Frankreich. Dagegen legt sie keinen Wert darauf, Jean-Paul Sartre zu begegnen. Er und seine Anhänger sind für sie so verstrickt in den Glauben an irgendwelche notwendigen Abläufe in der Geschichte, dass sie darüber den Blick für alles Reale verloren haben. Sie leben, wie sie es ausdrückt, »auf einem hegelianisch eingerichteten Mond«.[14]

Hannah ist wie berauscht von der französischen Hauptstadt. Von ihrem Vorsatz, gleich mit der Arbeit an ihrem neuen Buch zu beginnen, lässt sie sich schnell abbringen. Sie sucht die Plätze und Cafés auf, wo sie schon vor sechzehn Jahren zusammen mit Heinrich war. Sie kauft Wein, Käse und Brot in der rue Buci und stöbert in Buchhandlungen herum. Mit »Annchen« Weil besucht sie eine Aufführung von Alban Bergs Wozzeck und einen Auftritt des Leipziger Thomanerchors: »Unwahrscheinlich schön.« Mit Alfred Kazin, der einen Lehrauftrag in Deutschland hat, und seiner neuen Freundin Ann Burstein fährt sie nach Chartres und besichtigt die berühmte Kathedrale. »Mensch, ist das schön«, schreibt sie an Heinrich. »Und himmlischter Frühling, dessen Sonne durch die blauen Fenster brach und die Bläue noch blauer machte. Erst jetzt habe ich Augen für Architektur. Ich habe doch nie gewusst, was für ein vollkommenes Wunder das ist.«[15]

Ein Muss für Hannah ist natürlich ein Abstecher nach Basel zum Ehepaar Jaspers. Karl Jaspers bedrückt immer noch sein Verhältnis zu Martin Heidegger. Das Vorlesungsverbot gegen Heidegger ist inzwischen aufgehoben worden und ihm liegt offenbar sehr daran, sich mit seinem alten Freund Jaspers wieder zu versöhnen. In einem Brief vom März 1950 an ihn schrieb er bußfertig: »Ich bin seit 1933 nicht deshalb nicht mehr in Ihr Haus gekommen, weil dort eine jüdische Frau wohnte, sondern weil ich mich einfach schämte.«[16] Jaspers dankte ihm für seine aufrichtigen Worte, aber von einer gewissen Schuld wollte er ihn doch nicht freisprechen. Er habe ihn für einen träumenden Knaben gehalten, antwortete er ihm, einen Knaben, der vor einem Trümmerhaufen stehe und sich weitertreiben lasse. Heidegger empfand diese Reaktion Jaspers als Zurückweisung seiner ausgestreckten Hand. Und Hannah befürchtet, dass Elfride Heidegger ihr die Schuld für die unversöhnliche Haltung Jaspers' in die Schuhe schieben will.

Hannah hat sich bis jetzt absichtlich nicht bei Heidegger gemeldet, obwohl sie annehmen kann, dass er über ihren Europa-Besuch Bescheid weiß. Die Zeitungen berichten ausführlich über ihre Auftritte und Vorträge. Nun teilt sie ihm ihre Adresse mit und kündigt ihm an, am 18. Mai nach Freiburg zu kommen. Gleich eine ganze Woche will sie dort bleiben, und um Gerede zu vermeiden, tarnt sie den Besuch mit geschäftlichen Verpflichtungen.

Hannah weiß, dass die Fahrt nach Freiburg kein »Honiglecken« wird und sie mit »Schwierigkeiten mit Madame«, also mit Elfride Heidegger, zu rechnen hat. Doch die ersten Tage in Freiburg übertreffen sogar ihre schlimmsten Erwartungen. »Die Frau ist halb blödsinnig vor Eifersucht, die sich in den Jahren, in denen sie offenbar dauernd gehofft hat, dass er mich einfach vergessen würde, sehr gesteigert hat. Dies äußerte sich mir gegenüber in einer halb antisemitischen Szene, ohne ihn. Überhaupt sind die politischen Überzeugungen der Dame [...] von aller Erfahrung ungetrübt und von einer so vernagelten, bösartigen, ressentiment-geladenen Dummheit, dass man alles verstehen kann, was gegen ihn geschieht. [...] Kurz und gut, es hat dabei geendet, dass ich ihm eine regelrechte Szene machte, und seither ist alles erheblich besser.«[17]

Hannah ist sich im Klaren darüber, dass sie sich wahrlich ein »starkes Stückchen« leistet, indem sie es wagt, einfach in Freiburg aufzukreuzen und die Ehe der Heideggers durcheinander zu bringen. Nach den ersten Schwierigkeiten ist sie auch drauf und dran, wieder abzureisen. Aber sie will es nicht hinnehmen, dass ihr verehrter Lehrer und Liebhaber sich politisch so verrannt haben soll und sich jetzt in Lügen und Halbwahrheiten flüchtet. Hannah fühlt sich verpflichtet, ihn zur Rede zu stellen.

Von der zaghaften Annäherung zwischen Hannah und Elfride Heidegger ist nichts mehr übrig geblieben. Und auch Heidegger hat es offenbar aufgegeben, die beiden miteinander zu befreunden. Für Hannah ist die Sache jetzt klar: Seine Frau steckt hinter allem. Elfrides Einfluss ist schuld an Heideggers nationalsozialistischer Verirrung, an seiner Unaufrichtigkeit und Verlogenheit. Ihm selbst kann man höchstens den Vorwurf machen, dass er zu schwach ist, sich gegen diesen Einfluss zu wehren. Sobald Hannah mit Martin alleine ist, fällt alles von ihm ab, was sie sonst als so störend an ihm empfindet. Und sie ist überzeugt von seiner »fundamentalen Gutartigkeit«, seiner »erschütternden Zutraulichkeit«, seiner echten »Hilflosigkeit und Wehrlosigkeit«.[18]

Hannah fühlt sich als Martins Beschützerin, als Beschützerin seines seelischen Gleichgewichts und seiner philosophischen Arbeit. Und aus ihren Worten hört man die alte Bewunderung für den großen Zauberer Heidegger. Er sei in »großartigster Form«, findet sie, und auch über sein Kolleg, in dem er ihr einen Ehrenplatz reserviert hat, ist sie begeistert. Über ihre eigene Arbeit sprechen sie allerdings nie. Es ist eine unausgesprochene Übereinkunft zwischen den beiden, dass Hannah immer so tun muss, »als ob ich nie eine Zeile geschrieben hätte und nie eine schreiben würde«.

Hannah belässt es nicht bei diesem einen Besuch, auch wenn Heidegger seiner Frau jede weitere Aufregung lieber ersparen möchte. Sie pendelt zwischen Genf und Freiburg hin und her, zwischen den Lehrern, die sie am meisten geprägt haben, zwischen Jaspers, mit dem sie sich in tagelangen Gesprächen berauschen kann, und Heidegger, dem sie jedes offene Wort abringen muss. Einmal trifft sie sich mit Martin »heimlichst in der Nähe des Bodensees«. Sie denkt mit Sorge daran, ob er wieder in seine Depressionen zurückfallen wird, wenn sie nicht mehr in seiner Nähe ist. Darum will sie ihn »stabilisieren«, auf möglichst lange Zeit.

Dann muss sich Hannah wieder ihren offiziellen Pflichten zuwenden: Sie reist nach Mainz, Stuttgart und München, um für die »Jewish Cultural Reconstruction« Verhandlungen mit Kultusministerien und Bibliotheken zu führen. Den geplanten Abstecher nach Berlin sagt sie ab. Die Lage in der geteilten Stadt ist sehr angespannt. Nachdem in einem »Generalvertrag« das Besatzungsstatut durch die Westmächte aufgehoben worden ist und am 27. Mai 1952 Deutschland den Vertrag über eine »Europäische Verteidigungsgemeinschaft« unterzeichnet hat, werden in Berlin die »Grenzsicherungsmaßnahmen« verschärft. Die Demarkationslinie zwischen West- und Ost-Berlin bleibt zwar aufgrund des Vier-Mächte-Status geöffnet, aber es werden unter anderem Straßenübergänge geschlossen, Straßen- und Busverbindungen eingestellt und ein Sperrgürtel zwischen West-Berlin und der DDR errichtet.

Ende Juni ist Hannah in England, um an der Universität Manchester einen Vortrag zu halten. Die Engländer, findet sie, sind das zivilisierteste Volk der Erde, »aber auch das langweiligste«. Sie hätten eine besondere Begabung, sich das Leben »zu vermiesen«. Deshalb ist das Erste, was Hannah tut, als sie anschließend wieder nach Paris kommt, sich mit Anne Weil »regulär« vollzufressen.

Von Paris geht es wieder nach Deutschland. Sie ist eingeladen, an den Universitäten von Heidelberg und Marburg zu sprechen, wo sie selber einmal Studentin war. Über die Atmosphäre an beiden Orten ist sie enttäuscht. An Heidelberg stört sie das Cliquenwesen und das Niveau, das »unter der gesengten Sau« sei. Und Marburg, wo die Straßen voll sind von Korpsstudenten, hält sie für »geistig tot«.

Hannah spricht an den Universitäten über das Thema *Ideologie und Terror*.[19] Der Vortrag ist eine verdichtete Zusammenfassung ihrer Bestimmung des Totalitarismus. Zugleich will sie die menschlichen Erfahrungen aufzeigen, die verschiedenen Staatsformen zugrunde liegen. Während in einer Tyrannei das Zusammenleben von Furcht und Misstrauen bestimmt wird und in einer Republik die Überzeugung vorherrscht, dass alle gleich sind und es darum eine Freude ist, »nicht allein zu sein«, ist die zentrale Erfahrung in einer totalen Herrschaft die Verlassenheit.

Diese Verlassenheit wird durch Terror erzeugt. Das Besondere an diesem Terror ist, dass er nicht nur die Bindung zu anderen Menschen zerstört, er bewirkt auch, dass der Einzelne die Bindung zu sich selbst verliert. Jedes kritische Verhältnis zu sich selbst, wie es noch in der größten Einsamkeit möglich ist, wird zunichte gemacht. Und somit verschwindet das letzte

Gegenüber, an dem man mit seinen Erfahrungen und Gedanken noch Widerstand finden könnte. In dieser Verlassenheit, die nicht dasselbe ist wie Einsamkeit, wird der Mensch anfällig dafür, sich in eine Gedankenwelt einzuspinnen, die zwar in sich logisch, aber fern jeder Wirklichkeit ist. Darum wird jemand, der in diese Verlassenheit fällt, auch leicht das Opfer von Ideologien. Denn eine Ideologie, so schreibt Hannah Arendt, ist nichts anderes als »organisierte Verlassenheit« und zeichnet sich durch dieselben Eigenschaften aus: Sie geht von einer unbewiesenen Annahme aus und leitet davon logisch alle weiteren Folgerungen ab.

In diesem Sinne zitiert Hannah Arendt den Reformator Martin Luther mit seiner Antwort auf die Frage, warum die Einsamkeit zu meiden sei. Ein einsamer Mensch, so meinte Luther, »folgert immer eins aus dem anderen und denkt alles zum Ärgsten«.[20]

Hannah bleibt länger als geplant in Europa. Sie nimmt das Angebot von Jaspers an, mit ihm und seiner Frau Ferien in St. Moritz zu machen. Die Tage dort sind für sie »unvergesslich«. Sie wandert viel in den Bergen und genießt es, dass Jaspers sie in den Diskussionen »richtig hernimmt«. An Heinrich schickt sie eine Karte, auf dem das Nietzsche-Haus in Sils-Maria abgebildet ist. Und sie schreibt ihm: »Ach Liebster, Nietzsche hat gesagt [...], Wahrheit gibt es nur zu zweien. Ich allein jedenfalls könnte es nie.«[21]

Heinrich hat währenddessen in New York Karriere gemacht. Das Bard College hat ihm angeboten, als Professor ein neues Lehrprogramm zu entwickeln und einzuführen. Bei den Einstellungsgesprächen hat Heinrich einen starken Eindruck hinterlassen. Man schätzt ihn als einen »sokratischen Mann«. Und weil, wie er nach Wilhelm Busch meint, »ein guter Mann auch was Guts kriegt«, hat sich auch das Problem mit seiner Einbürgerung erledigt.

Am 7. August 1952 wird Heinrich Blücher als amerikanischer Staatsbürger eingeschworen.

XIII. Jenseits der Arbeit

»Man muss immer von Zeit zu Zeit die Gebildeten sehen ...«

Ende 1952 dürfen Hannah Arendt und Heinrich Blücher zum ersten Mal seit zwanzig Jahren wieder wählen. Es geht um die Nachfolge von Präsident Truman, der nicht mehr für eine zweite Amtszeit kandidiert. Hannah gibt ihre Stimme Adlai E. Stevenson, dem beredten und geistreichen Gouverneur von Illinois. Aber Stevenson scheitert und das Rennen macht der biedere Weltkriegsgeneral Dwight D. Eisenhower. Vizepräsident wird der kalifornische Senator Richard Nixon, dem für Hannah ein gewisser »Mob-Appeal« anhängt.

Über den Ausgang der Wahl ist Hannah enttäuscht, weil von der neuen Regierung nicht zu erwarten ist, dass sie den Machenschaften des Senators McCarthy ein Ende bereitet. Empört berichtet sie Karl Jaspers, dass die ganze Gesellschaft mittlerweile zu einem »Spitzelsystem« verkommen sei, in dem es nur noch »jobholders« gebe, also Leute, für die die Sicherheit ihres Arbeitsplatzes über alles geht.[1] Sie will sich nicht von dieser »ganzen Bande« einschüchtern lassen. Deshalb beabsichtigt sie, zusammen mit Freunden wie Mary McCarthy, Dwight Macdonald, dem Herausgeber der Zeitschrift *Politics*, Richard Rovere, einem berühmten Journalisten, und Arthur Schlesinger, einem einflussreichen Geschichtsprofessor, eine neue Zeitschrift mit dem Namen *Critic* ins Leben zu rufen. Der Plan muss letztendlich aufgegeben werden, weil es am nötigen Geld fehlt.

Hannah Arendt ist jedoch inzwischen bekannt genug, um auf andere Weise in die öffentliche Diskussion einzugreifen. Sie nimmt an mehreren Tagungen teil und wird von den angesehenen Universitäten Harvard und Princeton zu Vorlesungen eingeladen. Diese Ehrungen beeindrucken sie wenig – und kleinlaut wird sie deswegen schon gar nicht. In Harvard sorgt sie für einen Eklat, als sie sich mit den Soziologen anlegt. Unter denen ist es Mode, die unterschiedlichsten Dinge miteinander zu vergleichen, bevorzugt Kommunismus mit Religion. Für Hannah, die den größten Wert darauf legt, die Begriffe sauber zu unterscheiden, wird damit der Beliebigkeit Tür und Tor geöffnet. Und schuld daran sei eine Betrachtungsweise, die nur noch nach der Funktion frage, die ein Phänomen in der Gesellschaft hat. Ein Schuhabsatz, so veranschaulicht es Hannah[2], kann auch die Funktion eines Hammers haben, wenn man damit einen Nagel in die Wand schlägt. Deswegen ist der Schuh aber noch lange kein Hammer. Wer jedoch Schuh und Hammer beziehungsweise Kommunismus und Religion gleichsetzt, der ist für Hannah »ziemlich, gelinde gesagt, unwissenschaftlich«[3]. Unter den Soziologen in Harvard sorgt dieser Vorwurf für

Empörung. »Es war ganz lustig«, schreibt sie an Jaspers. »Ich raufe mich halt doch gerne.«[4]

Im hochnoblen Princeton, für sie eine total versnobte Universität, ist Hannah Arendt im Oktober 1953 die erste Frau, die die so genannten Christian-Gauss-Seminare leiten darf. Es missfällt ihr sehr, dass sie als Ausnahmefrau und emanzipatorische Vorkämpferin präsentiert wird. Die Einladung nach Princeton habe doch nichts damit zu tun, dass sie eine Frau sei. »Mich stört es überhaupt nicht, als Frau Professorin zu sein«, antwortet sie einem Interviewer, »weil ich mich an das Frausein ganz gut gewöhnt habe.«[5] So wie sie Männer schätzt, die »masculini generis«, also vorbehaltlos männlich sind, so möchte sie ganz selbstverständlich Frau sein. Und sie kann es nicht einsehen, warum sie weniger weiblich sein soll, nur weil sie etwas macht, das traditionell Männern vorbehalten ist.

Die Vorlesungen in Princeton sind für Hannah Arendt eine erste Gelegenheit, ihre vertieften Gedanken zum Marxismus zu ordnen und einem Publikum vorzutragen. Karl Marx gehört für sie zu jenen Denkern, die wie Nietzsche oder der dänische Philosoph Kierkegaard im Übergang von einem stark an Traditionen gebundenen Zeitalter zur Neuzeit stehen. Auf feste Maßstäbe können sie nicht mehr zurückgreifen und sie versuchen, sich »ohne Geländer« in einer Welt zurechtzufinden, die durch wissenschaftlichen Zweifel und technischen Fortschritt geprägt ist.[6] Die »Brüche«

und »Widersprüche« zwischen dieser modernen Welt und der Tradition hat Marx, so Hannah Arendt, nicht geglättet, sondern in sein Werk aufgenommen, besonders in seiner Vorstellung von Arbeit.

In einer Tradition, die von den Vorstellungen der griechischen Kultur geprägt wurde, war Arbeit ein notwendiges Übel, um am Leben zu bleiben. Die Arbeit machte den Menschen zum »Sklaven der Notwendigkeit« und setzte ihn mit dem Tier gleich. Deshalb war der arbeitende Mensch verachtet, er galt als unfrei. Auch der private Haushalt, die Familie waren Orte, an denen es lediglich darum ging, das physische Überleben zu sichern. Darüber hinaus gab es aber einen Bereich, wo der Mensch seine natürlichen Abhängigkeiten hinter sich lassen konnte, wo er frei war und zusammen mit anderen freien Bürgern sich dem Wohl der Allgemeinheit widmen konnte. Dieser Bereich war die Polis, verstanden als öffentliches Leben.

Als zwangsläufiges Zugeständnis an die natürliche Abhängigkeit des Menschen war Arbeit also nur die Voraussetzung für das eigentliche »gute Leben«, das darin bestand, mit anderen freien Bürgern die Fragen des gemeinsamen Lebens zu beraten und zusammen zu handeln.

Mit Beginn der Neuzeit ist diese Einstellung zur Arbeit geradezu auf den Kopf gestellt worden. Und Marx hat diese Wende am eindrücklichsten erfasst. Arbeit ist nicht mehr das Joch, das dem Menschen von der Natur auferlegt wird. Es ist seine höchste schöpferische Fähigkeit, mit der er die Welt verändert und sich selbst verwirklicht. Durch die Arbeit, so schreibt Marx pathetisch, schafft der Mensch sich selber. Nicht mehr die Vernunft unterscheidet ihn vom Tier, sondern die Arbeit. Der Mensch ist ein »animal laborans«, ein arbeitendes Lebewesen.

Nun entwirft Marx allerdings ein Bild vom Verlauf der Geschichte, das mit dieser Verherrlichung der Arbeit im Widerspruch steht. Nach Marx folgt die geschichtliche Entwicklung einem Gesetz, das durch gewaltsame Umstürze letztendlich zu einer staats- und klassenlosen Gesellschaft führt. In diesem »Reich der Freiheit« ist die Produktivität so hoch, dass sich die zu verrichtende Arbeit immer weiter verringert und schließlich ganz abgeschafft wird. Was aber machen die Menschen, zu denen doch wesentlich das Arbeiten gehört, in einer arbeitsfreien Gesellschaft? Nach Marx wird es dem künftigen Menschen möglich sein, »heute dies, morgen jenes zu tun, morgens zu jagen, nachmittags zu fischen, abends Viehzucht zu treiben, nach dem Essen zu kritisieren, [...] ohne je Jäger, Fischer, Hirt oder Kritiker zu werden.«[7]

Dieser merkwürdige Widerspruch bei Marx ist für Hannah Arendt kein bloßer Denkfehler. Es ist ein Widerspruch, der sein ganzes Werk durchzieht und der den Konflikt zwischen Tradition und Moderne widerspiegelt. Marx sah sich konfrontiert mit einer Zeit, in der die Arbeit als der wahre Antriebsmotor der Geschichte entdeckt wurde. Zugleich wollte er aber die traditionelle Vorstellung von einem sinnvollen, beglükkenden Handeln, das über die notwendige Arbeit hinausgeht, retten. Unter einem solchen Handeln jedoch, zu diesem Ergebnis kommt Hannah Arendt, konnte er sich nichts anderes mehr vorstellen als zweckfreie Tätigkeiten, die »wie das Hobby und das Steckenpferd nur dazu da sind, die Zeit totzuschlagen«[8].

Wo also die Tradition noch um ein politisches Handeln weiß, in dem die Menschen jenseits der Arbeit ihr Glück finden, da kennt Marx nur noch Freizeit und Muße. Diese Freizeit ist aber für Hannah Arendt wie die Arbeit dem Gesetz von Herstellen und Verbrauchen unterworfen. In diesem Kreislauf von Arbeit und Konsumieren wird der Mensch völlig auf sich selbst zurückgeworfen, und es entsteht jene »eigentümliche Verlassenheit«, die nach Hannah Arendt so kennzeichnend ist für die moderne Welt.

Nach den Vorlesungen in Harvard und Princeton und weiteren Veranstaltungen an der New York University hat Hannah erst einmal genug von öffentlichen Auftritten. Sie genießt es zu faulenzen und sie genießt es, keine regelmäßige Arbeit mehr annehmen zu müssen, um für sich und Heinrich den Lebensunterhalt zu verdienen.

Heinrich, der nie einen Schulabschluss, geschweige

denn das Abitur gemacht hat, ist inzwischen ein angesehener und gefragter Professor, was ihm, wie er meint, nicht gerade an der Wiege gesungen wurde. Er hat seine neue Stelle am Bard College angetreten. Von Montag bis Donnerstag muss er am College in dem kleinen Ort Annendale-on-Hudson nördlich von New York sein. Am Donnerstagnachmittag kommt er nach New York zurück. Freitags hält er dann, was ihm sehr wichtig ist, eine Vorlesung und ein Seminar an seiner alten Schule, der »New School for Social Research«. Danach ist er dann so geschafft, dass er, wie Hannah meint, den Mund nicht mehr auftun mag.

Heinrich ist ein sehr beliebter Lehrer, obwohl er es seinen Schülern nicht leicht macht. Am Bard College führt er Grundkurse ein, die für jeden verpflichtend sind. Und in den Seminaren und Vorlesungen liebt er es, seine Studenten zu schockieren und ihnen lieb gewonnene Wahrheiten zu entreißen. Das hält sie aber nicht davon ab, in Scharen zu seinen Veranstaltungen zu kommen, auch wenn sie sich schwer tun mit Heinrichs Englisch mit starkem Berliner Akzent.

Von Randall Jarrell ist 1954 ein Roman erschienen, in dem er mit viel Humor und Witz das Leben an einer amerikanischen Universität karikiert. Darin kommt ein älteres Ehepaar vor, bei dem Jarrell auch Hannah Arendt und Heinrich Blücher als Vorbild gedient haben. In Jarrells Buch heißen sie Gottfried und Irene Rosenbaum. Er ist ein Komponist und Musikprofessor mit österreichischer Abstammung. Sie ist eine ehemalige Sängerin russischer Herkunft. Die Rosenbaums wohnen in einer Villa, die voll gestopft ist mit Gegenständen und Erinnerungen aus der Alten Welt, und in diese andere Welt fühlen sich auch die Besucher versetzt, wenn die Rosenbaums in Erinnerungen an ihre Heimat schwelgen und leidenschaftliche Gespräche führen über Hölderlin und Goethe.

Gottfried Rosenbaum ist ein liebenswürdiger und schrulliger Professor, über den seine Kollegen den Kopf schütteln, wenn er mit seinen Studenten über den Campus schlendert und ausgelassen deutsche Volkslieder trällert. So eigentümlich wie sein Charakter ist auch seine Sprache. Wenn er sich beispielsweise über eine Kollegin ärgert, brummelt er: »I do nodt like de tune she says zings to.«* Über seine Schwierigkeiten mit der englischen Sprache, besonders mit der Aussprache des »th« heißt es: »Manchmal sprach er es aus wie d, manchmal wie t, und manchmal wie z, und er erklärte lächelnd, in ein paar Jahren würde das schon zum richtigen Klang verschmelzen – ass shure ass Fadt.«**

Mit den Rosenbaums in Jarrells Roman haben Hannah Arendt und Heinrich Blücher noch eines gemeinsam, ihre Gastfreundschaft. Berühmt-berüchtigt sind

* Etwa: »Ich mag den Ton nicht, in dem sie spricht.«

** Etwa: »So sicher wie das Schicksal.«

die Silvesterpartys am Morningside Drive, zu denen jedes Jahr der ganze »Stamm« eingeladen wird. Norman Podhoretz, Mitherausgeber der Zeitschrift *Commentary*, berichtet, dass eine Einladung zu Hannahs Neujahrsparty bedeutete, dass man »es geschafft« hatte.

Hannahs Ansehen steigt noch, als sie 1954 einen der Literaturpreise der »National Institutes for Arts and Letters« für ihr Totalitarismus-Buch zugesprochen bekommt. »Hohe Ehre«, meint sie, »und eigentlich sehr komisch.« Auch die University of California in Berkeley hat sich bei ihr gemeldet und ihr einen Lehrstuhl angeboten. Aber sie will keine Professorin werden, jedenfalls nicht mit einer festen Stelle. Dafür hat sie eine zu schlechte Meinung über »berufsmäßige Denker«. Außerdem will sie Zeit haben für Reisen, für ihre Forschung, Zeit auch für Heinrich und ihre Freunde. Nachdem die Universität in Berkeley aber nicht locker lässt, sagt Hannah zu, im Frühjahr 1955 für ein Semester nach Kalifornien zu kommen. Das fällt ihr schwer genug, weil sie fast vier Monate lang von Heinrich getrennt sein wird.

Die Sommerferien 1954 verbringen Hannah und Heinrich wie fast jedes Jahr in Palenville, einem Dorf in den Catskill Bergen, nördlich von New York. Sie wohnen dort im »Chestnut Lawn House«, einer kleinen Bungalow-Anlage. Heinrich bereitet in Ruhe sein nächstes Semester vor. Und Hannah kann schwimmen gehen, was sie leidenschaftlich gerne tut, und sie kann ungestört an ihren Manuskripten arbeiten und Briefe schreiben. Ab und zu kommen Freunde vorbei wie Rose Feitelson, die Hannah dabei hilft, ihre englischen Texte zu verbessern. Auch Mary McCarthy ist eingeladen. Aber sie hat keine Zeit. Sie muss sich um ihren Sohn Reuel kümmern und an ihrem neuen Roman weiterschreiben. Ihre Gedanken kreisen dabei ständig um die Frage, ob das, was sie schreibt, auch Hannah gefallen wird. Das wirkt manchmal eher hemmend auf sie, besonders wenn in ihrem Buch »Sex auftaucht«: »Während einer Verführungsszene, die ich gerade schreibe, zupfst du mich am Ärmel und sagst: ›Stopp‹. Und deine Proteste waren in meiner Phantasie so wirksam, dass ich alles umgeschrieben habe und alles aus der Sicht des Mannes schreibe statt der der Heldin.«[9]

Mary hat ihre Pläne, Rechtsanwältin zu werden, wieder aufgegeben. Sie musste einsehen, dass die Ausbildung einfach zu lang und aufwendig sein würde. Die Tage des Kommunistenjägers Joseph McCarthy scheinen auch ohne ihr Eingreifen gezählt zu sein. Im Herbst findet das so genannte »Army Hearing« statt, in dem die ganze Verfolgungshysterie der Lächerlichkeit preisgegeben wird. Und im Dezember 1954 spricht der Senat einen Tadel gegen McCarthy aus, womit dieser und seine Helfershelfer politisch erledigt sind und der ganze Spuk ein Ende hat. Dieser Spuk bleibt ein dunkles Kapitel in der amerikanischen Geschichte. Viele Existenzen wurden zerstört, Menschen sind in den Selbstmord oder außer Landes getrieben worden und das Vertrauen in die Regierung hat nachhaltig Schaden genommen.

Anfang Februar 1955 reist Hannah mit dem Zug nach Kalifornien, um an der Universität in Berkeley ihre Gastprofessur wahrzunehmen. Es ist das erste Mal, dass sie von Amerika mehr zu sehen bekommt als New York und Umgebung. Und sie ist begeistert von den verschneiten Höhen der Rocky Mountains und von der zauberhaften Schönheit der Sierra Nevada. Zusammen mit dem Schaffner bewundert sie den Mississippi bei Mondschein und erfährt bei dieser Gelegenheit gleich eine Menge über das Lohn- und Pensionssystem der Eisenbahnarbeiter in Amerika. »Schöne, schöne Welt«, schreibt sie an Heinrich.

Über den Empfang in Berkeley ist Hannah erstaunt und amüsiert. Der Direktor des politischen Instituts, an dem sie lehren soll, lässt sich nicht blicken. Dafür bekommt sie in ihrem kleinen Zimmer anderen Besuch. Ein junges Mädchen bringt ihr sämtliche Straßenkarten von San Francisco und Berkeley. Ein anderes »nettes Kind« bringt ihr Wörterbücher und eine dritte Studentin will Hannah gar ihr Radio schenken. Und schließlich tauchen zwei Studenten einer Verbindung auf und entführen sie zum Kaffeetrinken.

Hannah, die in ihrer Studienzeit deutsche Disziplin und Ordnung kennen gelernt hat, muss sich erst an die ungezwungene Atmosphäre an der kalifornischen Universität gewöhnen. Und auch an ihre Popularität. In ihre Vorlesung über politische Theorie, die eigentlich für 35 Zuhörer gedacht war, kommen 120 Leute. Die meisten müssen stehen, einige auch auf dem Korridor, und Hannah muss schreien »wie nicht klug«. Aus allen Wolken fällt sie, als auch in ihrem Seminar über Totalitarismus »120 Kinder« sitzen. Hannah kommt sich vor wie ein »Löwenbändiger« und sie muss eine abschreckende Ansprache halten und mit schwierigen Semesteraufgaben drohen, damit ein Drittel den Raum wieder verlässt. Auch was die Disziplin anbelangt, ist sie mit ihren »Kindern«, wie sie die Studenten nennt, sehr streng: keine Jeans, »niemand ungewaschen, niemand, der in der Klasse nicht anständig sitzt, etc. pp.«[10] Anders, so meint sie, sei ein sinnvoller Unterricht nicht möglich. Das trägt ihr anfangs den Ruf ein, ein »Despot« zu sein. Aber nach und nach gewinnen die Studenten ein Vertrauen zu ihr, das sie rührt. Sie vergleichen sie mit Rosa Luxemburg und finden alles, was sie sagt, »terrific«, also fantastisch.

Mit ihren Kollegen kommt sie bei weitem nicht so gut zurecht. Wenn möglich, geht sie ihnen aus dem Weg. Im Department schmeichle jeder jedem, meint sie, und das sei eine Art und Weise, »miteinander nicht umzugehen«. Hannah bringt es in Rage, wenn sich ihre Kollegen auf den Cocktail-Partys in ihren Eitelkeiten überbieten. Wie jener Professor, der bei jeder Gelegenheit betonen muss, dass er von Oxford her ein ganz anderes Niveau gewöhnt sei, oder der Romanist, der im Hinblick auf die vielen dunkelhäutigen Studenten meint, er lebe in einem »Negerdorf«. »Man muss immer von Zeit zu Zeit die Gebildeten sehen«, schreibt sie empört an Heinrich, »um zu wissen, wo man unter keinen Umständen zurückwill.«[11]

Eine Erholung ist es, als sie die Bekanntschaft eines Mannes macht, der ganz und gar nicht zu diesem akademischen Milieu passt. Er heißt Eric Hoffer und ist Hafenarbeiter in den Docks von San Francisco. Das Ungewöhnliche an diesem Hafenarbeiter ist, dass er sich für Literatur und Philosophie interessiert und ein Buch geschrieben hat mit dem Titel *The true believer*. Hannah freundet sich mit Hoffer an, und wann immer es geht, »entschlüpft« sie aus dem Department, um sich mit ihm zu treffen. Hoffer zeigt ihr San Francisco und führt sie stolz zu seinem Arbeitsplatz im Hafen, und ein anderes Mal machen sie zusammen eine Wanderung durch die Redwoods.

Hannah findet ansonsten nicht viel Gelegenheit, sich die Schönheiten Kaliforniens anzuschauen. Sie hat sich ein unglaubliches Arbeitspensum aufgebürdet. Im Departement muss sie neben der Vorlesung und den Seminaren zweimal die Woche Sprechstunden abhalten, nach denen sie sich fühlt »wie durch die Wurstmaschine gedreht«. Zusätzlich zu diesen offiziellen Aufgaben hält sie Vorträge in verschiedenen Clubs und Vereinigungen. Mehrere Male fährt sie in die nahe gelegene Universität von Stanford, um in der dortigen Bibliothek für Aufsätze, die sie schreibt, zu recherchieren. Und eher nebenbei soll sie auch noch für ihren deutschen Verleger die Übersetzung ihrer *Origins* anfertigen.

Aber für all diese Mühen scheint Hannah entschädigt zu werden, wenn sie einen begabten jungen Studenten oder eine begabte junge Studentin entdeckt. Dann ist ihr kein Aufwand zu groß, um deren Talent zu fördern. Einer »19jährigen Göre«, von der Hannah entzückt ist, gibt sie sogar regelmäßig privaten Unterricht. Und als ein Student aus Kenya, der erst seit kurzem in Amerika ist, das beste Referat des ganzen Seminars hält, ist Hannah schier außer sich vor Freude. »Was ist bloß mit der Welt los«, schreibt sie an Heinrich, »dass das möglich ist! Schöne Welt!«[12]

Gegen Ende des Semesters ist Hannah der Star an der Universität. Ihre Studenten arbeiten »aus reinem Spaß und Enthusiasmus« viel mehr, als von ihnen verlangt ist. Und es vergeht kein Tag, an dem Hannah nicht ein kleines Geschenk vor ihrer Tür findet: Erdbeeren, Kirschen, Zeitschriften, kleine Aufsätze, Gedichte.

Nach den Abschlussprüfungen ist sie völlig erledigt. Sie fühlt sich wie »ein Knopfloch«. Einerseits ist sie glücklich über ihren Erfolg. Andererseits hat sie aus dieser ersten Stelle als Professorin eines für sich gelernt:

Sie kann nicht über längere Zeit »auf dem Präsentierteller« stehen wie in Berkeley. Lehren bedeutet für sie auch Anteil nehmen. Und es geht über ihre Kräfte, wenn sie permanent überschwemmt wird mit den Sorgen und Anliegen der Studenten und Kollegen. Sie braucht dann wieder eine Phase, in der sie sich dem öffentlichen Rummel um ihre Person entziehen kann. Darum freut sie sich schon auf die große Europa-Reise, die sie zusammen mit ihrer Freundin Julie Braun-Vogelstein, die sie schon aus Königsberg kennt, im Herbst machen will. Zwar sind mit der Reise einige Verpflichtungen verbunden – Vorträge natürlich, unter anderem auf einem Kongress in Mailand, außerdem ein Verwandtenbesuch in Israel. Aber in erster Linie will Hannah sich die schönsten italienischen Städte anschauen, dann nach Griechenland weiterreisen, um Athen, Delphi und die Griechischen Inseln zu sehen. Es soll die »herrlichste Rumtreiberei« werden, ohne alle Verantwortung.

Hannah braucht auch wieder Zeit zum Schreiben. Seit einiger Zeit wird sie von Gedanken bedrängt »wie von Fliegen«. Und aus diesen Gedanken will sie ein Buch machen, in das auch etwas von ihrem neuen Lebensgefühl eingehen soll. Erst seit einigen Jahren nämlich, gesteht sie Jaspers, habe sie angefangen, »die Welt wirklich zu lieben«[13]. Und aus Dankbarkeit für diese Erfahrung will sie ihr neues Buch »Amor Mundi« nennen – die Liebe zur Welt.

XIV. Schöne Welt, düstere Welt

»Ich wusste nie, welche Seligkeit im Augen-Haben liegt.«

Vom 12. bis zum 17. September 1955 findet in Mailand eine internationale Konferenz des »Congress for Cultural Freedom« statt, einer antikommunistischen Organisation, die 1952 in New York gegründet wurde. Hannah soll auf dem Kongress einen Vortrag zum Thema »Aufstieg und Entwicklung totalitär-autoritärer Staatsformen« halten. Auf dem Weg nach Mailand hat sie noch einige Tage Zeit und sie besucht Mary McCarthy in Venedig.

Mary ist, wie Hannah es ausdrückt, »ins Schliddern gekommen«. Sie hat nach einer Reise durch Griechenland eine Fehlgeburt gehabt, worunter ihre Ehe mit Bowden Broadwater fast zerbrochen wäre. Auch andere Kongressteilnehmer kommen Mary McCarthy besuchen. So Dwight MacDonalds, der Herausgeber der Zeitschrift *Critics*, der mit Hannah und Mary gut befreundet ist. MacDonalds, in rosarotem Hemd, benimmt sich allerdings so amerikanisch, dass er für Mary kein Trost ist. Tagelang beschäftigt ihn nur die Frage, warum man denn an die Gondeln keine Außenbordmotoren baut.

Von Venedig aus macht Hannah mit dem Bus Ausflüge nach Ferrara, Ravenna, Bologna und Padua. Von den Fresken in Ferrara, den Mosaiken in Ravenna, von den kleinen Trattorien und Cafés und von der Landschaft ist sie so übervoll, dass ihr der Kopf schwimmt. So, meint sie, sei sie noch nie gereist. Für die ganze Pracht findet sie keine Worte mehr, es ist ihr, als sei plötzlich alles »in die Augen gerutscht«.

Über Mantua fährt Hannah nach Mailand, wo der Kongress am 12. September beginnt. Sidney Hook, Professor der Philosophie aus New York, hält den Eröffnungsvortrag. Hannah sitzt auch unter den Zuhörern. Ihr ist »zum Sterben langweilig« und sie schreibt heimlich eine Karte an Heinrich. Die ganze Sache sei »absolut phantastisch«, meint sie, »ein Riesenskandal«. Man habe alle Teilnehmer in Luxushotels untergebracht und mit üppigen Tagesgeldern ausgestattet. Alle würden sich nur langweilen und ihre Spesen absitzen. »Das fährt und frisst und kauft sich dumm und dämlich.«[1]

Hannah Arendt sorgt mit ihrem Vortrag für eine lebhafte Diskussion. Sie gerät in Streit mit Sidney Hook, dem sie vorwirft, gegen sie zu intrigieren. Der fühlt sich persönlich angegriffen und es kommt zu einem regelrechten Krach. »Jedenfalls habe ich ein wenig Leben in die Bude gebracht«, meint Hannah.

Noch vor Ende des Kongresses macht sich Hannah aus dem Staub, um ihre Reise durch Italien fortzusetzen. Sie fährt zuerst nach Genua, um ihren alten Freund »Kurtchen« Blumenfeld und dessen Frau zu treffen. Blumenfeld ist von Krankheit gezeichnet und er tut Hannah Leid, weil ihm seine Frau das Leben so schwer macht. Sie gehe mit zusammengekniffenem Mund durch Genua und habe keinen Blick für all die Herrlichkeiten. Hannah lässt sich die gute Laune nicht verderben. Ihr geht es »einfach unverschämt gut« und sie ist überwältigt von dem »Übermaß an Schönheit«.

Von Genua fliegt sie nach Rom und schreibt fast verzweifelt über den wunderbaren Blick aus dem Flugzeug an »Stups«: »Wie kann ich dir denn nur beschreiben, wie es aus dem Flugzeug aussieht; wenn die Wolken nicht mehr den Himmel, sondern die Erde befliegen.«[2]

In Rom hat sich Hannah mit ihrer Freundin Julie Braun-Vogelstein verabredet. Die beiden mieten sich in einem kleinen, schön gelegenen Hotel ein. Obwohl Hannah sich mit ihrer Freundin Julie gut versteht, hat sie jetzt kein Bedürfnis nach Gesellschaft. Lieber streift sie allein tagelang durch die Stadt. Rom öffne sich »nach innen«, schreibt sie an Heinrich. Anders als in Paris würden die Straßen nicht von den Plätzen ausstrahlen, sondern die Stadt sei wie aus Plätzen zusammengesetzt. »In Rom biegt man um die Ecke – und schon wieder ein Platz oder ein Plätzchen.« Obwohl sie kaum Italienisch kann, spricht Hannah dauernd Leute an und lässt sich alles erklären. Sie besichtigt die Villa Borghese und die Villa Medici, die Spanische Treppe, das Pantheon und das Grabmal der Constanza. Und eines Abends stolpert sie eher zufällig und müde in ein kleines Kirchlein: Sie ist überwältigt von diesem Renaissance-Bau und glaubt endlich zu wissen, »was Licht ist«.

Ende September fliegt sie zusammen mit ihrer Freundin Julie nach Athen. Griechenland, findet Hannah, ist nicht überquellend schön wie Italien, eher karg und von einer strengen Schönheit. Sie fährt nach Delphi, wo die Tempel und die Landschaft ganz »verschwistert« sind, und dann geht es auf die Peloponnes. Olympia findet sie »zum Heulen schön« und Mykene einfach »großartig«. Nach einer Woche sitzt sie wieder in Athen im Freien in einem Café, wo drei Herren mit ihr »anzubändeln« versuchen, und schreibt unter dem Eindruck ihrer Erlebnisse an Heinrich: »Wirklich blind vom Sehen und wusste nie, welche Seligkeit im Augen-Haben liegt.«[3]

Ihren neunundvierzigsten Geburtstag am 14. Oktober verbringt Hannah bei der Familie ihres Vetters Ernst Fürst in Tel Aviv. Nach Feiern ist ihr allerdings nicht zumute. Die hochfliegende Stimmung, die sie noch in Italien und Griechenland beflügelt hat, ist dahin. Die politische Atmosphäre in Israel empfindet sie als bedrückend und hoffnungslos. Nach der Staatsgründung und dem Unabhängigkeitskrieg von 1948 hat sich Israel zwar gegen seine arabischen Feinde behauptet und ein Waffenstillstandsabkommen erreicht, aber das Land lebt in dauernder Angst vor einem neuen

Krieg. Der ägyptische Ministerpräsident Gamal Abd el Nasser droht immer offener mit militärischer Gewalt. Und im Streit um die Nutzung des Suezkanals kündigt sich ein neuer Konflikt an. Am 26. Juli hat Ägypten die »Suezkanalgesellschaft« nationalisiert, die bisher in britischen, französischen und amerikanischen Händen lag.

Heinrich in New York ist deswegen sehr beunruhigt. Er ermahnt Hannah eindringlich, sofort das Land zu verlassen, wenn die Lage brenzlig wird. Hannah ist noch sorglos. Erst als sie sich von ihren Verwandten mit dem Auto herumfahren lässt, den schlechten Zustand der Kibbuzim sieht und die spannungsgeladene Atmosphäre im geteilten Jerusalem erlebt, spürt sie die Angst, die in der Luft liegt. Alle, mit denen sie spricht, sind »erbittert nationalistisch« und von einer »verstockten Dummheit«.[4]

Hannah ist erleichtert, als sie Ende Oktober das Land verlässt und von Istanbul aus in die Schweiz fliegt. Und vor Glück schreien könnte sie, als sie im Flugzeug sitzt und unter sich erst die verschneiten Alpengipfel und dann die herbstfarbenen Wälder um Zürich sieht.

So selig sie war, nur noch »Auge und Sehen« sein zu können, so freut sie sich jetzt wieder auf die Gespräche mit Karl Jaspers, der in Basel auf sie wartet. Jaspers ist ganz mit aktuellen politischen Problemen beschäftigt. Er arbeitet an einer Schrift über die Atombombe, ein

Thema, das vor allem in Deutschland die öffentliche Diskussion beherrscht.

Die Bundesrepublik Deutschland ist seit dem 9. Mai 1955 Mitglied der NATO, des westlichen Verteidigungsbündnisses. Der neue Verteidigungsminister Franz Josef Strauß befürwortet entschieden die Bewaffnung der Bundeswehr mit Atomwaffen. Gegen diese Pläne hat sich eine breite Anti-Atom-Bewegung gebildet. Am 12. Juli haben sich am Bodensee deutsche Nobelpreisträger wie Otto Hahn und Werner Heisenberg getroffen und vor den Gefahren eines Atomkriegs gewarnt.

Hannah Arendt teilt diese Befürchtungen, aber ihr geht es dabei weniger um die Angst vor einer atomaren Zerstörung als vielmehr um die Frage, wie sich mit der Atombombe das politische Denken ändert. Angesichts der nuklearen Drohung sind alle alten machtpolitschen Rechtfertigungen für einen Krieg wie Expansion, Machterweiterung, Eroberung hinfällig geworden. Vor allem aber ist das gewichtigste Argument für einen Krieg fragwürdig geworden, nämlich das Argument, dass ein Krieg manchmal notwendig sei, um die Freiheit zu verteidigen. Für Hannah Arendt ist es zwar durchaus »plausibel«, wenn jemand bereit ist, für die Verteidigung freier Lebensverhältnisse Opfer zu bringen und gegebenenfalls auch sein Leben einzusetzen. Aber dieser »Mut« ist unabdingbar mit der Vorstellung verbunden, dass es nach einem Krieg wieder weitergeht und sich das Opfer für kommende Generationen lohnt.

Diese Hoffnung lässt die Atombombe jedoch nicht mehr zu. Ihr Einsatz riskiert nicht nur das Leben eines Einzelnen oder eines Volkes, sondern die Existenz der ganzen Menschheit. Und was hätte es für einen Sinn, sein Leben für die Freiheit zu opfern, wenn es »nachher« niemanden mehr gibt, der in Freiheit – oder in Unfreiheit – leben könnte? Deshalb, so Hannah Arendt, unterliegen Parolen wie »Freiheit oder Tod« und »Lieber tot als rot« einem Denkfehler. Sie gehen von dem unausgesprochenen Vorbehalt aus, dass die Verluste nach einem Atomkrieg nicht so gewaltig sein werden und ein Teil der Zivilisation überleben wird. »In dem Augenblick«, so schreibt sie in einem Aufsatz, »wo ein Krieg schon der bloßen Vorstellung nach die Fortexistenz der Menschen auf Erden bedrohen kann, hat die Alternative zwischen Freiheit und Tod ihre alte Plausibilität verloren.«[5] Die Erfindung der Atombombe stellt die Menschen vor eine historisch bisher einmalige Entscheidung: Sie müssen den Krieg abschaffen, bevor »Kriege die Menschheit abschaffen«.[6]

Hannah Arendt ist sich darüber im Klaren, dass es die Atombombe – und die makabre Alternative, vor die sie die Menschheit stellt – ohne die moderne Technik gar nicht gäbe. Trotzdem ist sie weit davon entfernt, die technische Entwicklung für alle Übel der modernen Welt verantwortlich zu machen. Das ist eine

Neigung, die ihr besonders bei den Europäern sehr unangenehm auffällt. Oft trifft sie Leute, die alle technischen Errungenschaften pauschal als »böse und destruktiv« verteufeln und Amerika die ganze Schuld für den Missbrauch moderner Technik zuschieben. Diese Haltung verstelle den Blick auf die Tatsache, dass die technologische Entwicklung ihre Wurzeln in der Geschichte der gesamten westlichen Welt hat und die USA nur eine Vorreiterrolle spielen, der die anderen Länder unweigerlich folgen werden.

Wie schnell die europäischen Länder es schaffen, nach dem Krieg den Rückstand zu Amerika wieder aufzuholen, davon bekommt Hannah einen Eindruck in Deutschland. Das Land befindet sich mitten im Wirtschaftswunder. Und mit dem »Wunder von Bern«, dem deutschen Sieg im Endspiel der Fußball-Weltmeisterschaft 1954, hat sich auch das nationale Selbstbewusstsein wieder erholt. Hannah staunt, dass von den Kriegsschäden überhaupt nichts mehr zu sehen ist. Ein »blitzblank nagelneues Land«, schreibt sie ungläubig an Heinrich. Und sie findet es typisch für die vorherrschende Stimmung, dass man das kaum beschädigte Heidelberg bedauert, »weil es halt so alt sei, dass man es eigentlich von A bis Z abreißen müsse«.[7] Trotz aller Bewunderung für die Aufbauleistung wird sie das Gefühl nicht los, dass alles »Fassade« ist – »und was darunter vorgeht, weiß kein Mensch«.

Während Hannah noch in Bern bei Jaspers war, ist

die deutsche Ausgabe ihres Totalitarismus-Buches erschienen. Das macht ihre Reise durch Deutschland zu einem Triumphzug. Ihre Vorträge in Frankfurt, Berlin und Köln sind Ereignisse, über die in den Zeitungen ausführlich berichtet wird. Man reißt sich um Hannah Arendt. Sie soll Interviews geben und im Hörfunk sprechen.

»Was ist mit Heidegger?«, fragt Heinrich, dem sie über den ganzen Trubel um ihre Person berichtet. Hannah selbst trägt diese Frage schon eine Weile mit sich herum. Sie ist unschlüssig, ob sie ihren alten Lehrer und Liebhaber besuchen soll. Schließlich entscheidet sie sich dagegen. Es erscheint ihr wie eine »stumme Verabredung« zwischen Heidegger und ihr, dass sie nicht nach Freiburg fährt. Sie ist überzeugt davon, dass Heidegger von ihrem Erfolg gehört hat und es deswegen nicht ratsam ist, ihn zu treffen. Normalerweise, so Hannah, sei sie »durchaus bereit, gegenüber Heidegger so zu tun, als ob ich nie eine Zeile geschrieben hätte und nie eine schreiben würde«, was die unausgesprochene Vorbedingung der ganzen Affäre sei[8]. Aber dieses Mal fehlt ihr die Lust und die Kraft für dieses »Spiel«. Sie will erst wieder ein bisschen Gras über die Sache wachsen lassen.

Möglicherweise hat sie auch Angst davor, dass Heidegger ihr einige Aussagen ihres Buches übel nimmt. Heidegger hat seine Sympathie für den Nationalsozialismus immer damit begründet, dass er von ihm die

Rettung des Abendlandes vor dem Kommunismus erhoffte. Hannahs Buch beruht dagegen auf der zentralen Einsicht, dass beide, der Nationalsozialismus und der Stalinismus, totalitäre Systeme und darum vergleichbar sind.

Noch bei einem anderen wichtigen Gedanken in ihrem Buch muss sich Heidegger angesprochen fühlen. Sie stellt dort nämlich die Frage, warum Hitler gerade auf eine Anzahl wirklich bedeutender Männer eine so große Anziehungskraft ausüben konnte. Hannah sieht dahinter ein geschichtliches Phänomen, das sie das »Bündnis zwischen Mob und Elite«[9] nennt: Für die geistige Elite waren nach dem Ersten Weltkrieg die überlieferten Werte verloren. Dem trauerte man nicht nach, sondern verfolgte im Gegenteil mit zynischer Lust, wie alles, was bisher Geltung hatte, in Trümmer ging. Und man schlug sich mit Erleichterung auf die Seite jener gesellschaftlichen Außenseiter und Aufsteiger, die auf alle Kultur pfeifen und ohne große Bedenken mit der Faust auf den Tisch schlagen konnten.

Hannah hat bei ihren Überlegungen sicher auch an Heidegger gedacht. Und als sie nach dem Krieg wieder nach Freiburg kam, musste sie feststellen, dass er von seinem Hang zum Primitiven und Vulgären noch nicht geheilt war. Seine Ehe mit Elfride nannte sie sogar ein »Bündnis zwischen Mob und Elite, diesmal aufs Engste geschlossen«.[10]

Hannah hat, wie sie sagt, erst seit einigen Jahren ihre Liebe zur Wirklichkeit entdeckt. Und ihre Reise durch Italien und Griechenland war wie eine leidenschaftliche Liebeserklärung an die Welt. Zugleich aber lebt sie in der Angst, dass diese Welt wieder vor einer neuen politischen Katastrophe steht. Der anhaltende Kalte Krieg zwischen den Supermächten und die gegenseitige Drohung mit der Atombombe lassen sie befürchten, »dass das Schlimmste über uns hereinbricht«.[11] Für Heinrich Blücher und sie ist die politische Weltlage so angespannt, dass schon ein kleiner Funke genügt, um den dritten Weltkrieg auszulösen. Und Krisenherde, an denen solche »Funken« entstehen können, gibt es genügend: in Berlin, im Nahen Osten, in den sowjetischen Satellitenstaaten.

Besonders das Verhalten der Sowjetunion kann man schwer einschätzen. Stalin ist 1953 gestorben. Um seine Nachfolge ist ein Machtkampf entbrannt. Auf dem zwanzigsten Parteitag der KPdSU im Februar 1956 hält der Generalsekretär Nikita Chruschtschow eine Rede, in der er mit den Verbrechen Stalins abrechnet. Als Folge dieser Rede breitet sich eine zaghafte Liberalisierung aus, die nach einem Roman von Ilja Ehrenburg als »Tauwetter« bezeichnet wird. Ob aber nach diesem Tauwetter wieder mit strengem Frost zu rechnen ist, weiß niemand.

Die Weltgeschichte kommt Hannah Arendt im Herbst 1956 »über den Hals«. Gerade, als sie es am wenigsten erwartet. Sie ist wieder einmal in Europa, um die üblichen Besuche – nicht bei Heidegger! – zu machen und um für ihr neues Buch, das sie *Amor mundi* nennen will, zu recherchieren. In Holland trifft sie Mary McCarthy, mit der sie die Gemäldesammlungen in Amsterdam, Rotterdam und Den Haag besichtigt. Mary, die nun in Venedig lebt und ein Buch über die italienische Renaissance schreibt, hat sich endgültig von ihrem Mann getrennt und sich in einen ehemaligen Schwergewichtsboxer verliebt, einen Engländer namens John Davenport, der nun für Zeitungen arbeitet. Hannah ist von Mary entzückt. Sie sei so »reizend« und »schön« und sie beide würden sich vertragen »wie zwei alte Kameraden«.

Zusammen mit Mary reist sie nach Paris weiter, wo sie die Tage in den Bibliotheken verbringt. Die Angestellten dort nennen sie »la mangeuse des livres«, die Bücherfresserin. Hannah hat nicht einmal Zeit, ihren Geburtstag zu feiern. Aber sie bekommt Glückwunschbriefe von überall her, und von Jaspers sogar per Eilboten. Nur von Heinrich ist kein Brief dabei. Sie hat vor, ihm das »bis an unser seliges Ende unter die Nase zu reiben«. »Immerhin, falls du vergessen hast«, schreibt sie beleidigt, »ich bin jetzt 50 Jahre.«[12]

Ein Geburtstagsbrief von Heinrich, der keinerlei schlechtes Gewissen zeigt, erreicht Hannah dann doch noch, allerdings zwei Wochen später, als sie schon bei Jaspers in Basel ist. Dort erfährt sie auch aus der Zeitung, dass in Ungarn ein Volksaufstand gegen die kommunistische Herrschaft ausgebrochen ist.

Der Aufstand hatte begonnen, nachdem am 23. Oktober eine friedliche Protestkundgebung von der Staatssicherheit gewaltsam auseinander getrieben worden war. Als die Nachricht von der Erhebung Hannah Arendt in Basel erreicht, am 24. Oktober, gehen bereits in Ungarn stationierte sowjetische Soldaten gegen die rebellierenden Massen vor. Es kommt zu bürgerkriegsähnlichen Zuständen. Am 1. November erklärt der neue ungarische Ministerpräsident Imre Nagy, der das Vertrauen des Volkes genießt, den Austritt Ungarns aus dem »Warschauer Pakt«. Doch gegen die sowjetischen Panzer können sich die Aufständischen nicht lange halten. Am 11. November wird die Revolte brutal niedergeschlagen und eine umfangreiche Säuberungswelle eingeleitet. Imre Nagy und seine Mitarbeiter werden hingerichtet und in Budapest an unbekanntem Ort verscharrt.

Für Hannah zeigt das Vorgehen der sowjetischen Besatzungsmacht, dass sich bei den neuen Machthabern im Kreml trotz liberaler Töne die alten totalitären Strukturen erhalten haben. Und so entsetzt sie über das Ende des ungarischen Aufstands ist, so begeistert ist sie doch über das, was sich in diesem Land abgespielt hat. In den wenigen Tagen des Widerstands sei der Welt vor Augen geführt worden, was wirkliches politisches Handeln ist und was es bewirken kann. Die Aufständischen waren nicht von einer Partei gesteuert, genauso wenig ging es ihnen um irgendwelche politischen Programme. Was sie auf die Straßen trieb und dann die Bewegung wie von selbst ins Rollen brachte, war für Hannah der spontane Entschluss zum Handeln, einem Handeln, dem der Wille zu freien Verhältnissen wie selbstverständlich eingeschrieben ist und das in der Solidarität mit anderen dann auch wie selbstverständlich seinen Weg findet.

In einem späteren Essay über den Ungarnaufstand schreibt Hannah Arendt: »Was die Revolution vorwärtstrieb, war nichts als die elementare Kraft, entsprungen aus dem Zusammenhandeln eines ganzen Volkes, das so genau wusste, was es wollte, dass es umständlicher Formulierungen nicht bedurfte: Die russischen Truppen sollten sofort das Land verlassen und freie Wahlen sollten stattfinden, um die neue Regierung zu bilden.«[13]

Bezeichnend an den ungarischen Vorgängen sei auch, dass Regierung und Militär der Kraft des Volksaufstandes nichts entgegenzusetzen hatten. Sie lösten sich auf oder liefen zu den Aufständischen über. Und mit ihnen fiel auch das ganze Lügengebäude der Ideologie in sich zusammen wie ein Kartenhaus. Die Revolte dagegen nahm eine Richtung, die für Hannah dem normalen politischen Menschenverstand entspricht. Es bildeten sich nämlich spontan Räte, also Versammlungen aus den unterschiedlichen gesellschaftlichen Gruppen, die ihre Ziele und ihre Organisation selbst bestimmen. Für Hannah Arendt sind diese Räte »echt demokratisch«. Im Vergleich zu einem Parteiensystem haben die Räte den Vorteil, dass in ihnen der Einzelne noch unmittelbar am öffentlichen Leben teilnehmen kann und er seine Interessen nicht an eine kleine Gruppe von Vertretern delegieren muss, die oft an ganz andere Programme und Forderungen gebunden sind. Die Tatsache, dass in der Geschichte die Räte nie lange Bestand hatten oder im Sowjetsystem völlig verfälscht wurden, ändert für Hannah Arendt nichts daran, dass sie »die einzige Alternative einer demokratischen Regierung in der Moderne« sind.[14]

Überschattet wird Hannahs Freude über die Vorgänge in Ungarn von den Ereignissen in Israel. Als Antwort auf die Verstaatlichung des Suezkanals durch die Ägypter haben am 29. Oktober Israel, Frankreich und Großbritannien die Kanalzone bombardiert und Truppen dorthin entsandt. Die UN, die Sowjetunion und die USA versuchen, die Situation zu entschärfen.

Für Hannah, die sich gerade in Münster aufhält, steht »nun der dritte Weltkrieg vor der Tür«. »Ach Liebster«, schreibt sie an Heinrich, »wie düster ist die Welt, und wie verloren ich in ihr, wenn wir nicht beisammen sind.«[15]

XV. Raubvogel oder Singvogel?

»Ich habe nie in meinem Leben irgendein Volk geliebt.«

Gegen Ende des Zweiten Weltkriegs fand an den höheren Schulen New Yorks ein Aufsatzwettbewerb statt. Die Schüler sollten die Frage erörtern, wie man Hitler bestrafen könnte. Eine farbige Schülerin schrieb, man solle ihm eine schwarze Haut anziehen und ihn zwingen, in den Vereinigten Staaten zu leben. Das Mädchen bekam den ersten Preis und ein Stipendium fürs College.

Hannah Arendt erzählt diese Geschichte einmal Jaspers, um ihm einen Grundwiderspruch in der amerikanischen Gesellschaft zu verdeutlichen, den sie schon in den ersten Wochen ihres Exils wahrgenommen habe.[1] Es ist der Widerspruch von »politischer Freiheit bei gesellschaftlicher Knechtschaft«. Oder anders gesagt: Einerseits wird gerade die schwarze Bevölkerung ziemlich unverhohlen diskriminiert, andererseits wird sogar die schärfste Kritik am Rassenproblem zugelassen, ja sogar öffentlich belohnt.

Mit jenem Widerspruch macht Hannah 1957 ihre eigenen Erfahrungen. In diesem Jahr kommt es zu heftigen Rassenunruhen in den Südstaaten, besonders in der Hauptstadt von Arkansas, in Little Rock. Auslöser dafür ist eine Entscheidung des Obersten Gerichtshofs, wonach die Rassentrennung an Schulen verfassungswidrig ist und die weißen Schulen auch für schwarze Kinder geöffnet werden müssen. Diese Anordnung trifft in den Südstaaten auf den entschiedenen Widerstand der weißen Bevölkerung. Es kommt sogar so weit, dass der Gouverneur Orval Faubus die Nationalgarde einsetzt, um schwarze Kinder am Betreten der Oberschulen zu hindern. Daraufhin entsendet Präsident Eisenhower Bundestruppen nach Little Rock, um den Beschluss des Gerichtshofes durchzusetzen.

Die Zeitschrift *Commentary* bittet Hannah Arendt, einen Artikel zu den Ereignissen in Little Rock zu schreiben. Hannah erklärt sich einverstanden. Doch über den Artikel, den sie dann Ende 1957 abliefert, *Reflections on Little Rock*, ist die Redaktion der Zeitschrift alles andere als begeistert. Man ist bestürzt und ratlos und überlegt, wie man sich aus der Affäre ziehen kann. Was sind es für »ketzerische Ansichten«[2], die Hannah vertritt?

Der Ausgangspunkt ihrer Überlegungen war ein Foto im Magazin Life. Es zeigt ein schwarzes Mädchen aus Little Rock, das von einem weißen Mann, einem Freund ihres Vaters, von der Schule nach Hause begleitet wird. Das Mädchen wirkt sehr verängstigt. Der Grund dafür ist eine Horde von johlenden und grimassierenden Jugendlichen, die das Mädchen und ihren Begleiter verfolgen.

Das Foto löste bei Hannah offenbar Erinnerungen

an die eigene Kindheit aus. Als Schulmädchen in Königsberg hatte sie ähnliche Situationen erlebt. Zwar war sie nicht verfolgt oder bedroht worden, aber sie hatte doch eine Ahnung davon erhalten, wie es ist, aus rassistischen Gründen diskriminiert zu werden. Die kleine Hannah war damals von ihrer Mutter »absolut geschützt« worden. Auf Anweisung ihrer Mutter hatte sie bei jeder antisemitischen Bemerkung die Schule verlassen müssen und Martha Arendt hatte es übernommen, Beschwerdebriefe an die Schulleitung zu schreiben. Dieses Verhalten rechnete Hannah Arendt ihrer Mutter auch später hoch an.

In ihrem Artikel über Little Rock stellt sie sich nun selbst die Frage, was sie tun würde, wenn sie die Mutter des kleinen schwarzen Mädchens auf dem Foto wäre. Und sie antwortet, wie auch Martha Arendt geantwortet hätte: Sie würde versuchen, »zu verhindern, dass mein Kind in einen politischen Kampf auf dem Schulhof hineingezogen wird«.[3]

Im Fall von »Little Rock« geht es aber nicht nur um Hannahs eigene Kindheitserfahrungen. Es geht um eine grundsätzliche Unterscheidung, die in ihrem Denken immer im Hintergrund steht. Es ist die Unterscheidung zwischen dem Privaten und dem Öffentlichen. Beides sind für sie je eigene Lebensbereiche, in denen der Mensch bestimmte Bedürfnisse und Anlagen entfalten kann. In der »Privatsphäre« kann jeder nach seinem ganz persönlichen Gusto glücklich werden. Man tut, was man gerne tut, und man sucht die Gesellschaft von Menschen, die man sympathisch findet oder die man liebt. In der »Sphäre der Öffentlichkeit« dagegen spielen solche persönlichen Vorlieben keine Rolle mehr – sie sollten jedenfalls keine mehr spielen. In ihr begegnen sich Menschen, weil sie gemeinsam in einer Welt leben und für diese Welt verantwortlich sind. Rein private Interessen treten hier in den Hintergrund und alle Leidenschaft gilt hier jenen Fragen und Problemen, die das Zusammenleben betreffen.

Was nun nach Hannah Arendt unbedingt vermieden werden muss, ist, dass sich diese beiden Bereiche überschneiden. Jeder Bereich hat sozusagen seine eigene Sprache und erfordert ein eigenes Handeln. Und es entsteht »großes Unheil«, wenn das Politische privatisiert oder das Private politisiert wird. Aus diesem Grund wehrt sie sich auch gegen ihren Freund Gershom Scholem, der ihr den Vorwurf macht, sie würde ihr Volk, die Juden, nicht lieben. Liebe jedoch ist für sie etwas ganz und gar Privates, sie ist »apolitisch«, während das Schicksal der Juden eine eminent politische Frage ist. Dementsprechend antwortet sie Scholem: »Ich habe nie in meinem Leben irgendein Volk oder Kollektiv ›geliebt‹, weder das deutsche noch das französische, noch das amerikanische, noch etwa die Arbeiterklasse oder was es sonst so noch gibt. Ich liebe in der Tat nur meine Freunde und bin zu aller anderen Liebe völlig unfähig.«[4]

Diese Unterscheidung erwartet Hannah Arendt von einem Erwachsenen, nicht aber von einem Kind. Ein Kind ist für sie »zuallererst Teil einer Familie und eines Zuhauses«, und das bedeutet, dass es in einer Atmosphäre erzogen werden soll, die »stark und sicher genug ist«, um es von den Verpflichtungen des politischen Lebens abzuschirmen. Diesen Schutz erfährt das Schulmädchen aus Little Rock nicht mehr. Es wird in eine politische Auseinandersetzung hineingezogen, die es überfordert und in seelische Konflikte stürzt. Und schuld daran ist der Beschluss des Obersten Gerichtshofes. Durch ihn wird »unfairerweise« die Last der Verantwortung, die eigentlich die Erwachsenen zu tragen hätten, »auf die Schultern der Kinder verlagert«.[5]

Aber Hannah Arendt geht noch einen Schritt weiter. Sie behauptet, dass eine gesetzlich erzwungene Gleichstellung keinen Deut besser ist als eine gesetzlich erzwungene Rassentrennung. Und sie weiß selbst, dass diese Behauptung ein starkes Stück ist für, wie sie sagt, »gutwillige Leute«.

Um ihre Einstellung nachvollziehen zu können, muss man ihre Unterscheidung des privaten und politischen Lebensbereichs akzeptieren. Daneben gibt es für sie noch einen dritten Bereich: den der »Gesellschaft«. In ihm verbringen wir den größten Teil unseres Lebens, etwa wenn wir unseren Beruf ausüben oder zur Schule gehen. Die Gesellschaft nennt Hannah Arendt ein sonderbares, »irgendwie zwitterhaftes

Reich zwischen dem Politischen und dem Privaten«. Charakteristisch für dieses »Reich« ist, dass darin die Menschen sich mit ihresgleichen zusammentun, wobei das Gemeinsame entweder der Beruf, das Einkommen oder auch die ethnische Herkunft sein kann. So bilden sich Gruppen, Vereinigungen, Gemeinschaften. Mit einem Wort, es entstehen Unterschiede, die durchaus berechtigt sind und durch gesetzliche Maßnahmen nicht eingeebnet werden können und auch nicht sollten. Denn die Gleichheit, auf die es in der Politik ankommt, ist in der Gesellschaft nicht oder nur teilweise zu verwirklichen, es sei denn, man will eine Massengesellschaft, in der im schlechten Sinn wirklich alle gleich sind.

Nur in diesem Zusammenhang ist es zu verstehen, wenn Hannah Arendt meint, dass gesellschaftliche Diskriminierung hingenommen werden muss. Es geht ihr letztendlich nicht um die Frage, »wie die Diskriminierung abgeschafft werden kann, sondern um die Frage, wie man sie auf den Bereich der Gesellschaft, wo sie legitim ist, beschränkt halten kann; wie man verhindern kann, dass sie auf die politische und persönliche Sphäre übergreift, wo sie sich verheerend auswirkt«.[6]

Mit ihren Ansichten trifft Hannah auf wenig Verständnis. Die Redaktion von *Commentary* zögert, den Artikel zu drucken. Um die eigenen Vorbehalte deutlich zu machen, will man ihn zusammen mit einer kritischen Stellungnahme des Philosophieprofessors Sidney Hook veröffentlichen. Doch als man sich auch auf diesen Kompromiss nicht einigen kann, reißt bei Hannah der Geduldsfaden und sie zieht ihren Artikel zurück.

Was viele Kritiker gegen Hannah Arendt immer wieder aufbringt, sind weniger ihre Argumente als ihr Ton, der als »kalt« und verletzend empfunden wird. Auch Menschen, die ihr nahe stehen, sind davon irritiert. Ein Bekannter nennt sie »Chuzpe-Hannah«. Für manchen Mitarbeiter bei *Partisan Review* ist sie schlichtweg »arrogant«. Der Mitherausgeber von *Partisan Review*, William Phillips, ruft einmal entnervt aus: »Für wen hält sie sich eigentlich? Für Aristoteles?«[7] Und auch ihren Freund Hans Jonas stört oft ihr allzu schnelles, schneidendes Urteil über eine Person oder eine Situation. Einmal erhebt Jonas dagegen Einwände, woraufhin Hannah einen verstehenden Blick mit Jonas' Frau wechselt und dann nur sagt: »Ach Hans.« Als Jonas sie bei einer ähnlichen Gelegenheit fragt: »Sag mir bitte, Hannah, hältst du mich eigentlich für dumm?«, antwortet sie mit beinah entsetzten Augen: »Aber nein«, und fügt hinzu: »Ich halte dich für einen Mann.«[8] Einem anderen Mann, Alfred Kazin, geht es ähnlich mit Hannah. Doch Kazin ist eher dazu bereit, über ihre scheinbar selbstherrliche Art hinwegzusehen. Er entschuldigt sie mit einer gewissen »intellektuellen Einsamkeit«, die nach außen hin wie Arroganz wirke.

Hannah reagiert auf solche psychologischen Mutmaßungen meistens sehr unwirsch, für sie ist das alles einfach »Quatsch«. Sie hält sich für feinfühlig genug, um zu merken, dass sie sich oft benimmt »wie die Axt«. Aber für sie ist das kein Charakterfehler, sondern eine bewusste Haltung, die nicht zu trennen ist von ihren Überzeugungen. Der Ton, so meint sie einmal, ist die Person. Und die Person, so könnte man ergänzen, hängt von der Situation ab. Wenn Hannah mit Heinrich oder ihren Freunden zusammen ist, kann sie die Liebenswürdigkeit selbst sein. Wenn sie aber die Bühne der Öffentlichkeit betritt, dann hält sie einen anderen Ton für angebracht. Auf dieser Bühne findet für sie der leidenschaftliche Streit um das Richtige statt. Bei diesem Streit soll kein Teilnehmer aus falsch verstandener Bescheidenheit sein Licht unter den Scheffel stellen, genauso wenig wie er auf die anderen falsche Rücksicht nehmen soll. Erst wenn sich jeder auf diese Weise riskiert, entsteht so etwas wie Wahrheit. Man müsse, so meint Hannah in einem Aufsatz, sich provozieren lassen und auch selbst provozieren, um die wirklich bedeutsamen Konflikte offen zu legen. Konflikte, die wir oft sorgsam ersticken mit »sinnlosen Artigkeiten« und jenem falschen Mitgefühl, das wir haben, wenn wir meinen, die Gefühle anderer nicht verletzen zu dürfen.[9]

Allerdings trifft es wohl zu, dass Hannahs Verhalten auch im privaten Umgang oft von einem Moment zum anderen zwischen wohlwollend und unerbittlich wechseln konnte. Ihr Freund Randall Jarrell hat in seinem Schlüsselroman *Pictures from an Institution* diese zwei Gesichter Hannahs an ihrer literarischen Doppelgängerin Irene Rosenbaum sehr subtil beschrieben: »Sie schaute auf die Welt wie ein Vogel, nachdenklich; und man selber war auch nachdenklich; aber du konntest nicht sagen, ob sie ein Raubvogel war oder einfach ein verwirrend fremder Singvogel. [...] Wenn sie dich anschaute, einige Augenblicke lang, mit einem klaren Blick, der zu genügen schien, und dann hinter dich schaute, dann hattest du das Gefühl, auf ihren Augenlidern gewogen und für zu leicht befunden worden zu sein. Sie urteilte nach Maßstäben, die du nur schwer erraten konntest, und sie behielt ihre Urteile für sich oder gab sie leichter Hand preis, so als ob sie mit dir überhaupt nichts zu tun hätten: Und so musstest du dich damit abfinden, dass dir keine Gerechtigkeit widerfährt, und du erwartetest, wie ein Kind, ihr Lächeln. Es war ein entgegenkommendes, ein offenes, ein befreiendes Lächeln, ein Lächeln wie Frühling: Du konntest es nicht ganz glauben, aber es war so.«[10]

Im Sommer 1958 gerät Hannah Arendt wieder in eine Situation, in der sie die richtige Balance zwischen privat und öffentlich finden muss. Ihrem Lehrer und Freund Karl Jaspers ist für sein Buch *Die Atombombe und die Zukunft des Menschen* der Friedenspreis des Deutschen Buchhandels verliehen worden und Hannah soll bei der offiziellen Preisverleihung in der Frankfurter Paulskirche die Laudatio halten. Sie ist sehr unsicher, ob sie zusagen soll. Viele Gründe sprechen für sie dagegen. Zum einen ihre sehr enge Freundschaft mit Jaspers. Dann auch die Tatsache, dass sie Jüdin und Emigrantin ist. Und außerdem stört es sie, dass die Wahl wohl auch darum auf sie gefallen ist, weil sie die erste Frau wäre, die in der Paulskirche sprechen würde. »Sommersprossen sind auch Gesichtspunkte«, meint sie nur zu diesem Argument, mit dem sie ja schon häufiger zu kämpfen hatte.

Karl Jaspers, den sie um Rat fragt, lässt alle ihre Bedenken nicht gelten. Einen wichtigen Vorbehalt verschweigt sie allerdings vor Jaspers. Sie fürchtet, dass Martin Heidegger in Freiburg die Preisrede als Affront gegen sich und als Bekenntnis zu Jaspers auffassen könnte. Das will Hannah vermeiden. Sie hat die beiden nie gegeneinander ausspielen wollen. Und als Jaspers einmal von ihr verlangte, den Kontakt zu Heidegger abzubrechen, hat sie diese Forderung wütend zurückgewiesen.

Es ist schließlich Heinrich, der ihre Bedenken zerstreut. Der »Hosenmatzdeutsche« Heidegger verdiene es sowieso, dass ihm einmal die Leviten gelesen werden, meint Heinrich. Heidegger solle ruhig merken, dass sich nicht die ganze Welt um ihn drehe »wie im Wackeltopp im Lunapark« und alle Welt auf ihn als »Erlöser« warte.[11]

Ende September 1958 fliegt Hannah Arendt nach Deutschland. Gleich nach ihrer Ankunft in Frankfurt wird ihr im Hotel ihr ganzer Schmuck gestohlen. Als Heinrich davon erfährt, findet er das zum Totlachen. Anscheinend hätten die Diebe Hannah für »die reiche Tante aus Amerika« gehalten, ulkt er. Hannah dagegen ist nicht zum Lachen zumute. Ihr ist »ziemlich blümerant« bei dem Gedanken an die viele Prominenz bei der Preisverleihung und es quälen sie Fragen wie: »Was ziehe ich an? Und wie redet man Heuss an?«

Theodor Heuss, der deutsche Bundespräsident, sitzt beim Festakt in der Frankfurter Paulskirche neben ihr und Karl Jaspers. Als Hannah zum Podium geht und ihre Ansprache beginnt, redet sie über Karl Jaspers, aber man könnte meinen, sie redet, auch wenn sie ihn nicht namentlich nennt, über Martin Heidegger. Sie spricht darüber, was es heißt, wie Jaspers eine »öffentliche Person« zu sein.[12] Hierzu genüge es nicht, nur die eigenen Werke der Öffentlichkeit vorzulegen und ansonsten im privaten Hintergrund zu bleiben, sondern man müsse seine ganze Persönlichkeit in die Öffentlichkeit bringen und mit ihr »haften«. Sich so zu veröffentlichen bedeute jedoch nicht, seine persönliche Besonderheit aufzugeben und sich in der Masse zu verlieren. Im Gegenteil: Erst in der Öffentlichkeit komme das, was ein Mensch ist, wirklich zur Entfaltung.

Eine solche Anschauung widerspreche natürlich den

Vorurteilen der »Gebildeten«, für die die Öffentlichkeit der Ort ist, wo es nur Durchschnitt gibt und wo alle Dinge »flach und platt« gemacht werden. Hannah Arendt allerdings entwirft ein ganz anderes Bild: Die Öffentlichkeit ist die Bühne, auf der Menschen hervortreten und sich mit »Lust« zeigen können. Im gegenseitigen Austausch eröffnet sich dann etwas, das mehr ist als die Summe der Einzelnen, ein »Zwischen«, das alle übersteigt und von dem her sie sich selbst und andere besser verstehen können.

Die menschliche Fähigkeit, die diesen Raum des Verstehens schaffen kann, ist für Hannah Arendt die Sprache, die Kommunikation. Und sie meint damit nicht das dunkle Wort für wenige Eingeweihte, sondern »die Fähigkeit zur Popularität«, den dauernden Austausch, »Rede und Antwort«, »Sprechen und Hören«. An Jaspers preist sie dessen »unvergleichliche Fähigkeit zum Gespräch«, seinen Willen, sich mitzuteilen und anderen zuzuhören. Keiner wird dabei ausgeschlossen, nichts wird im Dunklen gelassen, sondern alles wird – so Jaspers' Lieblingsausdruck – »zur Helligkeit« gebracht.

Für Hannah Arendt hat die Sprache bei Jaspers eine Bedeutung, die genau seinem Selbstverständnis als öffentliche Person entspricht. Er sucht nicht Wahrheit mit Sprache; er hat auch keine Wahrheit, die er mit Sprache mitteilen will; sondern bei ihm ist Wahrheit Sprache. Sie entsteht erst im Gespräch. »Denn Wahrheit ist«, so sagt es Jaspers einmal, »was uns miteinander verbindet.« Dieses Gespräch umfasst weite Zeiträume. Frühere, längst vergangene Generationen sind daran ebenso beteiligt wie die lebenden Menschen. So entsteht ein »Geisterreich«, in das jeder eintreten kann. Dieses »Reich«, so formuliert es Hannah Arendt, liegt »nicht im Jenseits und ist keine Utopie, es ist nicht von gestern und von morgen, es ist von dieser Welt [...], und obwohl es weltlich ist, ist es unsichtbar.«

Jenes Reich, das Hannah in ihrer Frankfurter Rede beschrieben hat, ist es auch, in dem sie mit Jaspers verbunden bleibt, obwohl beide auf verschiedenen Kontinenten leben. Sie setzt sich in Amerika für die Veröffentlichung von Jaspers' Büchern ein, sie verhandelt mit Verlagen und überwacht die Übersetzungen. Zwischen New York und Basel gehen viele Briefe hin und her.

Nach ihrer Rückkehr aus Frankfurt schreibt sie an Jaspers wie nebenbei, dass in ihrer Abwesenheit »ein Buch von mir« erschienen sei. Es ist jenes Buch, das sie ursprünglich *Amor mundi* nennen wollte. Der englische Titel, unter dem es jetzt erscheint, ist *The Human Condition*. Es findet reißenden Absatz und muss schon nach vier Monaten neu aufgelegt werden.

Am 29. Januar 1959 feiert Heinrich seinen sechzigsten Geburtstag. Er nimmt sich vor, seinen Whiskey-Konsum in Zukunft einzuschränken. Auf seine geliebten Zigarren will er aber nicht verzichten, auch nicht auf die Wildwestfilme, die er sich leidenschaftlich gern im Kino ansieht.

Hannah ist nur kurz in New York. Die Universität in Princeton hat sie wieder für ein Semester gewonnen. Das Angebot war zu verlockend, um es abzulehnen. Ein Semester soll sie dort verbringen, ohne Verpflichtungen außer drei Vorlesungen. Dafür will man ihr 6000 Dollar zahlen. Hannah ist auf solche befristeten Anstellungen angewiesen, wenn sie ihren Vorsatz, nie hauptberuflich an einer Universität zu lehren, durchhalten will.

Mitte Herbst 1959, nach den gewohnten Ferien mit Heinrich in Palenville, wird Hannah wieder an ihren Artikel über »Little Rock« erinnert. Die Zeitschrift *Dissent* möchte ihn abdrucken. Und Hannah, die noch immer zu ihren Argumenten steht, nimmt das Angebot an. Das Echo auf die Veröffentlichung ist, wie erwartet, sehr heftig. Sidney Hook wirft ihr vor, sie wolle »uns Amerikaner in bezug auf unsere intellektuellen Maßstäbe schulmeistern«[13].

Hannah macht sich mit ihrem Artikel viele Feinde. Auch von ihren amerikanischen Freunden stimmt ihr keiner zu und viele sind »wirklich böse«[14] auf sie. Umso größer ist die Überraschung, als ihr Artikel über »Little Rock« mit dem Preis der Longview Foundation ausgezeichnet wird, dotiert mit 300 Dollar. Das sei mal wieder »sehr typisch für das Land«, meint sie.

XVI. Vom Wunder des Anfangs

»Was wir tun, wenn wir tätig sind.«

Auf den Tag genau ein Jahr nach der Preisverleihung an Jaspers in der Frankfurter Paulskirche, am 28. September 1959, wird in Hamburg der Lessing-Preis an Hannah Arendt verliehen. Die Festansprache hält sie selbst. Damals, in der Paulskirche, redete sie über die Öffentlichkeit als gemeinsame Welt. Nun fragt sie, was mit dieser gemeinsamen Welt geschieht in »finsteren Zeiten«, wenn also, wie im Dritten Reich, keine Möglichkeit besteht, frei am öffentlichen Leben teilzunehmen.

Für Hannah Arendt ist es ein fataler Irrtum, zu meinen, man könnte in »finsteren Zeiten« die Menschlichkeit retten, wenn man sich in die »Wärme« zwischenmenschlicher Beziehungen rettet. Diese Form von Innerlichkeit hält sie nicht nur für weltlos, sondern auch für »unmenschlich«. Menschlich könne ein solcher Rückzug nur bleiben, wenn dabei immer noch die Welt im Auge behalten wird, und das heißt, wenn die Wirklichkeit der Gegenstand des Gesprächs bleibt. Die Menschlichkeit, so das Resümee ihrer Gedanken, geht also verloren in der abstandslosen Intimität. Und sie bleibt nur erhalten, wenn man seinen Mitmenschen für würdig erachtet, »sich mit ihm an der Welt und der Natur und dem Kosmos zu erfreuen«.[1]

Hannah bleibt nach der Preisverleihung noch in Deutschland. Sie hat schon seit Jahren vor, vom deutschen Staat eine Wiedergutmachung zu verlangen, und darauf will sie jetzt einen Antrag stellen. Nach einem Gesetz von 1953 hat jeder Anspruch auf Entschädigung, der unter dem Nationalsozialismus verfolgt worden ist »und hierdurch Schaden an Leben, Körper, Gesundheit, Freiheit, Eigentum, Vermögen oder seinem beruflichen Fortkommen erlitten hat«. Hannah ist der Meinung, dass durch die Nazis ihre berufliche Karriere in Deutschland zerstört worden ist. Das hat sie sich auch von Karls Jaspers in einem Gutachten bestätigen lassen. Darin schreibt Jaspers, er halte es für »äußerst wahrscheinlich, dass ihr unter den vor 1933 bestehenden Bedingungen eine akademische Laufbahn, obgleich sie eine Frau ist, geglückt wäre«.[2] Hannah wendet sich an das Entschädigungsamt in Berlin, wo man ihr zu ihrer Überraschung gleich eine Abfindung von 45 000 DM in Aussicht stellt.

Die sicher geglaubte Entschädigung bekommt Hannah dann doch nicht. Ihr Antrag wird letztendlich abgelehnt, daran kann auch Jaspers' Fürsprache nichts ändern. Sie wird es 1971, mit mehr Erfolg, noch einmal versuchen.

Im November 1959 kehrt Hannah von ihrer Europareise, die sie auch nach Italien und in die Schweiz geführt hat, nach New York zurück. Als sie vom Flughafen nach Hause kommt, wird sie im Flur ihres

Hauses von zwei halbwüchsigen Schwarzen überfallen. Sie entreißen ihr die Handtasche. Das ist kein großer Verlust. Doch Hannah beschließt nach diesem Zwischenfall, sich nach einer neuen Wohnung, in einer besseren Gegend, umzusehen. Heinrich ist davon nicht begeistert. Er fühlt sich in der alten Wohnung »so gut« und an eine neue Wohnung stellt er gleich Forderungen, die nahezu unerfüllbar sind. Doch Hannah lässt sich von ihrem Entschluss nicht abbringen und schleift Heinrich mit zur Wohnungssuche. Und gleich von der ersten Wohnung, die sie besichtigen, am Riverside Drive Nummer 370, sind beide begeistert. Sie hat vier große und ein kleines Zimmer. Die Ausstattung ist ganz neu. Von den Arbeitszimmern hat man einen »phantastisch schönen Blick« auf den Hudson River. Und das Haus wird Tag und Nacht von einem »Doorman« bewacht. [3]

Der Umzug vom Morningside Drive zum Riverside Drive, beide sind nur einige Straßenzüge voneinander entfernt, geht noch im Dezember über die Bühne. Die Arbeit bleibt hauptsächlich an Hannah hängen, die allerdings unter ihren Freunden viele Helfer findet. Heinrich ist am Bard College zu beschäftigt. »Immerhin«, schreibt Hannah an Jaspers, »die Bilder hat er doch aufhängen müssen.« An Silvester findet die traditionelle Party bei den Arendt-Blüchers statt. Das alljährliche Ereignis hat sich inzwischen herumgesprochen. Die Leute warten nicht mehr darauf, dass sie eingeladen werden. Sie rufen einfach an und fragen, ob sie kommen können. Dieses Mal sind es besonders viele, über sechzig Gäste drängeln sich in der neuen Wohnung.

Nach dem »großen Bums« muss sich Hannah wieder an die Arbeit machen. Eine Vortragsreise steht ihr bevor und bis April soll die deutsche Übersetzung von *The Human Condition* fertig sein. Aber in der neuen Wohnung kommt sie nicht zur Ruhe. Im März taucht plötzlich Mary McCarthy bei ihr auf und bittet sie, vorläufig bei ihr wohnen zu dürfen. Marys Privatleben ist wieder einmal ziemlich durcheinander. Ihre Affäre mit dem englischen Ex-Boxer ist in die Brüche gegangen. Als sie ihn in London besuchen wollte, musste sie erfahren, dass er sie nach Strich und Faden belogen hatte und zudem ein hoffnungsloser Säufer ist. Auf einer Reise durch Osteuropa lernte sie im Dezember 1959 in Warschau den amerikanischen Diplomaten James West kennen, der ihr gleich im Januar einen Heiratsantrag machte. Auch Mary will West heiraten. Das Problem ist, dass beide noch verheiratet sind. Mary mit Bowden Broadwater und West mit einem »abscheulichen kleinen Ungeheuer«, wie Mary findet. Und West habe auch noch drei Kinder.

Für Hannah ist das Ganze eine »phantastische, z. T. sehr amerikanische Geschichte«, ein »Wechseljahre-Bild« mit »Torschlusspanik«, das sie nicht recht nachvollziehen kann. Und sie fürchtet, dass Mary verletzt werden könnte.[4] Mary bleibt bis Ende April und reist dann nach Rom, wo sie sich mit James West trifft.

Anfang Mai ist Hannah mit ihrer Übersetzung der *Human Condition* immer noch nicht fertig. Sie verflucht »Gott und die Welt«. Es dauert noch bis zum Juni, bis diese Arbeit – »Gott sei Dank« – abgeschlossen ist.

Als im Herbst das Buch unter dem Titel *Vita activa oder Vom tätigen Leben* erscheint, macht Hannah etwas Ungewöhnliches, sie schreibt einen Brief an Martin Heidegger. Seit ihrem letzten Besuch 1955 war der Kontakt so gut wie abgebrochen. Hannah hat ihm regelmäßig zum Geburtstag gratuliert. Zum letzten Mal im September 1959, als Heidegger siebzig Jahre alt wurde. Und Heidegger hatte ihr im letzten Jahr seine neuesten Bücher zugeschickt. Hannah teilt ihm nun mit, dass sie ihm über ihren Verlag ein Exemplar ihres Buches zukommen lassen wird. Und sie schreibt weiter: »Du wirst sehen, dass das Buch keine Widmung trägt. Wäre es zwischen uns je mit rechten Dingen zugegangen – ich meine zwischen, also weder dich noch mich –, so hätte ich dich gefragt, ob ich es dir widmen darf; es ist unmittelbar aus den ersten Marburger Tagen entstanden und schuldet dir in jeder Hinsicht so ziemlich alles. So wie die Dinge liegen, schien mir das unmöglich; aber auf irgendeine Weise wollte ich dir doch den nackten Tatbestand sagen.«[5]

Auf ein Blatt Papier schreibt sie dann noch eine Art

Widmung für Martin Heidegger, legt sie allerdings nicht in den Brief, sondern behält sie für sich. Sie lautet:

»Re Vita activa
Die Widmung dieses Buches ist ausgespart.
Wie soll ich es dir widmen,
dem Vertrauten,
dem ich die Treue gehalten habe
und nicht gehalten habe,
und beides in Liebe.«

Hannah hat Heidegger die Treue gehalten. Sie hat nach seinem Verhalten im Nationalsozialismus nicht mit ihm gebrochen. Sie war ihm aber auch untreu oder – besser gesagt – nicht ergeben, insofern sie die Vergangenheit nicht auf sich beruhen ließ. Sie hat ihn immer wieder bedrängt, sich nicht hinter Halbwahrheiten und Ausreden zu verstecken und sich den eigenen Fehlern und Schwächen zu stellen.

Auch als Schülerin hält Hannah ihrem Lehrer diese kritische Treue. Sie bleibt ihm verpflichtet – und geht über ihn hinaus. Wie weit folgt sie in *Vita activa* Heideggers Spuren und ab welchem Punkt geht sie eigene Wege?

In jenen Marburger Tagen, an die Hannah erinnert, schrieb Heidegger, inspiriert durch die junge Geliebte, sein Hauptwerk *Sein und Zeit*, mit dem er ganz neuen Boden in der Philosophie betrat. Ausgangspunkt war dabei die Einsicht, dass wir die Welt, in der wir leben, nicht erst erschließen, wenn wir über sie nachdenken, sondern schon indem wir in ihr handeln und tätig sind. Wir erfahren die Welt, indem wir ganz selbstverständlich in sie eingebunden und auf sie eingespielt sind. Und während wir mit den Dingen und mit anderen Menschen umgehen, leitet uns eine »Umsicht«, die zum Handeln gehört. Wenn wir anfangen, über diese Welt nachzudenken, über sie Theorien zu entwerfen oder wissenschaftliche Betrachtungen anzustellen, dann wird diese Einheit von Handeln und Umsicht zerstört. Wir schaffen eine Distanz, die uns dem ursprünglichen Erleben entfremdet.

Heidegger nennt dieses umsichtige Umgehen »Sorge«, und es ist durchaus in dem zweifachen Sinn von »Sorge haben« und »Sorge tragen« gemeint. Der Mensch kümmert sich um die Welt und er ist auch besorgt um sie, weil sie auf eine unberechenbare Zukunft zugeht. Wegen dieser beiden Aspekte ist die Sorge für Heidegger durchaus zwiespältig zu sehen. Im sorgenden Umgang mit der Welt kann der Mensch seine Bestimmung finden. Es kann aber auch sein, dass man sich aus übermäßiger Sorge in vermeintliche Sicherheiten flüchtet und das Wagnis, welches das Leben darstellt, nicht mehr annimmt. Diese Art Sorge würde das Leben ersticken.

Hannah Arendt hat Heideggers Neuorientierung mitvollzogen. Auch sie will dem tätigen Leben, das von den Philosophen bisher so stiefmütterlich behandelt wurde, zu seinem Recht verhelfen. Darum denkt sie in *Vita activa* darüber nach, »was wir eigentlich tun, wenn wir tätig sind«.[6]

Wie Hannah Arendt dieses Tätigsein allerdings betrachtet, darin unterscheidet sie sich nun grundlegend von Martin Heidegger. Ob das besorgende Leben gelingt, das heißt, ob es »eigentlich« wird, das hängt für Heidegger vom Einzelnen ab. Er muss ein gewandeltes Verhältnis zu sich finden, und das geschieht in bewusster Abkehr von den Mitmenschen, vom »Man« und dessen »Gerede«. Für Hannah Arendt dagegen bedeutet die Weltverbundenheit des Menschen, dass er die Welt mit anderen teilt und darum sein Handeln immer auf seine Mitmenschen ausrichten und öffnen muss.

In *Vita activa* beurteilt Hannah Arendt daher die verschiedenen Formen des Tätigseins nach dem Maßstab, ob sie etwas Dauerhaftes hervorbringen, das eine gemeinsame Welt schafft und Gemeinschaft stiftet.

Entsprechend diesem Maßstab unterscheidet sie drei Arten des Tätigseins: das Arbeiten, das Herstellen und das Handeln.

Arbeit ist für Hannah jene Tätigkeit, die am wenigsten weltbildend ist. Sie ist von der Notwendigkeit diktiert, am Leben bleiben zu müssen. Wenn ich beispielsweise einen Baum fälle, ihn zu Brennholz klein hacke und damit ein Feuer mache, um nicht zu erfrieren, dann wird das Ergebnis meiner Arbeit sofort wieder zu meiner Lebenserhaltung verbraucht. Es bleibt nichts übrig. Man lebt sozusagen von der Hand in den Mund. In einer Welt, die nur Arbeit kennt, gibt es nur den Rhythmus von Arbeiten und Konsumieren, der erst ein Ende findet, wenn das Leben selbst beendet oder die Arbeitskraft erschöpft ist. In einer solchen Welt ist kein Platz für eine andere Art Tätigkeit, die nicht an den Rhythmus von Arbeit und Konsum gekettet ist. Es gibt nur »weltunbezogene Liebhabereien« und es gibt Freizeit, aber die ist, weil sie nur Kraft zu neuer Arbeit geben soll, bloß um der Arbeit willen da.

Hannah Arendt hegt nicht, wie Karl Marx, die Hoffnung, dass Arbeit eines Tages überflüssig werden könnte. Arbeit gehört für sie zur Conditio humana, zum menschlichen Leben. Aber davon mache die Arbeit eben nur einen Teil aus und deswegen müsse man sie auf jenen Bereich eingrenzen, den Hannah Arendt das »Private« nennt. Im Privaten hat all das seinen Platz, was keine Welt erzeugt und darum ein »Recht auf Verborgenheit« hat.

Anders als beim Arbeiten entstehen beim Herstellen Gegenstände, die sich dem schnellen Konsum widersetzen. Möbel zum Beispiel oder Gebäude, bestimmte Gebrauchsgegenstände und auch Kunstwerke. Diese Dinge sind haltbar und beständig. Sie überdauern oft Generationen, sie bereichern unsere Welt und bringen eine gewisse Stabilität in unser Leben. Um beim vorigen Beispiel zu bleiben: Wenn ich einen Baum fälle und daraus einen Tisch herstelle, so wird der fertige Tisch ein Teil des gemeinsamen Lebens. Er steht im wahrsten Sinn des Wortes zwischen den Menschen und verbindet sie gleichzeitig, wenn sie um ihn herumsitzen.

Im Unterschied zum Arbeiten vollzieht sich das Herstellen nicht in einer ständigen Wiederholung. Es ist eine zielgerichtete Tätigkeit. Der Homo faber, der herstellende Mensch, hat ein Modell von dem, was er machen will, vor Augen, und wenn er es verwirklicht hat, ist auch der Herstellungsprozess beendet. Was dann mit dem fertigen Gegenstand weiter geschieht, das entzieht sich der Kontrolle des Erzeugers. Es lässt sich nicht sagen, was damit geschieht. Das Produkt gewinnt sozusagen ein Eigenleben, es reiht sich ein in die Dinge, die uns im Alltag umgeben. Dennoch entwächst es nie ganz der menschlichen Kontrolle. Es bleibt verfügbar im Gebrauch, bis es abgenutzt oder unbrauchbar ist. Mit anderen Worten: Das Herstellen ist zwar weltbildend, aber es ist keine Tätigkeit, in der echte Offenheit, Unberechenbarkeit herrscht. Die Gegenstände, die daraus hervorgehen, sind festgelegt durch ihren Nutzen für den Menschen. In diesem Sinne ist es zu verstehen, wenn Hannah Arendt meint, der nur arbeitende Mensch verstehe nicht, »was Zweck ist«; der Homo faber wisse zwar, was Zweck ist, aber er verstehe nicht, »was Sinn ist«.

Echte Offenheit und Freiheit gibt es für Hannah Arendt nur im Handeln. Unter Handeln versteht sie im weitesten Sinne den Umgang von Menschen mit Menschen in Tat und Wort. Im Vergleich zum Herstellen gibt es hier kein vorausbestimmbares Ende. Ein Handelnder steht immer im Beziehungsgeflecht zu Menschen und kann deswegen nie etwas ungestört anfangen oder zu Ende bringen. Ein Wort kann Auswirkungen haben, die niemand vorhersehen kann, eine Handlung kann auf einen Schlag alles ändern und völlig neue Bedingungen schaffen.

Im Handeln verwirklicht der Mensch für Hannah Arendt seine höchste Fähigkeit, nämlich die Gabe, etwas völlig Neues zu beginnen und einen Prozess in Gang zu setzen, dessen Folgen unabsehbar sind. Für diese Fähigkeit prägt sie das Wort »Natalität« oder, verdeutscht, »Gebürtlichkeit«. Damit wendet sie sich gegen jene Philosophen wie Heidegger, für die das menschliche Leben in erster Linie dadurch gekennzeichnet ist, dass es sich auf den Tod zubewegt wie die Maus in einer Fabel von Franz Kafka, die vom weiten Feld in immer engere Räume läuft, bis sie schließlich in einem Zimmer landet, wo in der Ecke schon die Katze wartet.

Für Hannah Arendt ist nicht der Ausblick auf den Tod, sondern der Rückblick auf die Geburt die Quelle jedes wirklichen Handelns. Wenn der Tod der große Gleichmacher ist, so ist für sie die Geburt dasjenige Ereignis, das die Einmaligkeit jedes Menschen begründet. Und nur wer einzigartig ist, kann auch wieder etwas ganz Neues in die Welt bringen. Dazu schreibt Hannah Arendt: »Weil jeder Mensch aufgrund des Geborenseins ein initium, ein Anfang und Neuankömmling in der Welt ist, können Menschen Initiative ergreifen, Anfänger werden und Neues in Bewegung setzen. [...] Der Neuanfang steht stets im Widerspruch zu statistisch erfassbaren Wahrscheinlichkeiten, er ist immer das unendlich Unwahrscheinliche; er mutet uns daher, wo wir ihm in lebendiger Erfahrung begegnen [...], immer wie ein Wunder an.«[7]

Das Handeln und das Sprechen sind für Hannah jene Tätigkeiten, in denen sich das Geborenwerden sozusagen immer wieder neu ereignet. Wer ich bin, das kann ich nicht erfahren und festhalten in passiver und sprachloser Zurückgezogenheit. Erst wenn ich spreche und handle, gebe ich Aufschluss über mich, zeige mich und gebe mich auch aus der Hand. Denn die Eigenart eines Menschen ist für Hannah Arendt für ihn selber nie fassbar, sie begleitet ihn und schaut ihm gleichsam nur »von hinten über die Schulter«. Und sie wird so nur anderen sichtbar, denen er begegnet. Darin liegt die offenbarende Qualität des Handelns und Sprechens. Und sie kommt nur da ins Spiel, »wo Menschen miteinander, und weder für noch gegeneinander, sprechen und agieren.«

Diese Philosophie der Geburt und des Handelns ist Hannah Arendts Antwort auf Heideggers Philosophie der Eigentlichkeit und des »Seins zum Tode«. Und sie ist auch die Grundlage für ihre Vorstellung von Politik und Demokratie. In einer Welt, in der viele Menschen zusammenleben müssen, garantiert die Fähigkeit zu handeln, dass jeder seine Unverwechselbarkeit behält und dass jeder die Eigenart der anderen nicht als Einschränkung empfindet, sondern als Chance begreift, »im Konzert« mit anderen die Frage nach dem gemeinsamen Leben immer wieder neu zu stellen.

Welche Konsequenzen unser Handeln hat, das weiß niemand genau zu sagen. Aber können wir dann überhaupt Verantwortung übernehmen für ungewollte Folgen unseres Handelns? Und wie können wir garantieren, dass auf unser zukünftiges Verhalten Verlass ist? Dass die Risiken, die zum Handeln gehören, nicht zu unkalkulierbaren Gefahren werden, verdanken wir zwei Fähigkeiten, die eng mit dem Handeln verknüpft sind: der Fähigkeit zu verzeihen und der Fähigkeit, Versprechen zu geben.

Das Verzeihen ist das »Heilmittel« dagegen, dass etwas, das wir mehr oder weniger unwillentlich ausgelöst haben, nicht rückgängig zu machen ist. Und das Versprechengeben versichert uns gegen eine Zukunft, deren »chaotischer Unabsehbarkeit« wir schutzlos ausgeliefert wären. Dazu schreibt Hannah Arendt: »Könnten wir einander nicht vergeben, d. h. uns gegenseitig von den Folgen unserer Taten wieder entbinden, so beschränkte sich unsere Fähigkeit zu handeln gewissermaßen auf eine einzige Tat, deren Folgen uns bis an unser Lebensende im wahrsten Sinne der Wortes verfolgen würden; im Guten wie im Bösen; gerade im Handeln wären wir das Opfer unserer selbst, als seien wir der Zauberlehrling, der das erlösende Wort: Besen, Besen, sei's gewesen, nicht findet. Ohne uns durch Versprechen für eine ungewisse Zukunft zu binden und auf sie einzurichten, wären wir niemals imstande, die eigene Identität durchzuhalten; wir wären hilflos der Dunkelheit des menschlichen Herzens, seinen Zweideutigkeiten und Widersprüchen, ausgeliefert, verirrt in einem Labyrinth einsamer Stimmungen, aus dem wir nur erlöst werden können durch den Ruf der Mitwelt, die dadurch, dass sie uns auf die Versprechen festlegt, die wir gegeben haben und nun halten sollten, in unserer Identität bestätigt [...]. Beide Fähigkeiten können sich somit überhaupt nur unter der Bedingung der Pluralität betätigen, der Anwesenheit von Anderen, die mit-sind und mit-handeln. Denn niemand kann sich selbst verzeihen, und niemand kann sich durch ein Versprechen gebunden fühlen, das er nur sich selbst gegeben hat. Versprechen, die ich mir selbst gebe, und ein Verzeihen, das ich mir selbst gewähre, sind unverbindlich wie Gebärden vor dem Spiegel.«[8]

Hannah Arendt stellt ihre Überlegungen zum Arbeiten, zum Herstellen und zum Handeln nicht im luftleeren Raum an. Sie hat dabei immer auch ihre Zeit im Blick, vor allem steht sie unter dem Eindruck des wirtschaftlichen Wachstums und des steigenden Wohlstands in den USA und in Europa. An dieser Entwicklung zeigt sich für sie, dass die verschiedenen Formen der Vita activa durcheinander geraten sind und immer weniger Raum bleibt für weltbildende Tätigkeiten. So erhält das Herstellen durch die Automation und die Arbeitsteilung den Charakter des Arbeitens, wodurch die Produkte, auch wenn sie für einen längeren Gebrauch gedacht sind, zu Konsumgütern werden. Für die moderne Wirtschaft, so meint sie, wäre nichts gefährlicher als »Erhalten und Konservieren«. Und das deutsche Wirtschaftswunder ist für sie ein klassisches Beispiel dafür, »dass unter modernen Bedingungen die Vernichtung von Privateigentum, die Zerstörung der gegenständlichen Welt und die Zertrümmerung der Städte nicht Armut, sondern Reichtum erzeugt«.

Noch bedenklicher ist für Hannah Arendt, dass sich in das politische Handeln Vorstellungen einschleichen, die eigentlich zum Herstellen gehören. Handeln wird somit verstanden als Problemlösen, als Strategie, bei der man mit bestimmten Mitteln ein Ziel erreicht. Für Hannah ist das der Versuch, Kontrollierbarkeit auf einem Gebiet zu erreichen, wo es grundsätzlich keine Sicherheit geben kann und man mit Risiken und Gefahren umgehen muss.

Im Juli 1960 finden in den USA die Parteikonferenzen zur Ernennung der Präsidentschaftskandidaten statt.

Hannah und Heinrich schauen sich die Debatten bei Freunden im Fernseher an. Es ist das erste Mal, dass diese Debatten im Fernsehen übertragen werden, und für Hannah ist die neue Technik »ein Segen«. Auf sie macht der Kandidat der Demokratischen Partei, John F. Kennedy, den besten Eindruck. Bei den Republikanern wird der bisherige Vizepräsident Richard Nixon nominiert, den sie »ziemlich grässlich« findet.

Hannah verbindet mit dem jungen, erst dreiundvierzigjährigen Kennedy viele Hoffnungen. Nach der geistigen Lähmung der McCarthy-Ära und der ständigen Kriegsgefahr erwartet sie von ihm einen neuen Anfang in der amerikanischen Politik.

XVII. Das Gespenst in der Glaskiste

»Ich weiß nicht, wie oft ich gelacht habe, aber laut!«

Im August 1960 verbringen Hannah Arendt und Heinrich Blücher ihre Ferien wieder in den Catskill Mountains, dieses Mal im kleinen Ort Haines Falls, in einer Pension, die im Schweizer Stil gebaut ist und in der der Wirt wie die Gäste nur »Schwyzer Dütsch« reden. Ferien bedeuten für Hannah auch, ungestört arbeiten zu können. Sie hat sich viel vorgenommen. Sie soll an zwei Kongressen in New York teilnehmen; im Herbst will sie an der Columbia University Seminare halten, sie will eine Aufsatzsammlung herausgeben und sie schreibt an einem neuen Buch. Darin will sie anhand der Französischen und der Amerikanischen Revolution darlegen, was eine Revolution eigentlich ist.

Wenn Hannah von ihren Manuskripten genug hat, geht sie zum Baden zu den natürlichen Bassins, die von einem Wasserfall gebildet werden, oder sie wandert in den Bergen, die ihr alle schon vertraut sind, und abends zeigt ihr Heinrich, wie man Billard spielt. Heinrich läuft mit einem großen Cowboyhut herum und sieht aus, »als sei er gerade einem Western entstiegen«.

In den Zeitungen, die Hannah und Heinrich lesen, ist natürlich das Thema Nummer eins die bevorstehende Wahl des neuen amerikanischen Präsidenten. Aber noch ein anderes Ereignis beherrscht die Nachrichten.

Adolf Eichmann, ein geflüchteter Nazi, der eine zentrale Rolle bei der Judenvernichtung gespielt hat, ist vom israelischen Geheimdienst in Argentinien entführt worden. Ihm soll nun in Jerusalem der Prozess gemacht werden.

Eichmann, wie Hannah Arendt 1906 geboren, lebte nach 1945 zunächst inkognito als Holzfäller in der Lüneburger Heide. 1950 setzte er sich nach Argentinien ab. Er ließ seine Frau und seine Kinder nachkommen und baute sich unter dem Namen Ricardo Klement in einem Vorort von Buenos Aires, wo er als Autoschlosser arbeitete, ein neues Leben auf. Am 11. Mai 1960 wurde er von israelischen Agenten gekidnappt, eine Woche lang versteckt und dann nach Israel gebracht.

Hannah Arendt lässt der Fall Eichmann nun nicht mehr los. Sie hat Deutschland sehr früh verlassen und die Nazi-Diktatur nur aus der Ferne mitbekommen. Der Prozess gegen Eichmann ist für sie vielleicht die letzte Chance, einen typischen Vertreter der Naziherrschaft zu erleben.

Als sie wieder in New York zurück ist, schreibt sie drei Zeilen an Robert Shawn von der Zeitschrift *The New Yorker*, in denen sie anfragt, ob er daran interessiert sei, sie als Prozessberichterstatterin nach Jerusalem zu schicken. Die Antwort kommt prompt und spricht für Hannahs Ansehen: Ihr Angebot wird angenommen und alle Kosten der Reise werden ihr vom *New Yorker* bezahlt.

Diese neuen Aussichten bringen ihre Pläne gewaltig durcheinander. Sie ist für das kommende Jahr schon viele Verpflichtungen eingegangen. Und vor allem ist es ihr gelungen, Heinrich endlich zu einer gemeinsamen Europareise zu überreden. Die Verpflichtungen sagt Hannah ab oder verschiebt sie. Die gemeinsame Reise mit Heinrich will sie auf keinen Fall scheitern lassen. Die beiden vereinbaren, dass Hannah im Frühjahr nach Israel fliegt, dort einige Wochen den Prozess verfolgt und dann die Zeit bis zu Heinrichs Ankunft im Juni in der Schweiz und in Deutschland verbringt. Gemeinsam wollen sie dann nach Italien und Griechenland reisen und die Jaspers besuchen.

Im November finden die Präsidentschaftswahlen statt. Hannah und Heinrich sitzen fast 24 Stunden vor dem Fernseher und verfolgen die Entscheidung. Kennedy macht schließlich das Rennen, nur mit einem halben Prozent Vorsprung. Hannah ist »sehr erleichtert«. Und auch in ihrem Freundeskreis herrscht eine Aufbruchsstimmung. Der Schriftsteller Robert Lowell, der zur Vereidigung des neuen Präsidenten nach Washington eingeladen ist, schreibt ihr: »The world is green again« – die Welt ist wieder grün.

Bis zu ihrer Abreise nach Jerusalem hat Hannah noch viel um die Ohren. Sie muss nach Evanston nördlich von Chicago, um an der dortigen Northwestern University Seminare zu halten. Auch privat ist Hannah sehr gefragt. Sie bekommt oft Besuch von Bowden

Broadwater; seit Mary McCarthy ihn verlassen hat, ist er aus der Bahn geworfen, sein Leben ist, wie Hannah meint, ruiniert. Mary hat Hannah gebeten, sich um ihn zu kümmern und ihn zu einer Scheidung zu bewegen. Sie will möglichst bald James West heiraten und sie findet es »einfach zu lächerlich, dass wir die hilflosen Spiegelungen anderer sind«[1].

Hannah sieht das anders und nimmt sich die Freiheit, ihre Freundin zurechtzuweisen. Ob sie vergessen habe, so schreibt sie an Mary, dass sie Bowden genug Vertrauen entgegengebracht habe, um fünfzehn Jahre lang mit ihm verheiratet zu sein. »Oder anders gesagt: Du schreibst, es sei für euch (Jim West und dich) einfach ›zu lächerlich‹, die ›hilflosen Spiegelungen anderer‹ zu sein. Wenn du die Sache überhaupt in diesem Sinne betrachten möchtest, scheint es mir augenfällig, dass ihr beide die Opfer eurer eigenen, selbst gewählten Vergangenheit seid. Das mag unbequem sein, aber es ist nicht lächerlich, es sei denn, du willst behaupten, dass deine ganze Vergangenheit nicht nur ein Fehler, sondern ein lächerlicher Fehler gewesen ist.«[2]

Am 8. April fliegt Hannah Arendt nach Jerusalem. Die Stadt ist überfüllt mit Fremden, die den Prozess verfolgen wollen. Unter den Ausländern sind besonders viele Deutsche, die, wie Hannah meint, unter »schwerster Israelitis« leiden, so nennt sie die neu ausgebrochene Liebe zu den Juden. In ihrem Hotel am Stadtrand sind der Frankfurter Oberbürgermeister und seine Frau ihre Tischnachbarn. Sie haben gerade ihren Sohn in einem Kibbuz abgeliefert. Und ein Journalist fällt Hannah um den Hals, weil er es nicht fassen kann, welche Schuld die Deutschen auf sich geladen hätten. »Wie im Theater«, schreibt sie an Heinrich, »zum Kotzen«.[3]

Am 11. April wird der Strafprozess gegen Adolf Eichmann vor einer Sonderkammer des Bezirksgerichts Jerusalem eröffnet. Hannah Arendt sitzt unter den Zuschauern. Die drei Richter unter dem Vorsitz von Moshe Landau nehmen Platz auf einem erhöhten Podium. Der Tisch vor ihnen ist bedeckt mit unzähligen Büchern und über fünfzehnhundert Dokumenten. Unterhalb der Richterbank sitzen die Dolmetscher. Und eine weitere Stufe tiefer steht ein Glaskasten, in dem sich der Angeklagte befindet. Eichmann wendet dem Publikum sein Profil zu. Am Fuß des Podiums schließlich sitzen, mit dem Rücken zum Publikum, der Oberstaatsanwalt Gideon Hausner mit einem Stab von Staatsanwälten und der Verteidiger Eichmanns, Dr. Robert Servatius, mit seinem Assistenten. Der Verteidiger hat wie der Angeklagte und die meisten im Saal einen Kopfhörer auf, denn die Verhandlung wird in hebräischer Sprache geführt.

Adolf Eichmann kommt Hannah vor wie ein »Gespenst in der Glaskiste«. Er ist ein mittelgroßer, schlanker Mann, Mitte Fünfzig, »mit zurückweichendem Haaransatz, schlecht sitzendem Gebiss und kurzsichtigen Augen, der den ganzen Prozess hindurch seinen dürren Hals zur Richterbank hinstreckt [...] und sich verzweifelt bemüht, Haltung zu bewahren«.[4] Hannah Arendt hat von Anfang an nicht den Eindruck, dass dieser Mann im Glaskasten ein »Ungeheuer« ist, vielmehr drängt sich ihr der Verdacht auf, dass sie hier einen »Hanswurst« vor sich hat. Die wichtigsten Fakten seiner Nazi-Karriere hat er vergessen; woran er sich dagegen sehr gut erinnern kann, sind Stimmungen und Gefühle. Überhaupt ist Eichmann für Hannah Arendt voll gestopft mit »Redensarten«, er könne keinen Satz sagen, der nicht ein Klischee wäre, er sei unfähig, eine Sache von einem anderen Standpunkt zu sehen als dem seinen, und immer wieder flüchte er sich in ein »erhebendes Gefühl«. »Dass er sich selber gerne *öffentlich* erhängen möchte, hast du vermutlich gelesen«, schreibt sie fassungslos über diese sentimentale Dummheit an Heinrich. »Mir blieb die Spucke weg.«

Gerade weil Eichmann so wenig ernst zu nehmen ist, ja lächerlich wirkt, erhalten auch die Ungeheuerlichkeiten, von denen er berichtet, für Hannah etwas Groteskes, Komisches. Dass hier Tatsachen von unvorstellbarer Grausamkeit verhandelt werden und ein Mann dafür verantwortlich gemacht wird, der nach den Gutachten der Psychiater »völlig normal« ist – in diesem seltsamen Kontrast liegt für Hannah etwa sehr Wesentliches, das es über Eichmann und den gesamten nazistischen Totalitarismus zu lernen gilt. »Das Ganze stinknormal und unbeschreiblich minderwertig und widerwärtig«, so schildert sie ihre Gefühle und ihre Ratlosigkeit an Heinrich. »Verstehen tue ich es noch nicht, aber mir ist, als ob der Groschen irgendwann einmal fallen wird, nämlich bei mir.«[5]

Vom Prozessverlauf ist sie enttäuscht. Die Anklage bietet eine Unmenge von Zeugen und Material auf, um noch einmal das schreckliche Ausmaß der Judenvernichtung vor Augen zu führen. Allerdings hat das meiste mit Eichmann so gut wie nichts zu tun. Hannah kommt es vor, als wolle man die Verbrechen der Nazis in ihrer ganzen Grauenhaftigkeit ausmalen, um dadurch den monströsen, unmenschlichen Charakter Eichmanns zu beweisen. Dabei bleibt doch immer der fahrige Mann im Glaskasten, der keinen Satz richtig zu Ende sprechen kann und törichte Antworten gibt. Und wenn im Verlauf der Zeugenanhörung doch einmal konkret die Rolle Eichmanns bei der Judenvernichtung beleuchtet wird, so zeigt sich, dass er keineswegs der große Organisator der Vernichtung gewesen war, als der er hingestellt wird, sondern ein subalterner Funktionär, der, wie er immer wieder beteuert, nur seine Pflicht getan hat.

Für Hannah Arendt ist Eichmann trotzdem keine Randfigur des Nazi-Terrors, er ist ein typischer Nazi. Es liegt ihr fern, ihn zu verteidigen, er ist für sie schuldig und hat die Todesstrafe verdient. Abgesehen davon bleibt für sie jedoch die Frage, warum ein totalitäres

System wie der Nationalsozialismus gerade von so oberflächlichen und gedankenlosen Persönlichkeiten wie Eichmann aufrecht erhalten wurde.

Hannah Arendt bleibt noch bis zum 6. Mai in Jerusalem. Über ihren alten Freund Kurt Blumenfeld kommt sie in Kontakt mit einflussreichen Leuten in Israel. So streitet sie fast eine ganze Nacht mit der israelischen Außenministerin Golda Meir. In den frühen Morgenstunden ist Hannah dann so müde, dass sie nur noch ein Problem hat: »Wie bringt man einen Außenminister dazu, ins Bett zu gehen; wenn er bzw. sie partout nicht will.«

Als sie am 7. Mai früh morgens nach Basel fliegt, hat sie sieben schwere Bände Unterlagen bei sich. Es sind die Protokolle jener Aussagen, die Eichmann nach seiner Verhaftung gemacht hat. Hannah will sie für ihre Reportage verwenden.

Sie bleibt eine Woche in Basel, dann reist sie weiter nach München, wo sie ein kleines, gemütliches Hotel am Englischen Garten findet. Sie will in Ruhe an ihrem Revolutionsbuch arbeiten und die hervorragenden Bibliotheken der Stadt nutzen. Über Pfingsten bekommt sie Besuch von »Annchen« Weil. Die beiden spazieren »quietschvergnügt« bei Dauerregen durch den Nymphenburger Schlosspark und als Höhepunkt ihres Stadtbummels kaufen sie für Hannah eine Minox-Kamera, mit Belichtungsmesser und »fool proof«, also narrensicher.

Mit dem gleichen Zug, der Anne Weil nach Paris zurückbringt, kommt Günther Anders von Wien nach München, um sich mit Hannah zu treffen. Ihr ist sehr mulmig zumute bei diesem Wiedersehen mit ihrem Ex-Mann. Sie ist ziemlich entsetzt darüber, wie er sich verändert hat. Seine Haare sind schlohweiß, er ist abgemagert und sieht heruntergekommen aus. In verwirrendem Kontrast zu seinem Äußeren spricht er die ganze Zeit nur von seinen glänzenden Erfolgen. Anders ist gerade dabei, einen Briefwechsel mit dem Piloten zu veröffentlichen, der die Atombombe über Hiroshima abgeworfen hat. Er verspricht sich davon viel Geld und Ruhm. Das kommt Hannah »leicht verrückt« vor. Die schlichte Wahrheit scheint zu sein, »dass er vis-à-vis de rien steht, es aber nicht realisiert«.[6] Sie ist erleichtert, als Günther Anders wieder abfährt. Dafür freut sie sich umso mehr auf Mary McCarthy, die Anfang Juni von Warschau nach München kommt.

Mary hat am 15. April James West geheiratet. Am Tag vor der Hochzeit war Wests geschiedene Frau wieder in die gemeinsame Wohnung in Warschau eingezogen, was dem Diplomaten West Schwierigkeiten mit seinen Vorgesetzten eingebracht hat. Wahrscheinlich als Reaktion auf sein skandalträchtiges Privatleben wurde er auf eine neue Stelle in Paris versetzt. Zu allem Überfluss hatte Mary McCarthy dann auch noch einen schweren Bandscheibenvorfall, der sie vorübergehend sogar in den Rollstuhl zwang. In München bei Hannah geht es ihr schon wieder besser, aber sie muss noch eine Halsstütze tragen.

Am 17. Juni 1961 fliegt Hannah Arendt wieder nach Jerusalem. Der Prozess wird fortgesetzt und sie möchte unbedingt Eichmann im Zeugenstand erleben. Das Urteil ist erst im Dezember zu erwarten. Hannah bleibt nur wenige Tage, sie muss in Zürich sein, wenn Heinrich am 24. Juni dort eintrifft. Heinrich hat seine Abneigung gegen Flugzeuge überwunden und ist nach Europa gereist. Zu seiner Ankunft am Züricher Flughafen kommt sein alter Freund Robert Gilbert, den er seit Berliner Zeiten nicht mehr gesehen hat, extra aus Locarno. Gilbert hat sich inzwischen einen Namen als Kabarettist und Übersetzer amerikanischer Musicals gemacht.

Den Besuch bei den Jaspers haben Hannah und Heinrich auf Juli gelegt. Zuerst wollen sie ihre Italienreise unternehmen. Über den Gotthard-Pass fahren sie direkt nach Pisa und weiter nach Rom und nach Sorrent. Von Sorrent aus lassen sie sich mit dem Auto herumfahren, »wie es sich für ältere Herrschaften gehört«. Sie besuchen Capri, Pompei, Salerno und Amalfi. Besonders hat es ihnen die griechische Kolonialstadt Paestum angetan. Heinrich ist so begeistert, dass er sogar von einer möglichen Griechenlandreise spricht.

Mitte Juli sind die beiden wieder zurück in der Schweiz und es kommt zu dem lang ersehnten Treffen zwischen den Jaspers und Heinrich Blücher. Karl Jaspers hat von Hannah schon so viel über Heinrich gehört, dass er das Gefühl hat, ihn bereits lange zu kennen. Und zwischen den beiden herrscht sofort eine innige Vertrautheit, obwohl Herkunft und Lebensweg des Autodidakten aus den Berliner Hinterhöfen und des Professors aus gutbürgerlichem Hause nicht verschiedener sein könnten. Das Treffen wird zu einer »Orgie der Freundschaft«, wie Heinrich später meint, und zwischen allen wird vereinbart, sich in Zukunft zu duzen.

Hannah denkt auch an Heidegger. Sie schreibt ihm und teilt ihm mit, wo er sie erreichen kann. Aber er meldet sich nicht. Schließlich ist es wieder Hannah, die den Schritt aufeinander zu macht. Sie fährt, als Heinrich seinen Freund Robert Gilbert in Locarno besucht, nach Freiburg. Sie ist eingeladen worden von dem Freiburger Professor Joseph Kaiser, der mit seinem Freund in einem ganz extravaganten Haus wohnt. Kaiser veranstaltet zu Ehren Hannah Arendts eine Feier, zu der er auch den Philosophen Eugen Fink, einen engen Freund Heideggers, einlädt. Doch der lehnt »brüsk« ab. Er wünsche Hannah Arendt nicht zu sehen, meint er und macht deutliche Hinweise auf Heidegger.

Hannah vermutet, dass hinter diesem merkwürdigen Benehmen Heidegger steckt, der über ihren Brief und die versagte Widmung verärgert ist. Später schreibt sie an Karl Jaspers: »Ich habe ihm gegenüber mein Leben lang gleichsam geschwindelt, immer so getan, als ob ich nicht existiere und als ob ich sozusagen nicht bis drei zählen kann, es sei denn in der Interpretation seiner eigenen Sachen; da war es ihm sehr willkommen, wenn sich herausstellte, dass ich bis drei und manchmal sogar bis vier zählen konnte. Nun war mir das Schwindeln plötzlich zu langweilig geworden, und ich habe eins auf die Nase gekriegt. Ich war einen Augenblick lang sehr wütend, bin es aber gar nicht mehr. Bin eher der Meinung, dass ich es irgendwie verdient habe – nämlich sowohl für Geschwindelthaben wie für plötzliches Aufhören mit dem Spiel.«[7]

Anfang August kehren Hannah und Heinrich zurück nach New York. Für beide beginnt wieder der Alltag. Heinrich ist die Woche über am Bard College und Hannah hält ihre Lehrveranstaltungen. Sie macht sich auch daran, die Berge von Material zu sichten, die sie zum Eichmann-Prozess zusammengetragen hat, um den Bericht für den New Yorker zu schreiben.

Im Herbst gibt Hannah Kurse an der Wesleyan University. Als sie mitten in der Arbeit steckt, erhält sie die Nachricht, dass Heinrich einen gesundheitlichen Zusammenbruch erlitten hat und im Krankenhaus liegt. Lotte Beradt, eine alte Freundin, hatte Heinrich in einem ziemlich schlimmen Zustand in der Wohnung am Riverside Drive aufgefunden. Er hatte sich mit der eigenen Zigarette Verbrennungen zugefügt und die Wohnung war ein einziges Chaos von verstreuten Papieren und umgekippten Möbeln.

Hannah eilt sofort nach New York. Mary McCarthy springt für sie an der Universität ein und führt die Kurse weiter. Im Krankenhaus kann Hannah zunächst nicht erfahren, wie es um Heinrich steht. Die Ärzte sind ratlos und vermuten einen Tumor. Erst nach einigen Tests stellt sich heraus, dass Heinrich einen »congenitalen Aneurismus« hat, eine Arterienerweiterung im Gehirn. Sein Zustand bessert sich täglich, aber er muss sich damit abfinden, dass seine Gesundheit auf Dauer beeinträchtigt ist. Hannah teilt ihm diesen Befund mit, auch dass die Mortalität in solchen Fällen bis zu 50 Prozent beträgt. »Reg dich bloß nicht auf«, meint Heinrich, »du vergisst die anderen 50 %.«[8]

Im November kann Heinrich schon wieder spazieren gehen. Der Chefarzt rät ihm, zwei Monate noch vorsichtig zu leben und dann die Geschichte zu vergessen. Nur große körperliche Anstrengung solle er vermeiden. Doch da besteht bei Heinrich keine Gefahr. Er behauptet seit jeher, ein Nachkomme des großen preußischen Feldherrn Gebhard Leberecht von Blücher zu sein, und von daher ist er der Meinung, dass seine Vorfahren schon alles geleistet hätten, was man von einer Familie erwarten könne.

Vom 11. bis zum 15. Dezember wird in Jerusalem das Urteil im Eichmann-Prozess verlesen. Eichmann wird mit wenigen Einschränkungen in allen fünfzehn Anklagepunkten für schuldig befunden und zum Tode verurteilt.

Für Hannah ist das Urteil »recht enttäuschend«. Nicht wegen der Todesstrafe, daran führt für sie kein Weg vorbei. Aber man hätte, so meint sie, im Urteil deutlich machen sollen, dass man Recht sprechen muss, auch wenn man diesem Fall mit den herkömmlichen Vorstellungen von Recht und Strafe nicht gerecht wird.

Hannahs eigener Bericht über den Eichmann-Prozess wird schon mit Spannung erwartet. »Was ist aus deinem Eichmann-Artikel für den New Yorker geworden?«, erkundigt sich Mary McCarthy. »Alle fragen *mich* dauernd deswegen.« Aber Hannah will erst ihr Revolutions-Buch abschließen. Danach wird sie den Artikel über Eichmann in Angriff nehmen.

Am 19. März 1962 fährt Hannah Arendt, sie ist inzwischen fünfundfünfzig Jahre alt, in einem Taxi durch den New Yorker Central Park, als plötzlich das Auto von einem Lastwagen gerammt wird. Sie wird sofort in das *Roosevelt Hospital* eingeliefert. Ihr Zustand ist nicht lebensgefährlich, aber die Liste der Verletzungen ist lang: neun Rippen und das linke Handgelenk gebrochen, Blutergüsse, Gehirnerschütterung, Prellungen, abgebrochene Zähne, tiefe Wunden am Kopf, die mit dreißig Stichen genäht werden müssen, und eine Schädigung des Herzmuskels infolge des Schocks.

Hannah erholt sich überraschend schnell. Nach vier Tagen im Krankenhaus sitzt, läuft und liest sie schon wieder und führt einen privaten Krieg gegen die allmächtige Oberschwester, die es sich nicht abgewöhnen kann, sie dauernd »Honey« zu nennen. Am 30. März wird Hannah aus dem Krankenhaus entlassen, »auch weil ich ihnen sonst davongelaufen wäre«.

Mary McCarthy erkundigt sich besorgt, »wie die Reparaturen an dir vorangehen«. Hannah meint, sie habe ausgesehen »wie ein missglückter Picasso«, aber nun gehe es wieder. Die Haare sind ihr abrasiert, ein Zahn fehlt und sie hat eine unschöne Narbe auf der Stirn. Mary empfiehlt ihr, sich wegen der Haare eine Perücke anzuschaffen. Doch Hannah zieht es vor, sich einen schwarzen Schleier umzubinden, bis das Haar wieder nachgewachsen ist.

Am 31. März 1962 wird das Todesurteil an Adolf Eichmann vollstreckt, nachdem das Gnadengesuch abgelehnt worden ist. Eichmann wird gehängt. Seine Asche wird über dem Mittelmeer verstreut.

Hannah zieht sich nun in das Ferienhaus in Palenville zurück, um endlich den Artikel für den *New Yorker* zu schreiben. Dazu muss sie die Protokolle über die Verhöre Eichmanns lesen. »Und ich weiß nicht, wie oft ich gelacht habe«, bekennt sie später, »aber laut!«[9] Sie schreibt den Bericht über den Prozess in einer »seltsamen Euphorie« und mit einem Gefühl der Erleichterung. »Erzähle es niemandem«, schreibt sie an Mary McCarthy, »denn ist das nicht der eindeutige Beweis, dass ich keine ›Seele‹ habe?«[10]

XVIII. Eichmann und kein Ende

»Das banale Böse kann die ganze Welt vernichten.«

Am 16. Februar 1963 erscheint in der Zeitschrift *The New Yorker* Hannah Arendts erster von fünf Artikeln über den Prozess gegen Eichmann unter dem Titel *Eichmann in Jerusalem: A Report on the Banality of Evil.* Als am 16. März der letzte erscheint, ist sie längst nicht mehr in New York. Sie ist bei Jaspers in Basel, der am 23. Februar seinen 80. Geburtstag gefeiert hat.

»Sei froh, dass du weg bist«, schreibt ihr Heinrich nach Basel, bei dem ständig das Telefon klingelt, weil alle möglichen Anrufer Hannah wegen der Artikel-Serie sprechen wollen. Die meisten sind Juden, die empört sind über Hannahs Bericht, der jetzt auch als Buch auf den Markt kommen soll. Sie scheinen sich, so meint Heinrich, »zu einer Phalanx zu sammeln«. Was sich da zusammenbraut, davon hat Hannah schon einen ersten Vorgeschmack bekommen. Anfang März schrieb ihr Siegfried Moses, der ehemalige Finanzkontrolleur des Staates Israel, und erklärte ihr und ihrem Bericht im Namen des deutschen Judenrates »den Krieg«.[1]

Hannah Arendt nimmt das alles noch gelassen. Sie ist »höchst vergnügt« darüber, dem ganzen Rummel um ihr Buch entkommen zu sein. In der Schweiz und in Deutschland ist von der Aufregung, die in New

York herrscht, noch nicht viel zu spüren. Eine deutsche Übersetzung ihres Eichmann-Reports ist noch nicht erschienen.

In Köln, wohin sie von Basel aus fährt, liest sie aus ihren Artikeln vor, und am nächsten Tag nimmt sie an einem Streitgespräch teil, das im Rundfunk gesendet werden soll. Hannah nutzt die Gelegenheit, um »der deutschen Regierung meine Meinung zu sagen«. Dabei prangert sie auch an, dass man es in Deutschland ehemaligen Nazis ermöglicht hat, nach Kriegsende ihre Karrieren fortzusetzen und hohe öffentliche Ämter einzunehmen, ohne dass man sie für ihre Verbrechen belangt hat. Solange diesen Herren nicht der Prozess gemacht werde, so Hannah in einem späteren Interview, »wird die Vergangenheit trotz allen Geredes unbewältigt bleiben – oder man wird warten müssen, bis wir alle tot sind«.[2] Schon in ihrem Eichmann-Bericht hat sie auf diesen »unerträglichen Zustand« hingewiesen und konkrete Fälle genannt. Und auch bei dem Streitgespräch in Köln nimmt sie kein Blatt vor den Mund. »Wenn die das wirklich senden«, schreibt sie an Heinrich, »kann ich nur Prost Mahlzeit sagen.«[3]

Zu Beginn des Frühlings reist Heinrich Blücher ihr nach. Sein Schiff geht direkt nach Athen. Hannah kommt in Neapel an Bord. Die beiden wollen den geplanten Griechenlandbesuch machen und anschließend nach Sizilien und Italien weiterreisen. Für Heinrich erfüllt sich ein Lebenstraum. Er kann sich von

Athen gar nicht mehr losreißen, und hier scheut er auch keine Anstrengung, um die Orte der griechischen Antike immer wieder abzuwandern. »Wir leben das ›leichte Leben‹ der Götter«, schreibt Hannah an Jaspers. Und zufrieden berichtet sie, dass sie die ganze Zeit über nichts lesen, keine Zeitungen und keine Bücher. Ende Mai in Rom hat Hannah dann von den Museen und Ausgrabungen die Nase voll. Sie tritt »in Streik« und will nur noch »Kleider kaufen, Campari und Wein trinken und sehr gut und viel essen«. In Rom holt sie leider wieder ihr »Eichmann« ein. Es habe sich ein »großes Geschrei« erhoben, meint sie, »das mich aber ziemlich kalt lässt«.[4]

Nach einem Abstecher nach Paris, wo sie Mary McCarthy besuchten, kommen Hannah und Heinrich Ende Juni nach New York zurück. Die Wohnung am Riverside Drive ist buchstäblich voll mit Post. Fast alles betrifft die »Eichmann-Geschichte«. Erst jetzt wird Hannah richtig bewusst, dass sie an ein Stück unbewältigter jüdischer Vergangenheit gerührt hat. Es sei während ihrer Abwesenheit eine »Kampagne« gegen sie gestartet worden, berichtet sie an Jaspers, und die laufe inzwischen »auf hohen Touren«.

In der Tat ist Hannah Arendt von jüdischen Organisationen der Krieg erklärt worden. Eine Antidiffamierungsliga (ADL) hat zwei Memoranden verfasst, in denen Richtlinien und Material zum Kampf gegen ihr Eichmann-Buch ausgegeben werden. Darin wird sie als

Verräterin am eigenen jüdischen Volk hingestellt, denn sie soll behauptet haben, dass Juden nicht weniger am Holocaust schuldig waren als andere.

Vor allem die Zeitschrift *Aufbau* wird zum Forum für ihre Kritiker. Wie schon bei ihren Überlegungen zu den Vorgängen in Little Rock wird Hannah ihr Ton vorgeworfen. Sie sei »herzlos«, »gefühllos«, »kalt« und »unerträglich arrogant«, sie sei von einer »perversen Sucht« besessen, »originell zu sein«, und ein Rezensent versteigt sich sogar zu der Behauptung, Hannah Arendt sei »ein Verächter der Menschen«.[5]

Inhaltlich richten sich die Angriffe vor allem gegen zwei Punkte: gegen den Begriff von der »Banalität des Bösen« und gegen die Darstellung der Rolle der Judenräte im Dritten Reich.

Diese Judenräte waren die anerkannten Repräsentanten der jüdischen Gemeinden. Adolf Eichmann schilderte im Jerusalemer Prozess ausführlich, wie eng er bei der Organisation der Judenvernichtung mit diesen Räten zusammengearbeitet hat. Und Hannah nimmt in ihrem Bericht diese Schilderungen zum Anlass, die Rolle der jüdischen Gemeindeoberhäupter bei der Durchführung des Holocaust zu beleuchten. Für sie berührt man damit »das dunkelste Kapitel in der ganzen dunklen Geschichte«. Ohne die aktive Mithilfe der Judenräte, so Hannah Arendt, wäre die planmäßige Ermordung der Juden im geschehenen Ausmaß nicht möglich gewesen. In *Eichmann in Jerusalem* schreibt sie dazu: »In Amsterdam wie in Warschau, in Berlin wie in Budapest konnten sich die Nazis darauf verlassen, dass jüdische Funktionäre Personal- und Vermögenslisten ausfertigten, die Kosten für Deportation und Vernichtung bei den zu Deportierenden aufbringen, frei gewordene Wohnungen im Auge behalten und Polizei zur Verfügung stellen würden, um die Juden ergreifen und auf die Züge bringen zu helfen – bis zum bitteren Ende, der Übergabe des jüdischen Gemeindebesitzes zwecks ordnungsgemäßer Konfiskation.«[6]

Für Hannahs Kritiker ist das ein »verleumderischer Unsinn« und eine unerträgliche Verhöhnung der Opfer des Holocaust. Für sie sind die jüdischen Führer über jeden Zweifel erhaben und deren Zusammenarbeit mit den Nazis sei einzig in der Absicht geschehen, in einer aussichtslosen Lage zu retten, was zu retten war. Hannah Arendt geht in ihrem Bericht auf dieses Argument ein – und sie lässt es nicht gelten. Sich auf seine Feinde einzulassen, um »Schlimmeres zu verhüten«, ist für sie keine Form des Widerstands, sondern eine raffinierte Strategie, sein Gewissen zu beruhigen und nicht wahrhaben zu wollen, dass man sich längst auf die Spielregeln des Gegners eingelassen hat. Sie teilt auch nicht die Auffassung, dass die Juden überhaupt keine Möglichkeit hatten, der Vernichtungsmaschinerie der Nazis zu entkommen. Individueller Widerstand, das räumt sie ein, war tatsächlich »absolut sinnlos«. Für einen Einzelnen gab es nur die Chance, sich in die »innere Emigration« zurückzuziehen, um nicht in die Verbrechen verstrickt zu werden. Dieser Rückzug blieb aber folgenlos. Das enge Netz des Terrors hätte nur zerrissen werden können durch einen organisierten Widerstand auf breiterer Basis.

Um zu verdeutlichen, was sie damit meint, geht Hannah Arendt in ihrem Eichmann-Report auf die Judenvernichtung in den verschiedenen europäischen Ländern ein. Während man in Ländern wie Rumänien willige Helfer fand, die die befohlenen Säuberungen durchführten, stießen die Nazis in Ländern wie Dänemark, Schweden und Italien auf erhebliche Schwierigkeiten. Vor allem Dänemark ist für Hannah Arendt ein Musterbeispiel dafür, »welch ungeheure Macht in gewaltloser Aktion und im Widerstand gegen einen an Gewaltmitteln vielfach überlegenen Gegner liegt«. Die dänische Regierung weigerte sich beharrlich, den deutschen Befehlen nachzukommen, und auf die Aufforderung, den Judenstern einzuführen, erklärte der dänische König, er werde sich als Erster diesen Stern anheften. Solcher Widerstand »auf breiterer Basis« hatte eine erstaunliche Wirkung: Die deutschen Befehlshaber wurden merkwürdig nachgiebig und ratlos, sie missachteten Anweisungen aus Berlin und wurden unzuverlässig. Ihre »Härte«, so Hannah Arendt, »schmolz wie Butter in der Sonne«. Dieses Aufweichen weist auf eine Eigenschaft totalitärer Systeme hin, die Hannah Arendt schon in ihrem Totalitarismus-Buch beschrieben hat: So mörderisch und vernichtend solche Systeme sind, so leicht brechen sie in sich zusammen, wenn ihnen ein entschlossener, solidarischer Widerstand entgegentritt. Der Grund dafür ist ihre merkwürdige Substanzlosigkeit.

Eben diese Substanzlosigkeit hat Hannah Arendt auch an Adolf Eichmann beobachtet. Darum weigert sie sich, ihn als Ungeheuer oder seelenloses Monster hinzustellen. Eine solche Dämonisierung birgt für sie die Gefahr, dass man ihm eine Größe verleiht, die ihm nicht zukommt, selbst wenn es nur eine dämonische Größe ist. Und sie erweckt den Eindruck, man habe es hier mit dunklen Mächten zu tun, denen man hilflos ausgeliefert ist, gegen die man nichts tun kann. Für Hannah Arendt steckt hinter diesen scheinbaren dunklen Mächten eine sehr reale Organisation, gegen die man sehr wohl etwas tun kann, ja muss. Eine gemeinsame Initiative von Menschen ist für sie allemal wirkungsmächtiger und »tiefer« als jedes Terror-System, das auf Befehl, Gehorsam und Verantwortungslosigkeit beruht. Darum nennt sie Eichmann einen »Hanswurst« und das Böse, das er verkörpert, »banal«.

In einem Brief an Gershom Scholem begründet sie, warum sie es für richtiger hält, nicht mehr vom »radikal Bösen« zu sprechen – wie im Totalitarismus-Buch –, sondern vom »banalen Bösen«: »Ich bin in der Tat heute der Meinung, dass das Böse immer nur extrem ist, aber niemals radikal, es hat keine Tiefe, auch keine Dämonie. Es kann die ganze Welt vernichten, gerade weil es wie ein Pilz an der Oberfläche weiterwuchert. Tief aber und radikal ist immer nur das Gute.«[7]

Ihre Kritiker jedoch, darunter auch Gershom Scholem, sehen das anders. Ihrer Meinung nach werden mit der Wendung von der »Banalität des Bösen« die schrecklichen Verbrechen der Nazis verharmlost und die unsäglichen Leiden ihrer Opfer heruntergespielt. Nur jemand, der nicht selbst den Nazi-Terror miterlebt habe, könne so leichtfertige Behauptungen aufstellen.

Der jüdische Protest gegen Hannah Arendts Bericht beschränkt sich nicht nur auf Zeitungsartikel. Es wird versucht, das Erscheinen der Buchausgabe zu verhindern. Öffentliche Vorträge werden organisiert. Ernst Simon, ein Professor an der Hebräischen Universität in Jerusalem, besucht amerikanische Universitäten, um in den jüdischen Studentenvereinen gegen Hannah Arendt zu sprechen. Der Oberstaatsanwalt im Eichmann-Prozess, Gideon Hausner, kommt nach New York, um auf einer großen Versammlung ehemaliger KZ-Häftlinge auf »Hannah Arendts bizarre Verteidigung Eichmanns« zu antworten. Und die ADL schickt Rundbriefe an alle Rabbiner in New York, mit der Aufforderung, gegen Hannah Arendt zu predigen. »Die ganze Stadt scheint kaum noch über etwas anderes zu reden«, schreibt William Shawn an Hannah.[8]

Sie selbst nimmt zu den Vorwürfen nicht Stellung, denn sie ist überzeugt, dass gegen sie eine »politische Kampagne«, eine »Jagd« geführt wird, bei der es überhaupt nicht mehr um ihr Buch geht, sondern um ein verzerrtes Bild davon, um ein »Image«. Statt den historischen Tatsachen ins Auge zu sehen, stelle man leicht abzuschmetternde Behauptungen auf. Und sie fände es lächerlich, den Leuten zu sagen, dass sie falsch verstanden werde und es eigentlich ganz anders gemeint habe.

Erstaunlich ist für Hannah die »Doppelzüngigkeit«, die sie erlebt. Unter vier Augen versichern ihr viele Leute, wie sehr sie das Eichmann-Buch bewundern, aber wenn es darum geht, es öffentlich zu verteidigen, wehren sie erschrocken ab. Einer der wenigen, der es wagt, für Hannah einzutreten, ist der Psychologe Bruno Bettelheim. Aber sein Vortrag endet in Tumult und gegenseitigen Beschimpfungen.

Sehr schmerzlich ist, dass auch gute Freunde zu ihr auf Distanz gehen. Hans Jonas bricht für über ein Jahr den Kontakt ab. Und was sie besonders trifft, ist, dass ihr väterlicher Freund Kurt Blumenfeld in tiefem Groll auf sie im Mai in Jerusalem gestorben ist. Blumenfeld hatte in seinen letzten Tagen nur mündliche Berichte über ihre Artikel erhalten. Hannah ist überzeugt, dass seine Meinung eine andere gewesen wäre, wenn er sie selbst gelesen hätte.

Wer nach wie vor unverbrüchlich zu ihr hält, sind Mary McCarthy, Karl Jaspers – und natürlich Heinrich

Blücher. Heinrich würde am liebsten einigen von Hannahs Widersachern »eins in die Fresse schlagen«, eine Drohung, die Hannah damit entschuldigt, dass er eben ein »sehr altmodischer gentleman« sei, wenn es um sie gehe.[9] Heinrich vergisst dabei wohl auch, dass er nicht mehr der Jüngste ist, immerhin schon vierundsechzig. Mit seiner Gesundheit steht es nicht zum Besten. Er klagt oft über Müdigkeit und zeitweise leidet er unter Bewegungsstörungen. Wegen der Kampagne gegen Hannah fällt er in eine Depression. Hannah lässt ihn darum nur ungern längere Zeit allein. Wenn er allerdings seine Vorlesungen und Kurse hält, merkt man ihm von alledem nichts mehr an. Mary McCarthy besucht ihn am Bard College und die Studenten schwärmen ihr von Heinrich vor und meinen, er übertreffe sich in jeder Stunde selbst.

Mary ist maßlos wütend über die Attacken gegen ihre Freundin. Das Ganze, so meint sie, nehme langsam »die Ausmaße eines Pogroms« an. Sie möchte Hannah irgendwie helfen, »nicht nur durch Zuhören«. Schließlich schreibt sie einen zwölfseitigen Artikel, der im Januar 1964 in der Zeitschrift *Partisan Review* veröffentlicht wird. Mary McCarthy ist inzwischen so etwas wie ein literarischer Star geworden. Ihr neuer Roman *The Group* hat es in kürzester Zeit geschafft, die Nummer eins auf den Bestseller-Listen zu werden. Trotz dieses unglaublichen Erfolgs wird Marys Buch von amerikanischen Kollegen heftig kritisiert. Es erscheint eine Parodie auf den Roman. Und der Schriftsteller Norman Mailer bezeichnet ihn als »Damenbuch«, wie es sich die Herausgeberinnen von Frauenmagazinen heimlich wünschten. Angesichts dieser Angriffe kann sich Mary vorstellen, wie es Hannah zumute ist. Sie freut sich schon auf das nächste Wiedersehen, dann könnten sie sich »zusammentun und unsere Schuld gemeinsam genießen«.

Auch Karl Jaspers in Basel möchte sich öffentlich hinter Hannah stellen. Er plant sogar ein Buch, mit dem er am Beispiel ihres Eichmann-Reports die »Unabhängigkeit des Denkens« zeigen will. Jaspers macht sich Sorgen um Hannahs »verborgene Seele, die so gar nicht dickfellig ist«. Er fürchtet sogar um Hannahs Leib und Leben und rät ihr, sich eine »Leibgarde« zuzulegen. Obwohl er selbst mit einer Jüdin verheiratet ist, kann Jaspers die gegen Hannah unternommene »Jagd« nicht nachvollziehen. Er findet das Eichmann-Buch großartig. »Wie unendlich naiv«, schreibt er, »nicht zu merken, dass der Akt, ein solches Buch in die Welt zu setzen, eine Aggression ist gegen ›Lebenslügen‹.«[10]

Jaspers befürchtet, dass das Buch auch in Deutschland für erheblichen Wirbel sorgen wird, weil Hannah darin den deutschen Widerstand gegen Hitler in einem sehr kritischen Licht sieht. Sie geht darin der Frage nach, ob Adolf Eichmann so etwas wie ein Gewissen gehabt hat, und erklärt in diesem Zusammenhang, dass die Gegner Hitlers nicht unbedingt immer aus Gewissensgründen gehandelt hätten. Nur einigen Einzelkämpfern und Gruppen wie der »Weißen Rose« billigt sie zu, wirklich aus prinzipieller Abscheu gegen Hitler die Nazis bekämpft zu haben. Die so genannten »Männer des 20. Juli« um den Grafen Stauffenberg dagegen hätten nicht aus Prinzip gegen Hitler gehandelt. Ihnen sei es nur darum gegangen, Deutschland politisch zu retten, im absehbaren Fall der Niederlage günstige Bedingungen für Verhandlungen mit den Siegermächten und einen Neuanfang zu schaffen. Das, was man gemeinhin unter Gewissen verstehe, so fasst Hannah zusammen, war »in Deutschland so gut wie verloren gegangen«.[11]

Jaspers behält mit seiner Befürchtung Recht. Die deutsche Ausgabe des Eichmann-Buches ist noch gar nicht erschienen, als sich im Januar 1964 der Historiker Golo Mann in der Wochenzeitung *DIE ZEIT* entrüstet zu Wort meldet. Hannah Arendts Charakteristik des Widerstandes, schreibt Golo Mann, »enthält die empörendsten Verleumdungen, die je über diese Bewegung verbreitet wurden.«[12]

Hannah hat nun oft das Gefühl, all den Anfeindungen nicht gewachsen zu sein. Und zwar schon aus organisatorischen Gründen, denn um auf alle Anschuldigungen angemessen reagieren zu können, bräuchte sie einen ganzen Mitarbeiterstab und mehrere Sekretärinnen. Abgesehen davon hat ihre zeitweise Resignation auch einen anderen, persönlichen Grund. Sie fühlt sich außerstande, sich auf dieses öffentliche »Spektakel« einzulassen, es ekelt sie davor.

Ihre Arbeit als Professorin ist für sie in dieser Zeit wie eine Rettung. Seit Herbst 1962 lehrt sie an der Universität von Chicago, wo man ihr ideale Bedingungen geschaffen hat. Sie braucht nur ein Quartal im Jahr dort zu sein und kann absolut frei darüber bestimmen, welche und wie viele Kurse sie anbieten will. In der Arbeit mit ihren Studenten, die ganz »ohne Arg« seien, gewinnt sie die Kraft zurück, die ihr die Auseinandersetzung um das Eichmann-Buch geraubt hat. Und ihr Ansehen an den Universitäten steigt stetig. Hannah Arendt kann sich vor Einladungen zu Vorträgen kaum mehr retten. Und überall, wo sie hinkommt, so berichtet sie Jaspers, werde sie mit Ovationen empfangen.

Am 22. November 1963 werden alle Radio- und Fernsehprogramme von einer Meldung unterbrochen. Auf den amerikanischen Präsidenten Kennedy ist in Dallas ein Attentat verübt worden. Er schwebt in Lebensgefahr. Hannah sitzt gerade mit Mary beim Mittagessen im Club der Universität Chicago, als die Nachricht gesendet wird. Mary ist wegen ihres Buches nach New York gekommen und besucht Hannah übers Wochenende. Bei der Nachricht vom Attentat fangen einige der Studenten, die um sie herum sitzen, ganz offen an zu weinen. Das ist nicht überall so. In den Südstaaten, hat Hannah gehört, soll der Anschlag auf den »Nigger-loving Präsidenten« bejubelt worden sein.

Kennedy stirbt noch am gleichen Tag. Für Hannah ist dies eine Tragödie. Mit ihrem Buch über die Revolution, das 1963 erschienen ist, wollte sie daran erinnern, wie »großartig spannend« die Gründung der Vereinigten Staaten von Amerika verlaufen sei und was für ein grandioses Werk die amerikanische Verfassung darstelle. Kennedy, so hat sie gehofft, könnte mit seinem neuen »Stil« wieder an die Ideale dieser Anfänge anknüpfen. Nach seinem Tod sieht sie niemanden, der an seine Stelle treten könnte. »Madison, Hamilton, Jefferson, John Adams – was für Männer. Und wenn man sieht, wie es heute ist – was für ein Abstieg.«[13]

XIX. Revolte in Amerika

»Das ist sehr gefährlich, weil es sich um etwas ganz Echtes handelt.«

Am 28. Oktober 1964 ist Hannah Arendt im Zweiten Deutschen Fernsehen zu sehen. Der Journalist Günther Gaus interviewt sie im Rahmen seiner Sendung »Zur Person«. Gaus stellt gleich zu Beginn des Gesprächs fest, dass sie die erste Frau sei, die in dieser Sendereihe vorgestellt werde, und er fragt sie nach ihrer Einstellung zur Emanzipation. Für sie persönlich, antwortet Hannah Arendt, habe das Problem der Emanzipation nie eine Rolle gespielt. »Sehen Sie, ich habe einfach gemacht, was ich gerne machen wollte.« Der Interviewer kommt natürlich auch auf das Eichmann-Buch zu sprechen, das inzwischen in der deutschen Ausgabe erschienen ist und von Buchhandlungen in Deutschland boykottiert wird. Er stellt die Frage, ob Hannah Arendt es angesichts der Reaktion darauf lieber anders geschrieben hätte. »Nein«, antwortet sie. »Ich wäre vor der Alternative gestanden, zu schreiben oder nicht zu schreiben. Man kann ja die Schnauze halten.«[1]

Für Hannah ist es nicht selbstverständlich, vor einer Kamera aufzutreten. Einladungen zu Fernsehinterviews nimmt sie nur in Europa an. In Amerika lehnt sie solche Angebote grundsätzlich ab. Sie will nicht, dass ihr Gesicht zu bekannt wird und unter dieser Popularität dann ihr Privatleben leidet.

Abgesehen von jener persönlichen Scheu hält Hannah das Fernsehen für einen Segen, für eine Belebung der Demokratie, weil politische Auseinandersetzungen nun von vielen Menschen verfolgt werden können. Sie und Heinrich sitzen oft stundenlang vor dem Fernseher, um sich politische Debatten anzusehen. Bisher mussten sie dazu immer zu Freunden gehen. Anfang 1965 entschließen sie sich, ein eigenes »Television-Set« anzuschaffen.

In erster Linie wollen sie die Nachrichten und die Verlautbarungen des neuen Präsidenten Lyndon B. Johnson zum Vietnam-Konflikt verfolgen. Am 2. und 4. August 1964 war der Zerstörer »Maddox« im Golf von Tonking angeblich von nordvietnamesischen Torpedobooten angegriffen worden. Präsident Johnson nahm diesen Zwischenfall zum Anlass, einen wirkungsvolleren Schutz des proamerikanischen Südvietnam vor Angriffen des kommunistischen Nordvietnam zu fordern. Der Kongress unterstützte diese Forderung mit einer Resolution. Dahinter steckte die so genannte »Domino-Theorie«, also die Befürchtung, dass bei einem Verlust von Südvietnam weitere Staaten dem Weltkommunismus in die Hände fallen würden.

Hannah Arendt erwartet von Präsident Johnsons Asien-Politik nichts Gutes. Für besonders gefährlich hält sie die Vorstellung, dass die Supermacht Amerika für den Frieden auf der ganzen Welt verantwortlich sein soll.

Im Februar 1965 beginnt die amerikanische Luftwaffe mit der Bombardierung von Nordvietnam. In den USA formiert sich öffentlicher Widerstand gegen den Krieg in Asien. Und an den Universitäten wird der Widerstand zum offenen Protest. In Berkeley, wo die ersten Unruhen ausbrechen, hindern Studenten einen Zug mit Soldaten an der Weiterfahrt. Doch die Kritik an der amerikanischen Politik in Vietnam ist nicht der einzige Grund für die Studentenunruhen. Es geht dabei auch um Mitbestimmung an den Universitäten und um die Benachteiligung schwarzer Studenten.

Hannah verfolgt die Vorgänge in Berkeley mit großem Interesse. »In Berkeley«, so schreibt sie an Karl Jaspers, »haben sie alles durchgesetzt, was sie wollten – und können und wollen nun nicht abblasen; nicht aus Bosheit oder Verhetztheit, sondern einfach, weil sie Blut geleckt haben, was es heißt, wirklich zu handeln, und nun, da die Ziele erreicht sind, nicht wieder nach Hause wollen. Das ist sehr gefährlich, gerade weil es sich um etwas ganz Echtes handelt.«[2]

Was dieses »ganz Echte« ist und warum es auch »gefährlich« sein kann, das hat Hannah Arendt in ihrem Buch *On Revolution* beschrieben. Es ist 1963 erschienen, stand aber im Schatten der Eichmann-Affäre. Inzwischen hat es Hannah unter dem Titel *Über die Revolution* ins Deutsche übersetzt.

Das Buch über die Revolution knüpft an *Vita activa* an. Dort ging es darum, was eigentlich Handeln bedeutet, nämlich Initiative ergreifen, zusammen mit anderen etwas Neues beginnen. Revolution ist nun sozusagen Handeln im großen Maßstab, das Ereignis, mit dem in der Geschichte eine alte Ordnung über Bord geworfen und ein neuer Anfang gewagt wird. Der Mut und die Begeisterung, etwas Neues anzufangen, wobei man eigentlich keine rechte Vorstellung davon hat, was dabei herauskommt, das ist für Hannah Arendt etwas Mitreißendes, etwas »ganz Echtes«, eine elementare Erfahrung von Freiheit.

Gleichzeitig stellt sich die Frage, was aus diesem ersten spontanen Impuls wird. Wie kann man verhindern, dass er in Chaos und Gewalt endet? Wie kann man Einrichtungen und Absicherungen schaffen, um diesen Impuls zu erhalten und ihn zu stabilisieren?

Hannah Arendt beantwortet diese Fragen anhand der zwei wohl bekanntesten Revolutionen in der Geschichte: der Französischen Revolution und der Amerikanischen Revolution. Diese zwei historischen Ereignisse sind für sie Musterbeispiele dafür, wann eine Revolution glücken kann und wann sie missglücken muss.

Die Französische Revolution zeige einen Verlauf, der ab einem bestimmten Punkt von der ursprünglichen Richtung abweicht. Dieser Punkt war erreicht, als es den gemäßigten Girondisten nicht gelang, eine neue

Verfassung durchzusetzen, und die radikalen Jacobiner die Befreiung der Massen von Not und Leid zum obersten Ziel machten. »Die Republik? Die Monarchie? Ich kenne nur die soziale Frage«, rief Robespierre aus. Eben mit dieser neuen Fragestellung, so Hannah Arendt, habe sich die Revolution zum Scheitern verurteilt. Jetzt wurde das Mitleid mit dem Volk, mit den Unglücklichen und Notleidenden zur politischen Tugend. Mitleid ist jedoch nur gegenüber einem einzelnen Menschen möglich. Gegenüber einer Masse wird es abstrakt und wirkt sich politisch verheerend aus. Das Elend eines ganzen Volkes sprengt sozusagen das Fassungsvermögen des Mitleids und es neigt dann dazu, dieses maßlose Unglück auch mit maßlosen Mitteln abschaffen zu wollen, sprich mit Gewalt. So kommt es zu dem merkwürdigen Paradox, dass jemand aus Menschenliebe und Mitleid bereit ist, über Leichen zu gehen. »Immer wieder«, schreibt Hannah Arendt, »war es die Maßlosigkeit ihrer Emotionen, welche die Revolutionäre so seltsam unempfindlich für das faktisch Reale und vor allem für die Wirklichkeit von Menschen machte, die sie immer bereit waren, für die Sache oder den Gang der Geschichte zu opfern.«[3] Diese »emotionsgeladene Unempfindlichkeit« entsteht dann, wenn das Handeln von Wut geleitet wird und wenn das Ziel nicht mehr Freiheit ist, sondern »die schiere Wohlfahrt und das Glück«.

Ganz anders ist die Amerikanische Revolution verlaufen. In ihr spielte die soziale Frage so gut wie keine Rolle, weil das Land reich war und eine Massenarmut und wirkliches Elend wie in Frankreich nicht kannte. Der »Fluch der Armut«, so Hannah Arendt, lag für die amerikanischen Revolutionäre nicht nur in der materiellen Not, sondern auch in der »Dunkelheit«, nämlich darin, dass man »von dem Licht der Öffentlichkeit ausgeschlossen ist«. Dementsprechend lag den Gründervätern alles daran, Einrichtungen zu schaffen, die es so vielen wie möglich erlauben sollten, an der Meinungsbildung mitzuwirken. Statt dem ominösen »Willen des Volkes«, auf den sich die französischen Revolutionäre beriefen und der im Grunde nur ein Freibrief für Willkür war, gab es in Amerika Versammlungsstätten wie die »townhall meetings«, wo die einfachen Leute wirklich ihre Meinung äußern konnten. Statt Gewalt bildete sich auf diese Weise Macht, die auf einem gemeinsamen Willen beruhte. Der Grundgedanke dabei war, den revolutionären Aufbruch sozusagen immer wieder zu wiederholen. Und das hing in erster Linie davon ab, ob und in welcher Weise es gelang, den Einfluss der Bürger auf die Politik zu erhalten. Die Repräsentation durch Abgeordnete sollte nicht nur ein bloßer Ersatz für die direkte Teilnahme des Volkes sein. Im Hinblick auf die weitere Entwicklung schreibt Hannah Arendt: »Für eine vernünftige Meinungsbildung bedarf es des Meinungsaustauschs; um sich eine Meinung zu bilden, muss man dabei sein; und wer nicht dabei ist, hat entweder – im günstigsten Fall – gar keine Meinung oder er macht sich in den Massengesellschaften des neunzehnten und zwanzigsten Jahrhunderts aus allen möglichen, konkret nicht mehr gebundenen Ideologien einen Meinungsersatz zurecht.«[4]

Auch an der Universität von Chicago, wo Hannah Arendt lehrt, kommt es zu Studentenprotesten. Es gibt Sit-ins und Teach-ins und Vorlesungen werden bestreikt. Hannah sympathisiert mit den Studenten, bleibt aber auch skeptisch. Für sie ist wichtig, dass der Protest nicht ausufert und nicht der »Mob« die Führung übernimmt. Nach einer Veranstaltung gegen den Vietnam-Krieg, an der sie teilgenommen hat, schreibt sie an Jaspers: »Alles außerordentlich vernünftig und unfanatisch. So überfüllt, dass man kaum durchkam. Niemand schrie, niemand hielt Reden, und das in einer Art Massenveranstaltung. Wirkliche Diskussion und auch Information. Sehr angenehm.«[5]

Hannahs Meinung über den Vietnam-Krieg ist ziemlich eindeutig. Sie hält ihn für einen »verrückten, dreckigen, vergeblichen Krieg«. Es sei vor allem die Angst vor einem Vormarsch des Kommunismus in Asien, die alle vernünftigen Lösungen verbaue. Mit einigen sozialistischen oder kommunistischen Regierungen in Asien könnte Amerika sehr gut leben, meint sie. Aber für diese Lösungen sei es jetzt zu spät. Das Hauptproblem sei, wie Amerika aus diesem Konflikt wieder herauskomme. Hannah hält sich in der öffentlichen Diskussion über Vietnam zurück und hat auch nicht das Bedürfnis, sich einer Protestbewegung anzuschließen.

Ganz anders Mary McCarthy. In Paris sitzt sie wie auf Kohlen. Sie möchte auf irgendeine Weise gegen die amerikanische Politik in Vietnam demonstrieren. Aber als Ehefrau eines Diplomaten sind ihr die Hände gebunden. Mary hat Angst, dass der Krieg eskaliert. Sollte es dazu kommen, dass Hanoi bombardiert werde, meint sie, wäre es das Ende, soweit es sie betreffe. »Ich würde es nicht mehr akzeptabel finden, weiter Amerikanerin zu sein.«[6]

Mit ihren Zweifeln und Ängsten fühlt sich Mary McCarthy oft allein und in ihren Briefen aus Paris bekennt sie immer wieder, wie sehr Hannah ihr fehlt. »Liebe Hannah, ich vermisse dich schrecklich«, schreibt sie. »Ich habe richtig Heimweh nach dir.« Hannah geht es nicht anders. Seit der Eichmann-Affäre fühlt sie sich Mary noch verbundener. Viele andere Freunde haben sich ihr entfremdet. Sie ist zwar berühmter denn je – Ehrendoktortitel werden ihr verliehen und sie ist in das »National Institute for Arts and Letters« aufgenommen worden –, doch dieser Ruhm ist ihr auch lästig. »Mir machen die Vorträge keine Freude«, schreibt sie. »Wohin ich komme, überfüllte Säle; ich hasse das. Wenn ich auf Gesellschaften gehe, bin ich abgestempelt – berühmt! Es wird sich ja alles wieder geben, aber vorläufig ist es abscheulich! Mir ist zumute wie einem Tier, dem alle Zugänge versperrt sind – ich kann mich nicht mehr geben, weil mich niemand nimmt, wie ich mich gebe; alle wissen Bescheid. Nur die Ausgänge bleiben offen und ich gehe also nirgends hin oder gleich wieder weg. Aller Spaß ist futsch.«[7]

Was Hannah zusätzlich belastet, ist, dass sie zweimal im Jahr in Chicago unterrichten muss und Heinrich oft wochenlang nicht sieht. Dabei geht es ihm gesundheitlich nicht gut. Die Arbeit am Bard College kostet ihn viel Kraft. Die Sorge um ihn ist ihr ständiger Begleiter. »Wir sind nun 28 Jahre zusammen«, schreibt sie an Mary, »und ein Leben ohne ihn wäre undenkbar.«

Heinrich geht es nach einem anstrengenden Semester im Sommer 1965 wieder so gut, dass er Hannah auf ihrer alljährlichen Europareise begleitet. Sie besuchen Mary McCarthy im norditalienischen Bocca di Magra, wo sie mit ihrem Mann James West und dessen Kindern den Urlaub verbringt. Hannah und Heinrich bleiben nur wenige Tage und fahren dann weiter nach Basel zu Karl Jaspers.

Jaspers ist inzwischen ein sehr alter und sehr kranker Mann. Sein körperlicher Zustand ist, wie er meint, »nicht gerade gemütlich«. Er hat Darmblutungen, die mit Bluttransfusionen behandelt werden müssen, und ein Muskelrheumatismus verursacht bei jeder Bewegung Schmerzen. Geistig ist er noch sehr vital. Er hat dem Herausgeber des Nachrichtenmagazins *Der Spiegel*, Rudolf Augstein, ein Interview gegeben, in dem er die Politik der Adenauer-Regierung scharf kritisierte und auch Hannah Arendts Ansichten verteidigte. Daraufhin bekam er viele boshafte Briefe aus Deutschland. In einem wird er beschimpft als »Judenknecht«, »Verräter« und »steriles Reptil«. Jaspers' Kampfeslust kann das nicht anfechten. Er möchte noch einen Artikel über die Situation der Bundesrepublik schreiben und das geplante Buch über unabhängiges Denken am Beispiel von Hannah in Angriff nehmen, um ihrem »Trompetenstoß Nachhaltigkeit zu schaffen«. Doch Jaspers' Arbeitskraft lässt immer mehr nach. Er wird schnell müde und seine Hand schmerzt beim Schreiben. Hannah wird das Gefühl nicht los, es könnte das letzte Mal sein, dass sie ihn sieht.

Als Hannah und Heinrich wieder in New York zurück sind, müssen sie erfahren, dass sie einen anderen gemeinsamen Freund nicht mehr sehen werden. Randall Jarrell, Hannahs Märchenfigur, ist von einem Auto überfahren worden. Der Fahrer des Wagens berichtet, dass Randall direkt vor ihm auf die Fahrbahn gelaufen sei. Für Hannah ist es Selbstmord. Sie weiß, dass er seit langem in psychiatrischer Behandlung war. Und als sie ihn das letzte Mal sah, hatte er das Lachen, das sie so an ihm mochte, verloren, und es kam ihr vor, als schaue eine völlig fremde Person durch ihn hindurch. In ihren Erinnerungen an Randall Jarrell schreibt sie: »Randall jedenfalls hatte nichts, was ihn vor der Welt schützte – außer seinem herrlichen Lachen und dahinter einen riesengroßen, reinen Mut.«[8]

Der amerikanische Militäreinsatz in Vietnam nimmt massivere Formen an. Ende 1965 stehen 184 300 Amerikaner in Vietnam und die Zahl steigert sich fast täglich. Man will mit aller Gewalt Nordvietnam in die Knie zwingen. Die Stimmen in den USA gegen diesen Krieg werden immer lauter. Im Oktober führen Hannahs Freund Robert Lowell, der Schriftsteller Norman Mailer, Martin Luther King und andere Prominente einen Protestmarsch von 200 000 Menschen an, der zum Pentagon zieht. Die Zeitschrift *New York Review of Books* macht Mary McCarthy das Angebot, als Berichterstatterin nach Vietnam zu gehen. Mary lehnt ab, um ihren Mann nicht zu gefährden.

Auch an den amerikanischen Universitäten nimmt der Protest zu. In Chicago, wo Hannah im Frühjahr 1966 wieder unterrichtet, besetzen Studenten das Hauptgebäude. Hannah beteiligt sich an deren Diskussionen. Sie unterstützt das Anliegen der Studenten, mehr Mitspracherecht an der Universität zu erhalten. Manche rufen bei ihr mitten in der Nacht an, um sie um Rat zu fragen. Hannah macht ihnen klar, dass sie das besetzte Gebäude bald wieder räumen und eine Niederlage einstecken müssten. Dennoch ist sie beeindruckt davon, dass die Studenten sich immer an die

»parlamentarischen Spielregeln« halten und keinen Augenblick »ein Mob« sind.

In diesem Semester muss Hannah das erste Mal Kollegs ausfallen lassen, weil sie mit Grippe und Fieber im Bett liegt. »Werde alt!«, schreibt sie an Jaspers. Hannah sieht ihrem sechzigsten Geburtstag entgegen. Das Altwerden macht ihr nichts aus. Allerdings möchte sie in Ehren ergrauen und sich keine künstliche Jugendfrische erhalten. Auch der Gedanke an den Tod macht ihr keine Angst. »Ich habe immer gerne gelebt«, bekennt sie Jaspers, »aber so gerne, dass es immer weiterdauern sollte, wieder auch nicht. Mir war der Tod immer ein angenehmer Genosse – ohne Melancholie. Krankheit wäre mir sehr unangenehm, lästig oder schlimmer. Was ich gerne hätte, wäre ein sicheres, anständiges Mittel zum eventuellen Selbstmord; ich hätte es gern in der Hand.«[9]

Bei Jaspers trifft Hannah mit solchen Überlegungen auf vollstes Verständnis. Seit der Nazizeit lebt er mit dem Gedanken an Selbstmord, und was die »anständigen Mittel« betrifft, ist er Experte. Er schildert Hannah ausführlich, welche Pharmaka wie Zyankali, Morphium oder Veronal in Frage kommen, wie man sie zu sich nimmt und welche Vor- und Nachteile sie haben. Was ihn jedoch »verdrießlich« macht, ist, dass man so schwer an diese Mittel herankommt. »Die ›freie Welt‹ ist nicht frei«, empört er sich, »denn sie verbietet den Selbstmord.«

Karl Jaspers' Zustand ist schlechter geworden. Die Schmerzen in den Gelenken können nur noch mit Spritzen gemildert werden. Hannah Arendt hält er über seine Krankheit auf dem Laufenden. Er berichtet detailliert und sachlich über den Befund der Ärzte und seine Behandlung. Hannah bewundert die »ruhige Souveränität«, mit der er beschreibt, »wie es ist«. »Dass man im Guten und Bösen dem Wirklichen die Treue halten muss«, meint sie, »darauf läuft doch alle Wahrheitsliebe heraus und alle Dankbarkeit dafür, dass man überhaupt geboren wurde.«[10]

Sie besucht Karl Jaspers im September. Er ist nur mehr ein Schatten seiner selbst. Aber er möchte noch immer das Buch über Hannah schreiben. Sie kann ihn schließlich überreden, dieses Projekt fallen zu lassen, was ihn sehr zu erleichtern scheint. Zum Abschied schenkt er ihr ein Perlencollier.

Auch Mary McCarthy kommt in die Schweiz, um sich mit Hannah zu treffen. Mary macht es sehr zu schaffen, dass sie in ihrem politischen Engagement zur Untätigkeit verdammt ist. Bald darauf erneuert der *New York Review of Books* sein Angebot, sie als Berichterstatterin nach Vietnam zu schicken. Diesmal sagt sie zu.

Vor ihrer Abreise nach Vietnam, am 2. Februar 1967, kommt Mary noch einmal nach New York. Sie bringt eine Kiste erstklassigen Rotweins mit, »den ich«, wie Hannah gesteht, »langsam, aber sicher wegsaufe«.

Mary muss in New York ihre Reise vorbereiten. Sie lässt sich einen normalen Pass ausstellen, denn mit dem Diplomatenpass, den sie besitzt, möchte sie nicht reisen. Und sie verfasst ein Testament. »Du bekommst zwei kleine Schmuckstücke«, schreibt sie an Hannah, »die dir bestimmt stehen.«[11]

XX. Abschiede

»Der Umgang mit den Toten – das will gelernt sein.«

Im Februar 1967 beginnt für Heinrich Blücher das letzte Semester am Bard College. Danach will er in Pension gehen. Am Semesterende hält er eine Schlussvorlesung für den Common Course, einen philosophischen Grundkurs, den er selbst am Bard College eingeführt hat. Er spricht über Sokrates, mit dem er sich seelenverwandt fühlt, auch deswegen, weil es dem griechischen Philosophen wichtiger war, mit den Leuten auf dem Marktplatz zu reden, als große Werke zu hinterlassen.

Für Sokrates, so führt er aus, waren die Beziehungen zu Menschen das Wichtigste, und er unterschied hier drei Arten: die Beziehung zu sich selbst – die Philosophie; die Beziehung zu anderen Menschen – die Erotik; und die Beziehung zur Menschheit – die Politik. Für Heinrich Blücher gehören alle drei Bereiche zusammen, keiner darf sich unabhängig von den anderen entfalten und immer muss der Mensch im Mittelpunkt bleiben. »Wir sind nur zu bereit gewesen«, meint er, »das Leben für alle möglichen Sachen zu opfern, die angeblich höher stehen als der Mensch, und das Resultat ist nicht besonders; es ist Nihilismus. Der erste Schritt, um aus dieser Lage herauszukommen, ist, mit dem anzufangen, was Sokrates als Erster getan hat: zu philosophieren und zu prüfen, wer der Mensch ist und was er werden kann.«[1]

Heinrich Blücher ist bei seinen Studenten beliebter denn je. Und das ist wohl auch der Grund dafür, warum er es mit seiner Pensionierung nicht so genau nehmen will. Er lässt sich dazu überreden, im September wieder nach Bard zu kommen und Vorlesungen zu halten. Aber mit Verwaltungsaufgaben will er nichts mehr zu tun haben. Er hat vor, sein neues Leben als Pensionär zu genießen und viel Zeit zu Hause und mit Reisen zu verbringen.

Hannah will sich Heinrichs neuer Situation anpassen. Darum hat sie sich entschieden, das Angebot der »New School for Social Research« in New York anzunehmen und dort ab Februar 1968 ein Semester im Jahr zu unterrichten. Es fällt ihr nicht leicht, von Chicago wegzugehen. Die Studenten dort sind ihr ans Herz gewachsen. Aber sie will einfach nicht mehr länger zwischen New York und Chicago mit dem Flugzeug hin- und herpendeln und wochenlang von Heinrich getrennt sein.

Ende März 1967 fliegt sie nach Chicago, zu ihrem letzten Semester dort. Ihre Studenten holen sie vom Flughafen ab, sie wird auf Partys eingeladen und man drängt sie dazu, zusätzliche Seminare zu halten, sogar am Sonntag. Die Studenten schätzen sie als Lehrerin, trotzdem oder gerade weil sie auch sehr unerbittlich in ihrem Urteil sein kann. Einem jungen Mann beispielsweise, der bei ihr seine Doktorarbeit eingereicht hat, gab sie das sorgfältig korrigierte Manuskript mit der Bemerkung zurück: »Nun, mein Lieber, wenn das stimmen würde, dann wäre es revolutionär, aber ich fürchte, es ist schlicht falsch.« Die Studenten in Chicago wollen Hannah nicht so einfach ziehen lassen. Sie muss versprechen, im Herbst noch einmal zu kommen, zu einem Kompaktseminar.

Im Juni haben Hannah und Heinrich ihre Kurse hinter sich. Hannah sitzt in der Wohnung am Riverside Drive und hört gespannt die neuesten Radiomeldungen aus Israel. Die Israelis haben nach massiven Kriegsdrohungen arabischer Staaten, vor allem von Seiten des ägyptischen Präsidenten Gamal Abdel Nasser, einen Überraschungsangriff gestartet. Am 5. Juni überflogen israelische Flugzeuge die Grenze nach Ägypten und zerstörten einen Großteil der ägyptischen Luftwaffe am Boden. In den folgenden Tagen erringt die israelische Armee auch Siege gegen Jordanien und Syrien. Nach diesem so genannten »Sechstagekrieg« haben die Israelis auf der ganzen Linie gesiegt und große Landstriche erobert. Die israelische Bevölkerung ist im Freudentaumel. Und Hannah teilt diese Freude. »Das haben die Israelis wirklich hervorragend gemacht«, meint sie. Und sie entschließt sich, bei ihrer für den Sommer geplanten Europa-Reise auch einen Abstecher nach Israel zu machen.

Mitte Juli fliegen Heinrich und sie nach Zürich und

von dort weiter nach Basel, wo sie die Jaspers besuchen. Karl Jaspers kann sich mittlerweile nicht mehr ohne Schmerzen bewegen. Er hat sich Schreibtisch und Schreibtischstuhl erhöhen lassen, damit das Hinsetzen und Aufstehen für ihn mit weniger Beschwerden verbunden ist. Hannah berührt es unangenehm, dass er seine Gebrechlichkeit überspielen will. Auch das Gespräch ist schwierig, weil Jaspers kaum noch etwas hört.

Jaspers hat sich bis vor drei Jahren immer wieder Notizen zu Martin Heidegger gemacht. In seiner letzten Notiz aus dem Jahr 1964 bezeichnet er Heidegger als »mein höflicher Feind«. Und er schreibt weiter: »Denn die Mächte, denen wir dienten, waren unvereinbar. Bald schien es, dass wir gar nicht miteinander sprechen konnten. Die Freude wurde zum Schmerz, zu einem eigentümlich trostlosen, als ob eine Möglichkeit versäumt würde, die greifbar nah war.«[2]

Hannah Arendt verspürt einen ähnlichen Schmerz wie Jaspers. Aber für sie ist das Kapitel Heidegger noch nicht abgeschlossen. Und sie möchte keine Gelegenheit versäumen, sich mit ihm doch noch auszusöhnen. Trotz der letzten Verstimmungen fährt sie nach Freiburg. Heidegger hat ihr zum sechzigsten Geburtstag eine Glückwunschkarte und ein Gedicht mit dem Titel *Herbst* geschickt. Sie nimmt das als günstiges Zeichen. Außerdem hat sie Heidegger mit ihrem Freund Glenn Gray, einem Philosophie-Professor, in Verbindung gebracht, der die englischsprachige Ausgabe von Heideggers gesammelten Werken betreuen soll.

Heidegger ist erfreut über ihren Besuch. Er ist achtundsiebzig Jahre alt und in Abschiedsstimmung. Hannah sitzt mit ihm in seinem Arbeitszimmer im ersten Stock des Hauses im Rötebuckweg 47 in Freiburg. Heidegger schenkt ihr ein Exemplar seines neuesten Buches *Der Ursprung des Kunstwerks* mit der handschriftlichen Widmung: »Für Hannah zur Erinnerung an unser Wiedersehen, Martin, Frg., 27. Juli 1967.« Hannah wäre gerne länger mit ihm allein. Aber immer muss Elfride Heidegger stören. Sie lässt sich auch anmerken, wie unmöglich sie es findet, dass Hannah mit ihren Zigaretten alle Räume voll qualmt. Doch Hannah macht gute Miene zum bösen Spiel. Schließlich will sie Heidegger noch öfter sehen und sie weiß, dass dabei kein Weg an seiner Frau vorbeiführt. Zum Abschied beschließen die beiden Frauen sogar, sich zu duzen. Und Hannah verspricht, im nächsten Jahr wieder zu kommen – dann mit ihrem Mann Heinrich.

Bevor sie mit Heinrich am 30. August wieder in die Staaten zurückreist, fliegt Hannah allein für eine Woche nach Israel. Sie lässt sich von ihren Verwandten jeden Tag von früh bis spät durchs Land fahren, inoffiziell, damit die Presse nichts von ihrem Aufenthalt erfährt. Im Gegensatz zu ihren früheren Besuchen fühlt sie sich dieses Mal »richtig wohl«. »Und was das Land selbst anlangt«, schreibt sie an Jaspers, »so merkt man deutlich, von einer wie großen Angst sie plötzlich befreit sind. Das trägt entschieden zur Verbesserung des Nationalcharakters bei.«[3]

Heinrich zuliebe, der immer noch widerwillig ein Flugzeug besteigt, reisen die beiden mit dem Schiff von Genua aus nach Amerika zurück. Die lange Seefahrt hat für Heinrich ein »dickes Ende«. Er bekommt eine Venenentzündung und muss sich zu Hause in New York gleich hinlegen, mit hochgelagertem Bein. Hannah findet, er sehe aus wie eine Karikatur: »Älterer Herr mit Gicht.« Heinrich selbst fühlt sich an Charlie Chaplin in einem seiner Filme erinnert. Was ihn allerdings betrübt, ist, dass er sein Versprechen, noch einmal an das Bard College zu kommen, nicht einhalten kann. Hannah würde liebend gern zu Hause bleiben und Heinrich pflegen. Doch sie muss ein letztes Mal nach Chicago. Vorher aber bekommt sie noch Besuch von Mary McCarthy.

Mary hat ihr Vietnam-Abenteuer unversehrt überstanden und die Reportagen über ihre Reise sind bereits erschienen. Im Sommer hat sie sich zusammen mit ihrem Mann James West ein Haus in Castine im Bundesstaat Maine gekauft. Es soll für das Ehepaar, das nach wie vor die meiste Zeit des Jahres in Paris verbringt, ein zweiter Wohnsitz in Amerika sein.

Mary will sich noch stärker gegen den Vietnam-Krieg engagieren, der zu einem gigantischen Vernichtungskrieg ausgeartet ist. 486 000 amerikanische Soldaten befinden sich Ende 1967 in Vietnam. Es wird mehr Sprengstoff auf das Land abgeworfen als an allen Fronten des Zweiten Weltkriegs zusammen. Das Resultat sind zerbombte Städte, von Chemikalien entlaubte Wälder, Millionen von Flüchtlingen – und fanatisierte Nordvietnamesen, deren Durchhaltewillen der amerikanische Bombenterror nur noch zu verstärken scheint.

Mary McCarthy reist noch einmal nach Vietnam, im März 1968. Dieses Mal in die nordvietnamesische Hauptstadt Hanoi. Als sie im Mai wieder nach Paris zurückkommt, ist die Stadt in hellem Aufruhr. Die Studentenunruhen in Amerika haben nun auch auf Europa übergegriffen. An der Universität, der Sorbonne, bricht der Vorlesungsbetrieb zusammen. Es kommt zu Straßenschlachten und Studenten besetzen das Theater Odéon im Quartier Latin, um es zu einem Forum für Diskussionen zu machen. Mary McCarthy berichtet Hannah begeistert darüber, wie »junge Arbeiter, Geschäftsleute, ein Armeeoberst, Schullehrer, ein Cafékellner, hübsche junge Hausfrauen« im Odéon das Wort ergreifen.[4] Hannah ist erfreut zu hören, dass der Sohn alter Freunde, die sie in den dreißiger Jahren in Paris gekannt hatte, einer der Anführer der Revolte ist. Er heißt Daniel Cohn-Bendit, genannt der »Rote Danny«. Sie schickt ihm sogar einen Brief, worin sie ihm finanzielle Unterstützung anbietet.

Hannah Arendts Meinung über die Studentenunruhen in Frankreich und in Deutschland ist jedoch keineswegs nur zustimmend. Sie findet es großartig, dass die Studenten die Entdeckung gemacht haben, dass man die gesellschaftlichen Verhältnisse miteinander und aus eigener Kraft ändern kann. Aber die Wolke von Theorien, die sich über diesen Aktionen erhebt, ist für sie enttäuschend »steril« und zeugt von großer Hilflosigkeit.[5] Besonders der so genannten Neuen Linken in Deutschland wirft sie vor, mit Schlagworten aus dem 19. Jahrhundert um sich zu werfen und theoretisch so verstiegen zu sein, »dass sie gar nicht sieht, was ihr vor der Nase liegt«. Anstatt in der wirklich brisanten Frage nach der Oder-Neiße-Linie Stellung zu nehmen, würden die deutschen Studenten gegen Vietnam und den Schah demonstrieren, also gegen Missstände, die weit weg sind und die zu kritisieren mit keinerlei Risiko verbunden ist. Am bedenklichsten ist für Hannah Arendt jedoch die »merkwürdige Verzweiflung«, die sie hinter allen Aktionen und Parolen der Studenten wahrnimmt. Es kommt ihr so vor, als könnte die Welt für diese Revoluzzer nicht schlecht genug sein, um ihren Kampf zu rechtfertigen. »Treibt es weiter, treibt es weiter«, so scheinen sie der Gesellschaft zuzurufen. »Und dahinter die Überzeugung: Alles ist wert, dass es zugrunde geht.«

Im Sommer 1968 hat Hannah andere Sorgen, als sich über die »Bomben werfenden Kinder« in Europa den

Kopf zu zerbrechen. Heinrich Blücher sollte vom Bard College Mitte Juni der Ehrendoktor verliehen werden. Kurz vor der feierlichen Zeremonie im College hat er einen Herzanfall; »keinen Infarkt«, wie Hannah erleichtert an Jaspers schreibt. Er wird in eine Klinik eingeliefert, wo sich sein Zustand schnell bessert. Nach wenigen Tagen kann er wieder entlassen werden. Zu Hause muss er zwar eine Diät einhalten, aber er deckt sich reichlich mit Whiskey ein und der Arzt hat ihm auch erlaubt, »in Maßen« seine Pfeife und seine Zigarren zu rauchen.

Um die Zeremonie nachzuholen, kommt eine Abordnung des Bard College samt dem Präsidenten in die Wohnung am Riverside Drive. Hannah serviert Champagner und Kaviar, von dem der frisch gebackene Dr. h. c. Heinrich Blücher allerdings nichts essen darf.

Wegen Heinrichs Erkrankung hat Hannah ihre diesjährige Europareise abgesagt. Aber nachdem er sich so schnell wieder erholt hat und sie gemeinsam ein paar ruhige Tage in Palenville verbracht haben, entschließt sie sich doch, wie sie an Jaspers schreibt, »schnell mal rüberzukommen«.

Anfang September ist Hannah zu Besuch in dem kleinen Haus der Jaspers in der Austraße in Basel. Karl Jaspers kann sich nur noch mit Hilfe eines Gestells mühsam fortbewegen. Doch Hannah findet ihn umgänglicher als vor einem Jahr, weil er seinen Verfall nicht mehr verheimlichen will und »kein Theater mehr zu spielen braucht«. An Heinrich berichtet sie: »Er sagt: Das Leben *war* schön. Ich sage: Du denkst doch immer noch: Das Leben ist schön. Er sagt: ›Du hast Recht. Ich weiß, ich bin ein Gerümpel. Es ist mir manchmal peinlich und es tut mir Leid für die anderen. Wie langweilig für dich. Aber ich für mich bin zufrieden.‹«[6]

Hannah telefoniert von Basel aus auch mit Heinrichs altem Freund Robert Gilbert, der in der Nähe von Locarno wohnt. Gilbert will die beiden dazu überreden, in die Schweiz zu ziehen und dort ihren Lebensabend zu verbringen. Hannah reizt der Gedanke sehr. In den letzten Jahren fühlt sie sich in New York nicht mehr recht wohl. Die Kriminalität in der Stadt ist stark angestiegen. Sie traut sich kaum mehr allein auf die Straße oder in einen Aufzug. Auch die Gewalt und der Fanatismus im öffentlichen Leben schrecken sie ab. Im April ist Martin Luther King und im Juni der Bruder von John F. Kennedy, Robert Kennedy, ermordet worden. Der Vietnam-Krieg scheint außer Kontrolle zu geraten. Und dass Präsident Johnson auf eine erneute Kandidatur verzichtet und der neue Präsident wahrscheinlich Richard Nixon heißen wird, erfüllt Hannah auch nicht gerade mit Zuversicht. Vor allem aber stört sie, dass sie durch die Eichmann-Affäre so ins Licht der Öffentlichkeit gezerrt worden ist. Das Leben in der Schweiz erscheint ihr dagegen wohltuend ruhig und anonym. »Der Hafen in der Schweiz«, schreibt sie aus

New York an Mary McCarthy, »hat mehr mit dem Alter zu tun und dem Wunsch, weniger exponiert zu leben, als es hier möglich ist.«[7]

Anfang des Jahres 1969 wollen Hannah und Heinrich für ein paar Wochen in die Schweiz fahren, um sich »die Sache mal anzusehen«. Doch am 26. Februar bekommen sie ein Telegramm von Gertrud Jaspers: »Karl gestorben MEZ 13.43.«

Hannah Arendt fliegt sofort nach Basel. Am 4. März 1969 findet eine öffentliche Gedenkfeier der Universität Basel für Karl Jaspers statt, auf der sie eine Ansprache hält, die sie mit den Sätzen schließt: »Das, was an einem Menschen das Flüchtigste und doch zugleich das Größte ist, das gesprochene Wort und die einmalige Gebärde, das stirbt mit ihm und das bedarf unser, dass wir seiner gedenken. Das Gedenken vollzieht sich im Umgang mit dem Toten, aus dem dann das Gespräch über ihn entspringt und wieder in die Welt klingt. Der Umgang mit den Toten – das will gelernt sein, und damit fangen wir jetzt an in der Gemeinsamkeit unserer Trauer.«[8]

Zum Umgang mit dem Toten gehört für Hannah auch, dass sie mehrere Monate Schwarz trägt. Dazu bindet sie sich oft Schals in leuchtenden Farben um. Sie weiß, dass Jaspers sich gewünscht hat, seine Frau solle auf der Beerdigung zum Trauerkleid einen großen weißen Kragen anziehen, zum Zeichen, dass sein Tod ein guter Tod sei.

Hannah Arendt hält die Erinnerung an Karl Jaspers auch auf andere Weise aufrecht. Sie kümmert sich darum, dass seine Werke in den USA erscheinen. Und in ihren Seminaren und Vorlesungen regt sie ihre Studenten an, Bücher von Jaspers zu lesen.

Nur für kurze Zeit kehrt sie nach New York zurück, um ihren Verpflichtungen an der »New School for Social Research«, wo sie seit einem Jahr lehrt, nachzugehen. Gleich nach Ende des Semesters wollen Heinrich und sie die geplante Reise in die Schweiz nachholen.

Ende Mai 1969 reisen sie nach Locarno am Lago Maggiore. In Tegna, einem kleinen, malerischen Dorf oberhalb von Locarno mieten sie sich in einem Gasthof, der »Albergo Barbaté«, ein. Hier verbringen sie den ganzen Sommer bis zum August. »Es ist so schön und so ruhig hier«, schwärmt Hannah, »dass man die ganze Welt vergisst.«[9] Sie bekommen viel Besuch, unter anderem von Mary McCarthy und den Kindern von Hannahs israelischer Familie. Bevor sie wieder nach New York zurückfliegen, fahren sie gemeinsam zu den Heideggers nach Freiburg.

Die Stimmung bei diesem Besuch ist herzlich und entspannt, auch wenn Elfride nun zwei Raucher ertragen muss. Die Heideggers planen, in ihrem Garten ein ebenerdiges, kleines Haus bauen zu lassen, um dem inzwischen gebrechlichen Martin das Treppensteigen zu ersparen. Um den Bau zu finanzieren, wollen sie das Manuskript von *Sein und Zeit* verkaufen. Elfride hat in dieser Sache Hannah schon im April um Rat gebeten und Hannah hat sich bei Fachleuten in Amerika erkundigt. 100 000 Mark will die Universität Texas für das Manuskript bezahlen.

Martin Heidegger wird am 26. September achtzig Jahre alt. Seine Heimatgemeinde will den Geburtstag ihres berühmten Sohnes groß feiern. Zu diesem Anlass hat Martin Heideggers Bruder Fritz ein Büchlein verfasst. Heidegger schenkt dem Besuch ein Exemplar mit der Widmung: »Für Hannah und Heinrich – von Martin und Elfride.«

Hannah Arendt hat Heidegger versprochen, für die Festschrift zu seinem achtzigsten Geburtstag einen Beitrag zu liefern. In New York macht sie sich gleich daran, den Aufsatz zu schreiben, der dann am Tag von Heideggers Geburtstag im Bayerischen Rundfunk gesendet wird. Der Aufsatz ist eine Hommage an ihren alten Lehrer, sie erwähnt darin aber auch Heideggers Verstrickungen in den Nationalsozialismus. Heidegger habe sich wie Platon auf die Politik eingelassen und Zuflucht zu Führern genommen, schreibt sie. Das sei eine Versuchung, der viele Denker erliegen, eine »déformation professionnelle«. Was sie mit dieser Berufskrankheit meint, das spricht sie deutlich in einer später hinzugefügten Anmerkung aus. Der entscheidende »Irrtum« Heideggers habe darin bestanden, »der Wirklichkeit in den Gestapokellern und den Folterhöllen der Konzentrationslager, die unmittelbar nach dem

Reichstagsbrand entstanden, in angeblich bedeutendere Regionen auszuweichen«.[10]

Den Sommer 1970 verbringen Hannah Arendt und Heinrich Blücher wieder in dem kleinen Dorf Tegna am Lago Maggiore. Hannah wünscht sich, sie könnte monatelang in diesem Paradies bleiben: »[...] keine Vorlesungen, keine Verpflichtungen, kein Haushalt. Und, bitte, ein bisschen Langeweile – Langeweile in kleinen Dosen ist so gesund.« Zusammen mit Heinrich unternimmt sie Ausflüge an den Comer See. Und manchmal fahren sie mit dem kleinen Zug, den Hannah »Bimmel-Bammel« nennt, nach Locarno, um Robert Gilbert zu besuchen. Im September holen die Verpflichtungen Hannah doch wieder ein und sie und Heinrich müssen zurück nach New York.

Am 30. Oktober hält Hannah einen Vortrag in der »New School« über das Thema *Denken und moralische Erwägungen*. Anschließend laden sie noch Glenn Gray zu sich nach Hause ein. Heinrich ist bester Stimmung und lässt sich seinen Whiskey schmecken.

Am nächsten Morgen beim Frühstück wird ihm plötzlich übel und er muss sich auf die Couch legen. Er hat einen Herzinfarkt. Hannah ruft sofort den Notarzt. Doch Heinrich scheint zu wissen, dass ihm niemand mehr helfen kann. Er nimmt Hannahs Hand und sagt ihr leise: »Das war's.«

Heinrich Blücher stirbt noch am Abend im Mount

Sinai Hospital. Hannah ruft einen Freund an und lässt sich von ihm zusammen mit dem toten Heinrich fotografieren.

Die Trauerfeier für Heinrich Blücher findet am 4. November 1970 in der Riverside Memorial Chapel statt. Hannah Arendt lässt die jüdische Trauerliturgie, das Kaddisch, beten. Ihr gefällt, wie der Tod in diesen Gebeten gesehen wird. »Beklage dich nicht«, so umschreibt sie diese Vorstellung, »wenn etwas genommen wird, das dir gegeben war, das du aber nicht notwendigerweise *besaßest*. Und vergiss nicht, um genommen zu werden, musste es erst gegeben werden. Wenn du zu besitzen glaubtest, wenn du vergessen hast, dass es gegeben war, dann ist es eben schlimm für dich.«[11]

Heinrich Blücher wird auf dem kleinen Friedhof des Bard College beigesetzt. Der Friedhof ist ein Stück Wald. Die Grabstellen sind keine richtigen Gräber, sondern nur verstreut liegende Gedenksteine. »Sehr gut, sehr richtig«, meint Hannah.

Am Tag nach Heinrichs Tod hatten sich viele Freunde in der Wohnung am Riverside Drive versammelt. Unter ihnen auch Mary McCarthy, die aus Paris angereist war. Hannah war ratlos. Sie fragte in die Runde: »Wie soll ich jetzt leben?«

XXI. Frei wie ein Blatt im Wind

»Ich will mich nur noch mit transpolitischen Dingen abgeben.«

Schon am Tag nach der Trauerfeier am Bard College hält Hannah Arendt ein Seminar an der »New School«. Es wird sogar ein sehr gutes Seminar, aber Hannah weiß nicht so recht, ob sie sich schämen soll, dass sie gleich wieder mit der Arbeit weitermacht. »Die Wahrheit ist«, schreibt sie an Mary McCarthy, »dass ich vollkommen erschöpft bin, wenn du das nicht als Superlativ von Ermüdung verstehst. Ich bin nicht müde, oder nicht sehr müde, nur erschöpft. Ich funktioniere ganz gut, aber weiß, dass das kleinste Missgeschick mich aus dem Gleichgewicht werfen könnte. Ich glaube nicht, dass ich dir erzählt habe, dass ich während zehn langer Jahre beständig Angst hatte, dass genau so ein plötzlicher Tod eintreten würde. Wo Furcht war und die Panik, da ist nun einfach Leere. Manchmal meine ich, ich könnte ohne diese Schwere in mir nicht mehr gehen. Und es stimmt, ich fühle mich, als ob ich schwebe. Wenn ich auch nur ein paar Monate vorausdenke, wird mir schwindlig.«[1]

Kurz vor Weihnachten 1970 kommt Anne Weil nach New York. Sie will einige Wochen bleiben und Hannah im Haushalt helfen. Als Anne eines Tages vom Einkaufen zurückkommt und die Wohnungstür aufsperrt, hört Hannah, die im Wohnzimmer mit einem Studenten sitzt, die vertrauten Geräusche und ruft: »Heinrich, lass deine Galoschen an der Tür stehen.« Als Anne Weil daraufhin ins Wohnzimmer tritt, stöhnt Hannah nur auf und sinkt in ihren Sessel zurück, ohne etwas zu sagen.[2]

Die Erinnerungen an Heinrich verfolgen Hannah auf Schritt und Tritt. Doch sie denkt nicht daran, ihre Wohnung zu verlassen. Sie braucht die »Gegenwart der Abwesenheit«, die in jeder Ecke des Apartments lebendig ist. Manchmal sitzt sie auch in Heinrichs Zimmer an seiner Schreibmaschine, weil ihr das etwas gibt, wie sie sagt, »woran ich mich festhalten kann«.

Ein großer Halt ist für sie auch die Freundschaft zu Mary McCarthy. Im Frühjahr begleitet sie Mary und ihren Mann auf einer Reise durch Sizilien. Und im Juli nimmt sie Marys Einladung an, einige Wochen in ihrem neuen Haus in Castine zu verbringen. Damit Hannah sich zurückziehen kann, richtet Mary für sie die Gästewohnung über der Garage ein. Doch sie merkt sehr bald, dass sie gegenüber ihrer Freundin nicht zu fürsorglich sein darf. Mary hat Sardellenpaste besorgt, weil sie weiß, dass Hannah das gerne isst. Als Hannah nach ihrer Ankunft die kleine Tube Sardellenpaste in der Speisekammer entdeckt, reagiert sie verstimmt. »Wir sprachen kein Wort mehr darüber«, erinnerte sich Mary McCarthy. »Aber ich wusste, dass ich etwas falsch gemacht hatte in meinem Bemühen, ihr zu gefallen. Sie wollte nicht auf diese seltsam begrenzte und gleichsam verführerische Weise *gekannt* sein.«[3]

In der Wohnung über der Garage findet Hannah Arendt die Ruhe, die sie braucht, um wieder zu arbeiten. Sie schreibt einen Essay über *Die Lüge in der Politik*. Anlass dafür sind die sogenannten »Pentagon-Papers«, die im Juni auszugsweise von der *New York Times* veröffentlicht worden sind. Es handelt sich dabei um geheime Dokumente aus dem Verteidigungsministerium, in denen die amerikanische Politik in Vietnam beschrieben wird. Für Hannah Arendt zeugen diese Dokumente von einer erschütternden Realitätsferne der politischen Führung in Washington, insbesondere jener Berater des Präsidenten, die sie »Problem-Löser« nennt. Diese Problem-Löser würden viel Intelligenz darauf verwenden, Szenarien zu entwerfen und Theorien aufzustellen, um die Ereignisse berechenbar zu machen. Dabei ignorieren sie jedoch die tatsächlichen Gegebenheiten. Wovon sie allein geleitet werden, so Hannah Arendt in einem Interview, ist ein »Image«, das sie mit allen Mitteln aufrechterhalten wollen. Seit den Pentagon-Papieren wisse man, »dass Amerika diesen ganzen Krieg um sein Image geführt hat – entweder wollte jemand die nächsten Präsidentenwahlen gewinnen (wer will schon der erste Präsident sein, der einen Krieg verliert?) oder aber es ging um das Image Amerikas in der Welt, um den Beweis, dass es wirklich die größte Macht der Welt ist. Doch damit nicht genug. Man wollte unbedingt, dass die Welt auch daran *glaubt*, dass Amerika das stärkste Land der Welt ist.«[4]

Das Schlimme an dieser Propaganda ist für Hannah Arendt, dass die »image-maker« selbst auf ihre Vorstellungen hereinfallen. Ein kaltblütiger Lügner, so führt sie aus, weiß noch, dass er die Unwahrheit sagt, aber bei einem Lügner, der sich selbst betrügt, hat die Realität keine Chance mehr. Darum kommt für sie alles darauf an, dass man sich nicht selbst belügt. Und sie zitiert in diesem Zusammenhang aus einem Roman von Dostojewski, wo es heißt: »Wer sich selbst belügt und auf seine eigene Lüge hört, kommt schließlich dahin, dass er keine einzige Wahrheit mehr weder in sich noch um sich unterscheidet.«[5]

Hannah Arendts Überlegungen zu Politik und Wahrheit finden ein großes Echo. Sie wird von mehreren Universitäten eingeladen, um über dieses Thema zu sprechen, und dazu muss sie kreuz und quer durchs Land reisen. Zu diesen Belastungen kommen noch die normalen Vorlesungen an der »New School« und verschiedene Tagungen, an denen sie teilnimmt. Ende 1971 ist sie wirklich erschöpft. Ihr Arzt stellt bei ihr eine Angina fest und rät ihr, weniger zu arbeiten und gesünder zu leben. Hannah reagiert auf solche Mahnungen wie immer recht unwirsch. »Und auch meine Angina-Sache ist bestätigt«, schreibt sie an Mary McCarthy, »oder jedenfalls glaubt das mein Arzt. Auf keinen Fall schlimm genug, um sich darüber aufzuregen. Aber natürlich das übliche Gerede – langsamer treten, mit dem Rauchen aufhören etc. Da ich sicher nicht für meine Gesundheit leben werde, werde ich tun, was ich für richtig halte – alles vermeiden, was mich in eine unerfreuliche Situation bringen könnte, womit ich eine Situation meine, in der ich gezwungen bin, Umstände zu machen.«[6]

Natürlich gibt Hannah das Rauchen nicht auf. Aber immerhin macht sie sich schon Gedanken über ihre Pensionierung. Bisher war ihre finanzielle Absicherung noch völlig ungeklärt. Nun hat sich die »New School«, an der sie lehrt, zu einer Regelung über ihre Pensionierung bereit gefunden. Und im Dezember 1971 erhält sie die Nachricht, dass ihr in Deutschland gestellter Antrag auf Entschädigung im zweiten Anlauf tatsächlich erfolgreich war. Ihr sehr energischer Anwalt hat die Sache bis zum Bundesverfassungsgericht durchgefochten und eine Entscheidung erwirkt, die als »Lex Arendt« beispielhaft für ähnliche Fälle wird. Demnach wird Hannah die Pension eines Hochschullehrers zugesprochen und ihr werden rückwirkend die entgangenen Gehälter gezahlt.

Hannah Arendt ist damit reich. Dennoch geht es ihr nicht gut. Sie fühlt sich einerseits frei »wie ein Blatt im Wind« und andererseits verleihen ihr die Erinnerungen eine merkwürdige Schwere. Diese Erinnerungen werden wieder sehr lebendig, als sie im Sommer 1972 nach

Europa reist. Sie besucht Gertrud Jaspers in Basel, die mit ihren vierundneunzig Jahren noch erstaunlich rüstig ist, aber unter einer altersbedingten Vergesslichkeit leidet. »Wir beide, die wir unsere Männer verloren haben«, sagt sie zu Hannah bei der Begrüßung. Und zehn Minuten später fragt sie: »Wie geht es Heinrich?«

Im August fährt Hannah Arendt an den Comer See, wo sie als Gast der Rockefeller Foundation in einer schlossartigen Villa mit riesigem Park wohnt. Die Villa ist voll mit Professoren aus aller Herren Länder, die sich vom Flair der Umgebung inspirieren lassen sollen. Viele der Professoren werden von ihren Ehefrauen begleitet. Einige dieser Frauen seien, so Hannah, »schlicht verrückt, andere spielen Klavier oder tippen eifrig die Nicht-Meisterwerke ihrer Ehemänner«. Hannah genießt in erster Linie die fantastische Küche und den exquisiten Weinkeller. Ihre literarische Produktivität hält sich in Grenzen, dafür ist ihr der Ort zu unwirklich. Immerhin schafft sie es, das erste Kapitel für ein neues Buch zu entwerfen. Es soll ein Gegengewicht zu *Vita activa* werden: ein Buch über die »Vita contemplativa«, über das »Leben des Geistes«. Ähnlich wie in *Vita activa*, das auf der Unterscheidung von Arbeiten, Herstellen und Handeln beruhte, soll das neue Werk drei Teile umfassen, und zwar: Denken, Wollen und Urteilen.

Vom Comer See aus fährt Hannah auch nach Tegna, zu dem kleinen Gasthof, den sie mit Heinrich vor zwei

Jahren entdeckt hat. Ihr ist ein »bisschen ängstlich« zumute, weil sie dort auch alte Bekannte wieder trifft wie Heinrichs Freund Robert Gilbert.

Eigentlich war ausgemacht, dass Hannah und Heinrich in diesem Sommer ihren gemeinsamen Besuch in Freiburg wiederholen. Jetzt fährt Hannah alleine zu den Heideggers. Sie haben inzwischen das neue Haus auf dem Gartengrundstück gebaut. Das Manuskript von *Sein und Zeit* ging doch nicht in die USA, sondern wurde vom Schiller-Literaturarchiv in Marbach erworben. Martin Heidegger führt ein sehr beschauliches Leben. Er hat seinen immergleichen Rhythmus: Zu den festgesetzten Zeiten sitzt er in seinem Arbeitszimmer und am späten Nachmittag macht er seine Spaziergänge, oft zum »Jägerhäusle«, einem Berggasthof mit Blick auf Freiburg, wo er ein Glas Wein trinkt.

Hannah Arendt beneidet ihn manchmal um dieses ruhige Leben. Aber den Plan, in die Schweiz überzusiedeln, hat sie aufgegeben, obwohl sie die politische Situation in den Vereinigten Staaten als immer unerträglicher empfindet. Präsident Richard Nixon hat bei seinem Amtsantritt zwar zugesagt, dass er die USA aus Vietnam herausführen will, doch der Abzug vollzieht sich äußerst schleppend und halbherzig. Immer noch glaubt man, Nordvietnam den entscheidenden militärischen Schlag versetzen zu können. Im Frühjahr 1972 befahl Nixon die Bombardierung von Städten und die Verminung von Häfen in Nordvietnam, und zu Weihnachten 1972 ordnet er die so genannten »Christmas Bombings« an, mit denen Hanoi eine letzte Lektion erteilt werden soll. Nixon feiert seine Politik als großen Erfolg und wird im November mit überwältigender Mehrheit wieder gewählt. »Jeder kauft ihm dies Produkt der Einbildung ab«, empört sich Hannah über die Leichtgläubigkeit ihrer Mitbürger.[7]

Eigentlich hat sie sich vorgenommen, sich nicht mehr so intensiv mit Politik zu befassen. »Ich habe meinen Teil in politischer Theorie getan«, sagt sie zu Hans Jonas, ihrem alten Freund, mit dem sie sich nach den Meinungsverschiedenheiten um das Eichmann-Buch längst wieder versöhnt hat. »Genug damit; von nun an und für was mir noch verbleibt, will ich mich nur noch mit transpolitischen Dingen abgeben.« Jonas stimmt ihr zu und beide versichern einander, sich in Zukunft mit jenen philosophischen Themen zu beschäftigen, die sie schon seit ihrer Jugend fasziniert haben. Eher unfeierlich beschließen sie: »Jetzt geht's um die Wurst.«[8]

Für Hannah Arendt bedeutet das konkret, dass sie an ihrer Ergänzung zu *Vita activa* weiterarbeiten will. Dieses Buch hatte sie mit einem Satz beendet, der dem römischen Philosophen Cato zugeschrieben wird: »Nie ist der Mensch tätiger, als wenn er nichts tut, und nie ist er weniger allein, als wenn er für sich allein ist.« An diesen Satz will sie nun anknüpfen und die Fragen beantworten: Was tut man, wenn man denkt? Und warum ist man dabei nicht allein? Einige Anläufe dazu hat sie schon gemacht. Aber jetzt erhält sie die Gelegenheit, ihre Gedanken vor einem breiteren Publikum vorzutragen. Die Universität von Aberdeen in Schottland hat sie eingeladen, im Frühjahr 1973 die so genannten »Gifford Lectures« zu halten. Diese Vorlesungen sind eine bedeutende Einrichtung. Nur den berühmtesten Gelehrten wird die Ehre zuteil, dort sprechen zu dürfen. Und Hannah wäre in der Liste von illustren Namen – mal wieder die erste Frau.

Trotzdem sagt sie zu. Im April fliegt sie nach London, um sich dort mit Mary McCarthy zu treffen. Beide reisen dann gemeinsam weiter nach Aberdeen. Mary will unbedingt bei der ersten Vorlesung dabei sein. Sie verspricht Hannah, nicht lästig zu sein und einen schottisch-karierten Umhang zu tragen, um nicht aufzufallen.

Die erste Vorlesung findet am 23. April statt, die letzte ist für den 14. Mai vorgesehen. Hannah Arendt redet über das erste Thema ihres groß angelegten Projektes, nämlich über *Das Denken*. Aber ihre Ausführungen sind keineswegs so unpolitisch, wie das Thema erwarten lässt. Die Idee, sich mit dem Denken zu beschäftigen, ist in ihr entstanden, als sie Adolf Eichmann vor Gericht in Jerusalem erlebte. Damals war sie wie vor den Kopf geschlagen angesichts dieses Mannes, der ungeheuerliche Taten begangen hatte und doch offenbar ganz gewöhnlich und durchschnittlich war. Auf diese Seichtheit wollte sie hinweisen, als sie von der »Banalität des Bösen« sprach.

Nun will Hannah Arendt der Frage nachgehen, welche Ursache dieses Böse hat, das so banal in Erscheinung tritt. Sie glaubt nicht, dass jemand böse ist, weil er ein »böses Herz« hat oder weil böse Absichten ihn leiten. Sie glaubt auch nicht, dass Bosheit etwas mit Dummheit oder Intelligenz zu tun hat oder sich lediglich als Verstoss gegen moralische Gebote verstehen lässt. In solchen Erklärungen wird das Böse als eine Macht gesehen, die die Gedanken eines Menschen sozusagen auf die schiefe Bahn bringt oder beeinträchtigt. Hannah Arendt dagegen meint, dass die Wurzeln des Bösen im Denken selbst liegen. Darum fragt sie: »Könnte vielleicht das Denken als solches – die Gewohnheit, alles zu untersuchen, was sich begibt oder die Aufmerksamkeit erregt, ohne Rücksicht auf die Ereignisse und den speziellen Inhalt – zu den Bedingungen gehören, die die Menschen davon abhalten oder geradezu dagegen prädisponieren, Böses zu tun?«[9]

Hannah Arendt beantwortet diese Frage mit Ja. Zu den Bedingungen des Denkens gehört für sie die von Sokrates gemachte Entdeckung, dass Denken nichts anderes ist als ein »stummes Zwiegespräch«. Wer denkt, der zieht sich zwar von der Welt und den Menschen zurück, er ist allein, aber er ist nicht einsam. Denn er begibt sich in Gesellschaft mit sich selbst und macht dabei die Erfahrung, dass er sich im Denken aufspaltet und sozusagen »Zwei-in-einem« ist.

So wie man Umgang mit anderen Menschen hat, so hat man im Denken also Umgang mit sich selbst. Auch hier gibt es ein Hin und Her von Frage und Antwort, von Rede und Widerrede. In dieser ursprünglichen »Dualität« können sich beide Seiten nicht voneinander abkoppeln, sie müssen zusammen »unter einem Dach« wohnen und sich irgendwie arrangieren. Oder anders gesagt: Ich muss mit mir auskommen.

Diese Notwendigkeit, in Übereinstimmung mit sich selbst zu sein, ist für Hannah Arendt die Quelle für das, was man üblicherweise Gewissen nennt. Dieses Gewissen, verstanden als inneres Gespräch, hält mich davon ab, Unrecht zu tun. Denn wer, so fragt Hannah Arendt, möchte schon mit einem Mörder oder Lügner zusammenleben müssen?

Wann immer jemand zu denken beginnt, setzt er dieses Zwiegespräch in Gang und weckt seinen inneren Partner. Ihm kann man nicht entkommen – es sei denn, man hört auf zu denken. Das ist für Hannah Arendt bei Menschen wie Eichmann der Fall. Darum nennt sie ihn »gedankenlos«.

In ihrem später veröffentlichten Buch *Das Leben des Geistes* heißt es hierzu: »Wer jenen stummen Verkehr nicht kennt (in welchem man prüft, was man sagt und was man tut), der wird nichts dabei finden, sich selbst zu widersprechen, und das heißt, er ist weder fähig noch gewillt, für seine Rede oder sein Handeln Rechenschaft abzulegen; es macht ihm auch nichts aus, jedes beliebige Verbrechen zu begehen, weil er darauf zählen kann, dass er es im nächsten Augenblick vergessen hat [...]. Ein Leben ohne Denken ist durchaus möglich; es entwickelt dann sein eigenes Wesen nicht – es ist nicht nur sinnlos, es ist gar nicht recht lebendig. Menschen, die nicht denken, sind wie Schlafwandler.«[10]

Hannah Arendt ist sicher keine Schlafwandlerin. Sie denkt leidenschaftlich gern. Mary McCarthy berichtet, Hannah sei der einzige Mensch, dem sie jemals beim Denken zugeschaut habe. Sie habe regungslos und wie selbstvergessen auf einem Sofa gelegen, die Arme hinter dem Kopf verschränkt, manchmal mit geschlossenen, manchmal mit weit geöffneten Augen, und jeder, der durchs Zimmer musste, sei auf Zehenspitzen an ihr vorbeigeschlichen. Hannah braucht solche Phasen, in denen sie sich zurückziehen kann. Genauso wichtig ist es ihr aber, sich anschließend wieder in die Öffentlichkeit und in Diskussionen zu stürzen.

Der erste Mensch, an den sie sich nach solchen Denk- und Ruhepausen zumeist wandte, war Heinrich Blücher. Die Gespräche mit ihm waren wie verlängerte Selbstgespräche. Dieser vertrauensvolle Austausch fehlt Hannah jetzt.

Dabei ist sie noch eine begehrte Frau. Kurz nach dem Tod von Heinrich Blücher kam der Dichter

Wystan H. Auden, mit dem Hannah seit Ende der fünfziger Jahre befreundet ist, zu ihr in die Wohnung und machte ihr einen Heiratsantrag. Hannah gab ihm – natürlich – einen Korb, was ihr allerdings nicht leicht fiel, weil sie ahnte, wie schwer ihn diese Ablehnung treffen würde. Auden war in den letzten Jahren vom eleganten Gentleman zum ungepflegten Clochard heruntergekommen und offensichtlich zutiefst verzweifelt. Nach Hannahs abschlägiger Antwort betrank er sich hemmungslos und sie musste ihn zum Aufzug schleppen. »Ich hasse Mitleid«, schrieb sie damals an Mary McCarthy, »fürchte mich davor, schon immer, und ich glaube, ich habe nie jemanden gekannt, der mein Mitleid in diesem Ausmaß erregt hat.«[11]

Nach den Vorlesungen in Aberdeen fährt Hannah zum ersten Mal mit einem anderen Mann als Heinrich in Urlaub. Sie verbringt zusammen mit ihrem alten Freund Hans Morgenthau zwei Wochen auf der Insel Rhodos. Die erholsamen Tage werden etwas getrübt, als Morgenthau Hannah in eine ähnliche Verlegenheit bringt wie Wystan Auden. Er schlägt ihr vor, aus der Freundschaft eine Ehe zu machen. Hannah muss auch ihn enttäuschen. Morgenthau ist für sie einer jener Männer »sui generis«, die sie sehr schätzt, aber eben nur als Freund. Heinrichs Stelle kann er nicht einnehmen.

Hannah Arendt ist im September erst wenige Wochen in New York zurück, als sie erfährt, dass Wystan

H. Auden gestorben ist. Diese Nachricht erschüttert sie tief und sie ist nach außen nicht so gefasst wie nach Heinrichs Tod. Es quält sie, dass sie Auden in seiner Not nicht helfen konnte. »Ich denke immer noch an Wystan«, schreibt sie an Mary McCarthy, »natürlich, und an die Erbärmlichkeit seines Lebens, und dass ich es ablehnte, mich um ihn zu kümmern, als er kam und um Schutz bat.«[12]

Nach der Trauerfeier für Wystan H. Auden liest Hannah noch einmal alle seine Gedichte und schreibt eine Art Nachruf. »Immer wieder«, erinnert sie sich, »wenn er allem Anschein nach nicht mehr kämpfen konnte, wenn seine schmutzige, heruntergekommene Wohnung so kalt war, dass die Wasserleitung nicht mehr funktionierte und er die Toilette in der Spirituosenhandlung an der Ecke benutzen musste, wenn sein Anzug (niemand konnte ihn davon überzeugen, dass ein Mann mindestens zwei Anzüge braucht, damit einer gereinigt, oder zwei Paar Schuhe, damit eines repariert werden kann – dies Thema einer sich endlos über die Jahre hinziehenden Debatte zwischen uns) fleckig oder so abgetragen war, dass seine Hosen plötzlich von oben bis unten aufreißen konnten – kurz, wann immer Unheil sich direkt vor den Augen ereignete, begann er gewöhnlich, eine in hohem Maße idiosynkratische Variation von ›count our blessings‹ mehr oder weniger feierlich anzustimmen: Du musst an das denken, womit du gesegnet bist.«[13]

Anfang November 1973 fährt Hannah wie jedes Jahr ins Bard College, um Heinrichs Grab zu besuchen. Sie setzt sich auf eine Steinbank in der Nähe des Gedenksteins.

Einen Tag vor Weihnachten erhält sie ein Telegramm mit der Nachricht, dass Philip Rahv, der Herausgeber von *Partisan Review*, gestorben ist. Man fand ihn tot in seiner Wohnung, unter mysteriösen Umständen. Unter dem Eindruck der vielen Todesfälle in ihrem Bekanntenkreis schreibt Hannah an Mary McCarthy: »Ich muss gestehen, dass mir dieser unbarmherzige Prozess der Entlaubung (oder Entwaldung) etwas ausmacht. Als ob Altwerden nicht, wie Goethe sagte, das ›stufenweise Zurücktreten aus der Erscheinung‹ bedeutet – wogegen ich nichts habe -, sondern die stufenweise (sehr plötzliche) Transformation einer Welt mit vertrauten Gesichtern (egal, ob Freund oder Feind) in eine Art Wüste, die von fremden Gesichtern bevölkert ist. Mit anderen Worten, nicht ich bin es, die sich zurückzieht, sondern die Welt ist es, die sich auflöst.«[14]

XXII. Lichter über dem Fluss

»Ich habe immer geglaubt, dass man sein Leben ist.«

Ende April 1974 reist Hannah Arendt wieder nach Aberdeen, um die zweite Reihe von Vorlesungen im Rahmen der »Gifford Lectures« zu halten. Diesmal zum Thema *Das Wollen*. Doch Hannah wird ihre Vorträge nicht zu Ende halten können. Am 5. Mai, frühmorgens, erleidet sie auf ihrem Hotelzimmer einen Herzinfarkt. Sie hat noch so viel Kraft, William Janovich, ihren Verleger, der nach Aberdeen gekommen ist und im gleichen Hotel wohnt, per Telefon zu rufen. Der eilt sofort in ihr Zimmer. Janovich, der selbst seit langer Zeit herzkrank ist, gibt ihr in der Not von seinen Tabletten. Das rettet Hannah wahrscheinlich das Leben.

Im Krankenhaus wird sie auf der Intensivstation sofort unter ein Sauerstoffzelt gelegt. Mary McCarthy kommt aus Paris nach Aberdeen, um bei Hannah zu sein. Doch Mary kann nicht lange bleiben. Wieder zurück in Paris schreibt sie Hannah einen mahnenden Brief, weil sie befürchtet, dass sie eine sehr unvernünftige Patientin sein wird. In Anspielung auf ihr Vorlesungsthema meint sie, Hannah solle doch nun ihren »Willen auf Genesung statt auf Widerstand« richten und auf die Ratschläge der Ärzte hören: »Kein Arzt, nehme ich an, würde ein hektisches Leben, zwei Päckchen Zigaretten am Tag und Herumlaufen, während man schwere Gegenstände trägt, empfehlen.«[1]

Marys Ermahnungen haben keine große Wirkung. Kaum darf Hannah aus dem Sauerstoffzelt, raucht sie wieder, und unter ihrer Widerspenstigkeit leidet das ganze Krankenhauspersonal. Die von ihrem Arzt verschriebenen Pillen setzt sie eigenmächtig wieder ab, weil ihr davon übel wird. Ohnehin findet sie den ganzen Aufwand übertrieben. Sie fühlt sich völlig wiederhergestellt. Früher, als ihr geraten wird, will sie das Krankenhaus verlassen und sie setzt sich auch durch. Sie bittet Mary, sie von Schottland abzuholen und nach London zu bringen. Von dort begleitet sie Elke Gilbert, die Frau von Robert Gilbert, in die Schweiz, nach Tegna. Hier will sie sich erholen und sie findet auch einen Arzt, der sie weitgehend in Ruhe lässt. »Sehr guter Arzt«, schreibt sie an Mary, »will mich alle zehn Tage untersuchen, ich solle mich weiter schonen, bis 1. Juli. Kein Einwand gegen mäßiges Rauchen, keine Diät – kurz, vergessen wir's, abgesehen von den offensichtlichen Vorteilen.«[2]

Die offensichtlichen Vorteile sind, dass Hannah sich nun einen langen Urlaub gönnen kann. Wobei sie unter Urlaub nicht unbedingt Schonung versteht. Bereits nach wenigen Wochen in Tegna nimmt sie eine Reise nach Freiburg auf sich. Sie will unbedingt Martin Heidegger wieder sehen. Doch nicht nur die Reise, auch der Besuch in Freiburg wird für Hannah sehr anstrengend. Sie muss sich fürchterlich ärgern, weil Elfride Heidegger sie nicht mit ihrem Mann allein lassen will. Sie reglementiert strikt alle Besuche und schottet Heidegger zeitweise ganz von seiner Umgebung ab, angeblich, um ihn vor zu viel Aufregung zu schützen. Hannah, die immerhin gerade selbst einen Herzinfarkt hinter sich hat, kann das nicht einsehen und schließlich fährt sie verärgert und enttäuscht wieder nach Tegna zurück.

Hannah Arendt ist mit Martin Heidegger noch nicht fertig. Angesichts der Macht, mit der es sie immer wieder nach Freiburg drängt, hat man den Eindruck, sie wolle ihm ein Geständnis abringen, von dem die Rechtfertigung ihres Lebens abhängt. Im Zusammenhang mit ihren Überlegungen zum »Wollen« plant Hannah Arendt wieder eine umfassende Kritik an Heidegger. Ausgangspunkt ist dabei dessen Haltung zum Phänomen des Willens.

Nicht zuletzt unter dem Eindruck seiner politischen Verirrung fasst Heidegger den Willen ausschließlich als »Willen zur Macht« oder sogar »Willen zur Herrschaft« auf, der sich auf das Denken zerstörerisch auswirken müsse. Als angemessene Haltung für einen Denker hat er dagegen die »Gelassenheit« entdeckt. Diese zeige sich darin, dass man sich des Wollens entwöhnt und dankbar die Dinge sein lässt.

Für Hannah Arendt ist dieser Rückzug auf ein »Seinlassen« typisch für Heideggers gesamte Philosophie. Sie entspricht seiner durchgängigen Trennung zwischen einem eigentlichen, verborgenen »Sein«, das unwandelbar über der Geschichte steht, und dem vordergründigen Bereich des »Seienden«, in dem der Einzelne in die Ereignisse des alltäglichen Lebens verstrickt ist. Die »laute«, widersprüchliche und veränderliche Welt ist nach dieser Auffassung nichts »als der Schaum dessen, was in Wahrheit ist«.[3]

Für Hannah Arendt verhält es sich gerade umgekehrt. Alles, was nur verborgen, innerlich und hintergründig ist, ist für sie so gut wie nicht vorhanden. Erst wenn es hervortritt, sich zeigt, öffentlich wird und Gestalt annimmt, erhält es Wirklichkeit. Darum ist sie auch der Meinung, dass das Innenleben bei allen Menschen ziemlich gleich sei. »In einem Wort«, so schreibt sie einmal in einem Brief an Mary McCarthy, »unsere Gefühle sind alle die gleichen, der Unterschied ist, worin und wie wir sie erscheinen lassen.«

Weil nur das zählt, was erscheint, gibt es für Hannah Arendt auch kein eigentliches Leben hinter dem tatsächlichen. Als Mary McCarthy einmal darüber klagt, dass die Personen in ihren Romanen letztendlich immer davon begrenzt werden, was sie selbst erlebt hat und wie sie selbst erzogen worden ist, und zu der »schrecklichen Einsicht« kommt, »dass man sein Leben ist«, stimmt ihr Hannah ausdrücklich zu. »Ich habe immer geglaubt«, schreibt sie an Mary zurück, »dass ›man sein Leben *ist*‹.«[4]

Hannah Arendt nimmt nach ihrer Rückkehr aus Europa im August wieder ihr normales Leben auf. Sie hält Vorträge, sie schreibt weiter an ihrem Buch über *Das Leben des Geistes*, sie führt ihre Freunde zum Essen in New Yorker Restaurants aus und sie besucht Mary McCarthy in Castine, um mit ihr den »Sturz Nixons« zu feiern. Der amerikanische Präsident ist wegen der so genannten »Watergate-Affäre« immer stärker unter Druck geraten und schließlich von seinem Amt zurückgetreten. Nixon wird von seinem Nachfolger Gerald F. Ford begnadigt und entgeht so einer Strafverfolgung.

Anfang des neuen Jahres beginnt Hannah wieder mit ihren Kursen und Vorlesungen an der »New School«. Mit der Universitätsleitung ist vereinbart, dass sie noch bis zum Herbst 1976 lehrt, also noch knapp zwei Jahre, und dann in Pension geht. Hannah denkt aber noch nicht daran, kürzer zu treten. Sie ist auf der Höhe ihres Ruhmes, sie wird mit Preisen und Ehrungen überschüttet, sie will ihr Buch zu Ende schreiben und ihr Terminplan ist auf Monate hinaus voll.

Sie wird sogar ihrem Vorsatz untreu, sich nicht mehr über politische Dinge zu äußern. Anlässlich der Feierlichkeit zur zweihundertjährigen Unabhängigkeit der Vereinigten Staaten hält sie in Boston eine furiose Rede, in der sie den Vietnam-Krieg und den Watergate-Skandal als Ereignisse sieht, die auf den »Verfall der Republik« hindeuten. Sie ruft dazu auf, sich wieder auf die Wurzeln dieser Republik, auf die Gründerväter und ihre Ideen zu berufen. Die Rede wird begeistert aufgenommen und überall im Land diskutiert. Hannah bekommt so viele zustimmende Briefe wie noch nie in ihrem Leben.

Wie immer, wenn ihr der Trubel um ihre Person zu viel wird, hat Hannah das Bedürfnis, sich zurückzuziehen. Ihre Gewohnheit, wenn möglich jedes Jahr nach Europa zu reisen, um an ihre Wurzeln anzuknüpfen, behält sie bei. Im Mai 1975 fährt sie zunächst nach Marbach, um am dortigen Literatur-Archiv den Nachlass von Karl Jaspers zu ordnen. Dann reist sie weiter nach Tegna, in das »Albergo Barbaté«.

Selbst dort erreicht sie noch die »Fan-Post« wegen ihrer Bostoner Rede. Darunter ist auch der Brief eines jungen Mannes, den Hannah »höchst amüsant« findet. Er habe gehört, schreibt der junge Verehrer, dass sie »in die Jahre« käme, und da wolle er sie seine Meinung wissen lassen, bevor sie »dahinscheide«.

Der Sommer in Tegna ist »strahlend schön«. Hannah ist dankbar für so viel Sonne. Sie frühstückt jeden Morgen auf der Terrasse des Gasthofes, und immer, wenn sie fertig ist, fliegen zwei Rotkehlchen auf ihren Tisch, um die übrig gebliebenen Krümel aufzupicken.

Im August nimmt sie ihren ganzen Mut zusammen und fährt nach Freiburg. Sie hofft, mit Heidegger noch einmal reden zu können. Doch ihr Besuch wird ein noch größeres Desaster als vor einem Jahr. Deprimiert kehrt sie nach Tegna zurück. »Heidegger ist nun plötzlich wirklich sehr alt«, schreibt sie an Mary McCarthy, »sehr verändert gegenüber dem letzten Jahr, sehr taub und zurückgezogen, unnahbar, wie ich ihn nie zuvor gesehen habe. Ich bin hier wochenlang von alten Menschen umgeben gewesen, die plötzlich sehr alt geworden sind.«[5]

Hannah Arendt wird am 14. Oktober neunundsechzig Jahre alt. In ihrer New Yorker Wohnung versammelt sich der ganze »Stamm«, um ihren Geburtstag zu feiern. Auch das Erntedankfest feiert der Freundeskreis zusammen, in der Wohnung von Hans Jonas.

Einen Tag nach dem Erntedankfest, am 2. Dezember, einem Sonntag, lässt sich Hannah mit dem Taxi nach Hause bringen. Als sie aus dem Taxi steigt und zu ihrem Wohnblock geht, stolpert sie und stürzt. Die Passanten bleiben stehen und es gibt einen Auflauf. Der Portier ihres Hauses will die Polizei und einen Krankenwagen rufen. Währenddessen hat Hannah wieder Kräfte gesammelt. Sie überprüft, ob sie sich nichts gebrochen hat. Dann rappelt sie sich hoch, bahnt sich einen Weg durch die Menge und verschwindet in ihrem Haus.

Eigentlich wollte Hannah am nächsten Tag wegen des Sturzes zum Arzt gehen und sich untersuchen lassen. Aber weil sie kaum noch Schmerzen hat und das Wetter miserabel ist, verzichtet sie darauf. Sie hat sowieso sehr viel zu tun. In den letzten Tagen hat sie ihre

Notizen zum dritten und letzten Teil von *Das Leben des Geistes* über das »Urteilen« geordnet und sie will jetzt daran gehen, dieses Kapitel zu tippen.

Am Donnerstag, den 4. Dezember setzt sie sich abends an ihren Schreibtisch, von dem aus sie einen Blick hat auf die dunklen Wasser des Hudson River und die Lichter von New Jersey. Auf dem Schreibtisch, den sie sich zum Einzug in die Wohnung gekauft hat, steht eine Terrakottafigur, die ihr Mary McCarthy geschenkt hat, daneben Fotografien von Martha Arendt, ihrer Mutter, von Heinrich Blücher und von Martin Heidegger. Hannah legt das erste Blatt in die Schreibmaschine ein und tippt als Überschrift: »Die Urteilskraft«. Darunter schreibt sie zwei Mottos – einen Spruch Ciceros und eine Passage aus Goethes *Faust*:

»Könnt' ich Magie von meinem Pfad entfernen,
Die Zaubersprüche ganz und gar verlernen,
Stünd' ich, Natur, vor dir, ein Mann allein,
Da wär's der Mühe wert, ein Mensch zu sein.«

Hannah muss ihre Arbeit unterbrechen, weil es an der Tür läutet. Es sind Salo und Jeanette Baron, alte Freunde, die sie zum Abendessen eingeladen hat. Nach dem Essen setzt man sich ins Wohnzimmer, in dem auch Hannahs Schreibtisch am Fenster steht. Neben dem Sessel, in dem sie zu sitzen pflegt, wenn Gäste da sind, steht ein kleines Tischchen mit Zigaretten und Aschenbechern und Schälchen mit Nüssen aller Art, kandierten Früchten, Crackers und Plätzchen – alles Utensilien, die sie beim Gespräch in Reichweite haben muss.

Als Hannah den Kaffee servieren will, bekommt sie plötzlich einen Hustenanfall und sinkt ohnmächtig in ihren Sessel. Nach dem ersten Schreck rufen die Barons Hannahs Hausarzt und ihre Freundin Lotte Köhler an. Doch als die beiden eintreffen, ist Hannah Arendt schon tot. Sie starb an einem Herzinfarkt.

Die Trauerfeier für Hannah Arendt findet am 8. Dezember in der Riverside Memorial Chapel statt. Die Zeremonie ist die gleiche wie bei Heinrich Blücher. In der überfüllten Chapel ist Hannah Arendts Leichnam in einem schlichten Kiefernsarg aufgebahrt.

Einige ihrer engeren Freunde ergreifen das Wort. Auch Mary McCarthy und Hans Jonas halten eine kleine Ansprache. Mary versucht noch einmal, das Bild ihrer »schönen Freundin« heraufzubeschwören: »Sie war eine schöne Frau, bezaubernd, verführerisch, feminin. [...] Das Auffälligste an ihr waren die Augen, leuchtend und funkelnd, verträumt, wenn sie glücklich oder erregt war, aber zugleich tief, dunkel und entrückt, Teiche der Innerlichkeit. Es war etwas Unergründliches an Hannah, das in den Tiefen dieser Augen zu liegen schien.«[6]

Auch Hans Jonas beschreibt die Besonderheit in Hannahs Erscheinung, ihre Verwundbarkeit und ihre

»absolute Entschlossenheit«. Jonas beendet seine Erinnerung sehr persönlich:

»Da sie selbst die Freundschaft über alles gestellt hat, lassen Sie mich als Freund zu ihr sprechen. Letztes Jahr, Hannah, feierten wir das fünfzigste Jahr unserer Freundschaft und wir erinnerten uns daran, wie alles begann, damals, in Bultmanns Seminar zum Neuen Testament, in dem wir beide die einzigen Juden waren, und wie diese Freundschaft dann wuchs über die Jahre hinweg, obgleich sie lange Zeiten der Trennung und einige stürmische Meinungsverschiedenheiten zu überstehen hatte – immer waren wir uns sicher in dem einen gemeinsamen Gefühl dafür, was von Bedeutung war und was nicht, was wirklich zählte, was man in Ehren halten und was man verachten konnte. Es sind so viele hier, die ein Loblied auf dich als Freundin singen können, die bezeugen können, dass, wenn du einmal ernsthaft eine persönliche Bindung eingegangen bist, dies für ein Leben war. Du hast die Treue gehalten, du warst immer da. Wir alle sind ärmer ohne dich. Die Welt ist kälter geworden ohne deine Wärme. Du hast uns zu früh verlassen. Wir werden versuchen, dir die Treue zu halten.«[7]

Die Urne mit Hannah Arendts Asche wird auf dem Friedhof des Bard College neben Heinrich Blücher beerdigt.

Martin Heidegger überlebte Hannah Arendt nur um fünf Monate. Er starb am 26. Mai 1976. Mary McCarthy war von Hannah Arendt zu ihrer literarischen Nachlassverwalterin ernannt worden. Sie übernahm die schwierige Aufgabe, die Manuskripte zu dem geplanten Buch *Das Leben des Geistes* zu überarbeiten und herauszugeben. Mary McCarthy starb am 25. Oktober 1989 in New York.

Friedrich Schiller
Das Mädchen aus der Fremde

In einem Tal bei armen Hirten
Erschien mit jedem jungen Jahr,
Sobald die ersten Lerchen schwirrten,
Ein Mädchen schön und wunderbar.

Sie war nicht in dem Tal geboren,
Man wusste nicht, woher sie kam;
Und schnell war ihre Spur verloren,
Sobald das Mädchen Abschied nahm.

Beseligend war ihre Nähe,
Und alle Herzen wurden weit;
Doch eine Würde, eine Höhe
Entfernte die Vertraulichkeit.

Sie brachte Blumen mit und Früchte,
Gereift auf einer andern Flur,
In einem andern Sonnenlichte,
In einer glücklichern Natur.

Und teilte jedem seine Gaben,
Dem Früchte, jenem Blumen aus;
Der Jüngling und der Greis am Stabe,
Ein jeder ging beschenkt nach Haus.

Willkommen waren alle Gäste,
Doch nahte sich ein liebend Paar,
Dem reichte sie der Gaben beste,
Der Blumen allerschönste dar.

Zeittafel

1906 Johanna Arendt wird am 14. Oktober als einzige Tochter von Paul Arendt und seiner Frau Martha, geb. Cohn, in Hannover geboren.
1910 Nach der Erkrankung des Vaters kehrt die Familie in die Heimatstadt der Eltern, nach Königsberg, zurück.
1913 Der Vater stirbt an den Spätfolgen der Syphilis.
1916–1924 Hannah besucht das Mädchengymnasium in Königsberg.
1920 Martha Arendt heiratet Martin Beerwald. Umzug in das Haus der Beerwalds.
1924 Externes Abitur.
1924–1925 Sie studiert Philosophie, Theologie und Griechisch in Marburg bei Martin Heidegger und Rudolf Bultmann. Liebesbeziehung zu Heidegger.
1925 Wechsel an die Universität Heidelberg. Karl Jaspers wird ihr Mentor. Sie lernt den Zionisten Kurt Blumenfeld kennen.
1928 Promotion bei Karl Jaspers.
1929 Hannah heiratet Günther Stern (später Günther Anders).
1930 Sie schreibt an einer Biographie über Rahel Varnhagen.
1930–1933 Untergrundtätigkeit für die deutschen Zionisten. Verhaftung, Flucht nach Frankreich.
1935–1940 Tätigkeit für die Jugend-Aliyah.
1940 Lässt sich von Günther Anders scheiden und heiratet Heinrich Blücher. Sie wird im südfranzösischen Lager Gurs interniert. Nach der Niederlage Frankreichs flieht sie mit ihrer Mutter und Heinrich Blücher nach Marseille.
1941 Ausreise von Lissabon in die Vereinigten Staaten.
1941 Arbeit für die Zeitschriften *Aufbau* und *Partisan Review* sowie für die »Jewish Cultural Reconstruction«.
1946–1949 Lektorin beim Schocken-Verlag.
1948 Am 27. Juli stirbt Martha Beerwald-Arendt.
1948–1952 Geschäftsführerin der »Jewish Cultural Reconstruction«.

1949–1950 Erste Reise nach Europa. Wiederbegegnung mit Karl Jaspers und Martin Heidegger.
1950 Amerikanische Staatsbürgerschaft. Ihr Buch *The Origins of Totalitarianism* erscheint (deutsch: *Elemente und Ursprünge totaler Herrschaft*).
1953–1956 Vorlesungen in Princeton, Harvard, an der »New School« und am Brooklyn College in New York.
1954 Vorlesungen an der University of California in Berkeley.
1955 Vortrags- und Ferienreise nach Italien, Griechenland, Israel, in die Schweiz und nach Deutschland.
1958 Laudatio anlässlich der Verleihung des Friedenspreises des Deutschen Buchhandels für Karl Jaspers. *The Human Condition* erscheint (deutsch: *Vita activa*).
1959 Hannah Arendt erhält den Lessing-Preis der Stadt Hamburg.
1961–1962 Sie reist für die Zeitschrift *The New Yorker* zum Prozess gegen Adolf Eichmann nach Jerusalem.
1962 Schwerer Unfall mit dem Taxi in New York.
1962 Die Artikel über den Eichmann-Prozess erscheinen in der Zeitschrift *The New Yorker* und lösen eine heftige Kontroverse aus. Europareise mit Heinrich Blücher nach Griechenland und Italien. *On Revolution* erscheint (deutsch: *Über die Revolution*).
1963-1967 Professur an der University of Chicago.
1968 Studentenunruhen in Amerika und Europa. Professur an der »New School for Social Research in New York«.
1969 Februar: Karl Jaspers stirbt. Im Sommer Aufenthalt mit Heinrich Blücher in Tegna bei Locarno.
1970 Oktober: Heinrich Blücher stirbt an einem Herzinfarkt.
1973 Hannah Arendt hält die so genannten »Gifford Lectures« an der Aberdeen University über *Das Denken*.
1974 Während der Fortsetzung der Gifford Lectures über *Das Wollen* erleidet sie einen Herzinfarkt.
1975 Europareise nach Marbach, Tegna und Freiburg zu Heidegger. Am 4. Dezember stirbt Hannah Arendt an einem zweiten Herzinfarkt in ihrer New Yorker Wohnung.

Literatur zu Hannah Arendt (Auswahl):

Wichtigste Werke

Rahel Varnhagen, München: Piper, 1995[5]

Elemente und Ursprünge totaler Herrschaft, München: Piper, 1996[5]

Vita activa oder vom tätigen Leben, München: Piper, 1996[8]

Über die Revolution, München: Piper, 1994[4]

Zwischen Vergangenheit und Zukunft, München: Piper, 1994

Eichmann in Jerusalem, München: Piper, 1997[7]

Menschen in finsteren Zeiten, hrsg. von Ursula Ludz, München: Piper, 1989[2]

Wahrheit und Lüge in der Politik. Zwei Essays, München: Piper, 1972

Macht und Gewalt, München: Piper, 1996[12]

Zur Zeit. Politische Essays, hrsg. von Marie Luise Knott, Berlin: Rotbuch, 1986

Vom Leben des Geistes, Das Denken – Das Wollen, hrsg. von Mary McCarthy, München: Piper, 1998

Das Urteilen, hrsg. von Ronald Beiner, München: Piper, 1998

Was ist Politik?, hrsg. von Ursula Ludz, München: Piper, 1989

Gesammelte Aufsätze und Artikel zu Zionismus und Nationalsozialismus, hrsg. von Eike Geisel und Klaus Bittermann:

Nach Auschwitz. Essays und Kommentare 1, Berlin: Tiamat, 1989

Die Krise des Zionismus. Essays und Kommentare 2, Berlin: Tiamat, 1989

Israel und der Antisemitismus: Aufsätze, Berlin: Wagenbach, 1991

Lebens- und Werkbeschreibungen

Barley, Delbert, Hannah Arendt. Einführung in ihr Werk, Freiburg/München: Alber, 1990

Breier, Karl-Heinz, Hannah Arendt zur Einführung, Hamburg: Junius, 1992

Friedmann, Friedrich Georg, Hannah Arendt. Eine deutsche Jüdin im Zeitalter des Totalitarismus, München, Zürich: Piper, 1985
Heilbut, Anthony, »Das alles waren nur Versuche«: Hannah Arendt, in: ders., Kultur ohne Heimat. Deutsche Emigranten in den USA nach 1930, Weinheim: Quadriga, 1987, S. 311-344
Heuer, Wolfgang, Hannah Arendt, Reinbeck bei Hamburg: Rowohlt, 1987
Kemper, Peter (Hrsg.), Die Zukunft des Politischen: Ausblicke auf Hannah Arendt, Frankfurt a. Main: Fischer, 1993
May, Derwent, Hannah Arendt. Eine bedeutende Repräsentantin deutsch-jüdischer Kultur, München: Heyne, 1990
Nordmann, Ingeborg, Hannah Arendt, Frankfurt a. Main: Campus, 1994
Reif, Adelbert (Hrsg.), Hannah Arendt, Materialien zu ihrem Werk, Wien: Europaverlag, 1979
Vollrath, Ernst, Hannah Arendt, in: Politische Philosophie des 20. Jahrhunderts, hrsg. von Karl Graf Ballestrem und Henning Ottmann, München,Wien: Oldenbourg, 1990, S. 13-32
Wimmer, Reiner, Hannah Arendt, in: ders., Vier jüdische Philosophinnen (Rosa Luxemburg, Simone Weil, Edith Stein, Hannah Arendt), Tübingen: Attempto, 1990, S. 237-308
Wolf, Siegbert, Hannah Arendt. Einführung in ihr Werk, Frankfurt a. Main: Maag und Merchen 1991
Young-Bruehl, Elisabeth, Hannah Arendt. Leben, Werk, Zeit, Frankfurt a. Main: Fischer, 1991

Selbstzeugnisse

Arendt, Hannah, Ich will verstehen. Selbstauskünfte zu Leben und Werk, hrsg. von Ursula Ludz, München: Piper, 1996
Reif, Adelbert, Gespräche mit Hannah Arendt, München: Piper, 1976

Briefwechsel

Hannah Arendt/Heinrich Blücher, Briefe 1936-1968, hrsg. von Lotte Köhler, München: Piper, 1996

Hannah Arendt/Mary McCarthy, Im Vertrauen. Briefwechsel 1949-1975, hrsg. von Carol Brightman, München: Piper, 1996[2]

Hannah Arendt/Kurt Blumenfeld, »... in keinem Besitz verwurzelt«. Die Korrespondenz, hrsg. von Ingeborg Nordmann und Iris Pilling, Hamburg: Rotbuch, 1995

Hannah Arendt/Karl Jaspers, Briefwechsel 1926-1969, hrsg. von Lotte Köhler und Hans Saner, München: Piper, 1993[3]

Hannah Arendt/Hermann Broch, Briefwechsel 1946-1951, hrsg. von Paul Michael Lützeler, Frankfurt a. Main: Jüdischer Verlag, 1996

Zeitgeschichte und Zeugnisse von Zeitzeugen

Die Kontroverse. Hannah Arendt, Eichmann und die Juden, hrsg. von F. A. Krummacher, München: Nymphenburg, 1964

Ettinger, Elzbieta, Hannah Arendt – Martin Heidegger. Eine Geschichte. München: Piper, 1994

Fittko, Lisa, Mein Weg über die Pyrenäen. Erinnerungen 1940/41, München: dtv, 1989

Fürst, Max, Gefilte Fisch, München: dtv, 1973

Gause, Fritz, Geschichte der Stadt Königsberg, II. u. III. Band, Köln: Böhlau, 1968 u. 1971

Gurs – ein Internierungslager in Südfrankreich 1939-1943. Literarische Zeugnisse, Briefe, Berichte, Hamburg: Hamburger Institut für Sozialforschung, 1993

Heidegger, Martin/Jaspers, Karl, Briefwechsel 1920-1963, München: Piper, 1990

Jacoby, Yoram K., Jüdisches Leben in Königsberg/Pr. im 20. Jahrhundert, Würzburg: Holzner, 1983

Jarrell, Randall, Pictures from an Institution, Chicago: University of Chicago Press, 1986

Jarrell, Randall, 1914-1965, Randall Jarrell's letters, ed. by Mary Jarrell, Boston: Houghton Mifflin, 1984

Jaspers, Karl. Notizen zu Martin Heidegger, hrsg. von Hans Saner, München/Zürich: Piper, 1978

Jaspers, Karl, Werk und Wirkung, hrsg. von Klaus Piper, München: Piper, 1963

Jonas, Hans, Hannah Arendt, in: Social Research, Spring 1976, S. 3-5
Kazin, Alfred, New York Jew, New York: Knopf, 1978
Koestler, Arthur, Abschaum der Menschheit, Frankfurt a. Main, Berlin: Limes, 1993
Löwith, Karl, Mein Leben in Deutschland vor und nach 1933, Stuttgart: Metzler, 1986
McCarthy, Mary, Hannah Arendt, meine schöne Freundin, in: Die Zeit, Nr. 3, 13. Januar 1978
Piper, Klaus/Saner, Hans (Hrsg.), Erinnerungen an Karl Jaspers, München/Zürich: Piper, 1974
Podhorez, Norman, Making it, New York: Random House, 1967
Safranski, Rüdiger, Ein Meister aus Deutschland, Heidegger und seine Zeit, München/Wien: Hanser, 1994
Sahl, Hans, Das Exil im Exil, Memoiren eines Moralisten II, Hamburg: Luchterhand, 1991
Sahl, Hans, Die Wenigen und die Vielen – Roman einer Zeit, Frankfurt a. Main: Fischer, 1959
Schramm, Hanna, Menschen in Gurs. Erinnerungen an ein französisches Internierungslager. Worms: Heintz, 1977
Weiss, Theodore, From Princeton one Autumn Afternoon. Collected Poems of Theodore Weiss, London, New York: Collier, Macmillan, 1987
Wiese, Benno von, Ich erzähle mein Leben, Frankfurt a. Main: Insel, 1982

Bildnachweis

Sämtliche Abbildungen mit freundlicher Genehmigung von Lotte Kohler, Hannah Arendt Blücher Literary Trust.

Quellenverzeichnis

I. Kindertagebuch

1 Das Tagebuch »Mein Kind« ist nicht veröffentlicht. Es befindet sich unter dem Nachlass Hannah Arendts in der Library of Congress in Washington D. C. Dieses und die folgenden Zitate daraus stammen aus: Elisabeth Young-Bruehl, Hannah Arendt, Frankfurt a. Main 1991
2 Brief an Heinrich Blücher vom 27. Juli 1948, in: Hannah Arendt/Heinrich Blücher, Briefe 1936-1968, hrsg. von Lotte Köhler, München, Zürich 1996, S. 157

II. Jüdin in Königsberg

1 nach: Max Fürst, Gefilte Fisch, München 1973, S. 172
2 ebenda, S. 90
3 ebenda, S. 77
4 Fernsehgespräch mit Günter Gaus, in: Hannah Arendt, *Ich will verstehen*, München, Zürich 1996, hrsg. von Ursula Ludz, S. 52 (im folgenden abgekürzt als »Gaus-Interview«)
5 ebenda, S. 52
6 vgl. Hannah Arendt, *Walter Benjamin*, in: H. A., *Menschen in finsteren Zeiten*, München, Zürich 1989, S. 185-242, S. 219 u. 224
7 siehe: Yoram K. Jacoby, Jüdisches Leben in Königsberg/Pr. im 20. Jahrhundert, Würzburg 1983, S. 63 ff.

III. Wissenshunger

1 Hannah Arendt, *Rosa Luxemburg*, in: *Menschen in finsteren Zeiten*, München, Zürich 1989, S. 49-74, S. 52
2 abgedruckt in: Elfriede Jelinek, Totenauberg, hrsg. vom Burgtheater Wien, 1992, S. 159-165
3 Hannah Arendt, *Die Schatten*, S. 161
4 nach: Young-Bruehl, Hannah Arendt, S. 69
5 Yoram K. Jacoby, Jüdisches Leben in Königsberg, S. 91f.
6 *Die Schatten*, S. 161
7 Fernsehgespräch mit Roger Errera vom Oktober 1973, in: H. A., *Ich will verstehen*, S. 114-131, S. 127
8 nach Young-Bruehl, S. 92
9 Gaus-Interview, S. 53
10 Hannah Arendt, *Martin Heidegger ist achtzig Jahre alt*, in: *Menschen in finsteren Zeiten*, S. 172-184, S. 173

IV. Hannah und der Zauberer

1 Martin Heidegger an Karl Jaspers, Brief vom 2. Dezember 1926, in: M. Heidegger/K. Jaspers, Briefwechsel 1920-1963, München, Frankfurt a. Main 1990, S. 69
2 nach: Hans Jonas, Hannah Arendt: 1906-1975, in: Social Research, Spring 1976, S. 3-5, hier S. 3
3 Heidegger an Jaspers, Brief vom 27. Juni 1922, in: Briefwechsel, S. 29
4 Karl Löwith, Mein Leben in Deutschland vor und nach 1933, Stuttgart 1986, S. 43
5 Brief an Heinrich Blücher vom 8. Februar 1950, S. 208
6 Martin Heidegger, Warum bleiben wir in der Provinz?, in: Martin Heidegger, Gesamtausgabe, Bd. 13 (Aus der Erfahrung des Denkens), Frankfurt a. Main 1983, S. 9-13, hier S. 10
7 Löwith, s. o., S. 28
8 Löwith, S. 29
9 Martin Heidegger, Sein und Zeit, Tübingen 1984, S. 134
10 zitiert nach: Peter Sloterdijk, Kritik der zynischen Vernunft, Zweiter Band, Frankfurt a. Main 1983, S. 753
11 Elzbieta Ettinger, Hannah Arendt–Martin Heidegger. Eine Geschichte. München 1962, S. 25
12 Brief an Heinrich Blücher vom 18. September 1937, S. 83
13 Hannah Arendt, *Was ist Existenz-Philosophie?*, in: *Sechs Essays*, Heidelberg 1948, S. 48-80, S. 71
14 nach: Ettinger, S. 25

V. Hingabe und Vernunft

1 Hannah Arendt, *Rahel Varnhagen, Lebensgeschichte einer deutschen Jüdin aus der Romantik*, Frankfurt, Berlin, Wien 1975, S. 53
2 ebenda, S. 58
3 ebenda, S. 26
4 Benno von Wiese, Ich erzähle mein Leben, Frankfurt a. Main 1982, S. 88
5 Brief an Heinrich Blücher vom 18. September 1937, S. 83
6 Gaus-Interview, S. 69 f.
7 Gerhard F. Hering, Im Umgang mit Karl Jaspers, in: Klaus Piper/Hans Saner, Erinnerungen an Karl Jaspers, München 1974, S. 77-85, S. 80 f.
8 Karl Jaspers, Werk und Wirkung, München 1963, S. 119
9 Hannah Arendt, *Vita activa oder Vom tätigen Leben*, München, Zürich 1996, S. 220
10 Brief Blumenfelds an Hannah Arendt vom 4. Januar 1946, in: Hannah Arendt/Kurt Blumenfeld, »... in keinem Besitz verwurzelt«. Die Korrespondenz, hrsg. von Ingeborg Nordmann und Iris Pilling, Hamburg 1995, S. 33
11 Brief an Karl Jaspers vom 15. Juli 1926 , in: Hannah Arendt/Karl Jaspers, Briefwechsel 1926-1969, München 1993, S. 39
12 nach Young-Bruehl, S. 655
13 Die Beurteilung ist abgedruckt in: Hannah Arendt/Karl Jaspers, Briefwechsel 1926-1969, München, Zürich 1993, S. 723f.
14 Ettinger, S. 35

VI. Abschied von Deutschland

1 Brief an Jaspers vom 1. Januar 1933, S. 53
2 Brief an Jaspers vom 7. September 1952, S. 234. Rahels ungedruckte Tagebuchnotiz vom 11. März 1810 lautet: »Was machen Sie? Nichts. Ich lasse das Leben auf mich regnen.«
3 Hannah Arendt, *Rahel Varnhagen*, S. 116f.
4 ebenda, S. 200; siehe auch: Brief an Jaspers vom 7. September 1952, S. 236
5 Brief an Heinrich Blücher vom 24. August 1936, S. 59
6 Gaus-Interview, S. 56
7 ebenda, S. 57
8 ebenda, S. 49
9 Gaus-Interview, S. 49
10 ebenda, S. 57
11 Rüdiger Safranski, Ein Meister aus Deutschland, S. 274
12 Gaus-Interview, S. 56

VII. Monsieur

1 Hans Sahl, Die Wenigen und die Vielen – Roman einer Zeit, Frankfurt/Main 1959, S. 162
2 Hannah Arendt, *Walter Benjamin*, S. 211 f.
3 Gaus-Interview, S. 58
4 Hannah Arendt, *Wir Flüchtlinge*, in: Hannah Arendt, *Zur Zeit*, hrsg. von Marie Luise Knott, Berlin 1986, S. 7-21, S. 14
5 ebenda, S. 14
6 Brief an Mary McCarthy vom 17. Oktober 1969, in: Hannah Arendt/Mary McCarthy, Im Vertrauen. Briefwechsel 1949-1975, hrsg. von Carol Brightman, München, Zürich 1996, S. 365
7 nach Young-Bruehl, S. 201
8 Briefe von Heinrich Blücher vom 21. August 1936, S. 49, und vom 7. August 1936, S. 36
9 Brief an Heinrich Blücher vom 24. August 1936, S. 59
10 Brief an Heinrich Blücher vom 10. September 1937, S. 77
11 Brief an Kurt Blumenfeld vom 19. Juli 1947, S. 44
12 Brief an Heinrich Blücher vom 18. September 1937, S. 83
13 siehe das betreffende Schreiben des Kultusministers, in: Karl Jaspers in seiner Heidelberger Zeit, hrsg. von Joachim-Felix Leonhard, Heidelberger Bibliotheksschriften Bd. 8, Heidelberg 1983, S. 120

VIII. Fluchtpunkt Marseille

1 Hannah Arendt, *Walter Benjamin*, S. 190 ff.
2 Brief von Heinrich Blücher vom September 1939, S. 94
3 Brief von Heinrich Blücher vom 29. September 1939, S. 96
Brief von Heinrich Blücher vom 21. August 1936, S. 55
5 Käthe Hirsch, Im Pariser Sammellager Vélodrome d'Hiver, in: Hanna Schramm, Menschen in Gurs, Worms 1977, S. 332-334, S. 333

6 Lisa Fittko, Mein Weg über die Pyrenäen. Erinnerungen 1940/41, München 1989, S. 39
7 Susi Eisenberg-Bach, Im Schatten von Notre Dame, London, Worms 1986, S. 82, zitiert nach: Gurs – ein Internierungslager in Südfrankreich 1939-1943. Literarische Zeugnisse, Briefe, Berichte, Hamburg 1991, S. 21
8 Brief an Kurt Blumenfeld vom 6. August 1952, S. 62
9 Hannah Arendt, *Wir Flüchtlinge*, S. 12
10 Lisa Fittko, Mein Weg über die Pyrenäen, S. 55
11 Arthur Koestler, Abschaum der Erde. Autobiographische Schriften. II. Band, Frankfurt am Main/Berlin 1993, S. 418 f.
12 ebenda, S. 449
13 Beschreibungen von Walter Benjamins tragischem Ende finden sich bei: Fittko, 7. Kapitel; Koestler, S. 449 f. und H. Arendt, *Walter Benjamin*, S. 207-209

IX. Ein Zimmer in der 95. Straße

1 Hans Sahl, Das Exil im Exil. Memoiren eines Moralisten II, Hamburg 1991, S. 107
2 Brief an Blumenfeld vom 19. Juli 1947, S. 42
3 Brief von Heinrich Blücher vom 26. Juli 1941, S. 118
4 Brief an Heinrich Blücher vom 21. Juli 1941, S. 110
5 Brief an Heinrich Blücher und Martha Arendt vom 28. Juli 1941, S. 119
6 Hannah Arendt, *Die jüdische Armee – Der Beginn der jüdischen Politik?* In: Aufbau, 14. 11. 1941, zitiert nach: Hannah Arendt, *Die Krise des Zionismus. Essays & Kommentare* 2, hrsg. von Eike Geisel und Klaus Bittermann, Berlin 1989, S. 167-170, S. 168
7 nach: Wolfgang Heuer, Hannah Arendt, 1997[4], S. 39
8 Brief an Heinrich Blücher vom 1. August 1941, S. 123
9 Gaus-Interview, S. 59 f.
10 nach Young-Bruehl, S. 267

X. Die Schuldfrage

1 Brief an Karl Jaspers vom 18. November 1945, S. 58
2 Brief von Jaspers vom 10. Dezember 1945, S. 62
3 Brief an Jaspers vom 29. Januar 1946, S. 65
4 Hannah Arendt, *Die jüdische Armee. Der Beginn einer jüdischen Politik?*, in: Hannah Arendt, *Die Krise des Zionismus*, Berlin 1989, S. 167-170, S. 169
5 Hannah Arendt, *Organisierte Schuld*, in: Hannah Arendt, *Sechs Essays*, Heidelberg 1948, S. 33-47, Zitate: S. 43 und 42
6 nach: Rüdiger Safranski, Ein Meister aus Deutschland, S. 393
7 Brief an Jaspers vom 29. September 1949, S. 178
8 Brief an Blumenfeld vom 19. Juli 1947, S. 42 und S. 44
9 Brief an Heinrich Blücher vom 27. Juli 1948, S. 157
10 Brief von Heinrich Blücher vom 29. Juli 1948, S. 158f.
11 Brief von Heinrich Blücher vom 20. Dezember 1949, S. 181

XI. Das radikal Böse

1 Hannah Arendt, *Die vollendete Sinnlosigkeit*, in: Hannah Arendt, *Israel, Palästina und der Antisemitismus*, hrsg. von Elke Geisel und Klaus Bittermann, Berlin 1991, S. 77-94
2 Hannah Arendt, *Elemente und Ursprünge totaler Herrschaft*, 1996^5, S. 941
3 Hannah Arendt, *Verstehen und Politik*, in: Hannah Arendt, *Zwischen Vergangenheit und Zukunft*, München 1994, S. 110-127, S. 122
4 *Elemente*, S. 765
5 Brief an Heinrich vom 14. Dezember 1949, S. 175
6 Hannah Arendt, *Besuch in Deutschland 1950. Die Nachwirkungen des Naziregimes*, in: Hannah Arendt, *Zur Zeit*, Berlin 1986, S. 43-70, S. 51
7 Brief an Heinrich vom 14. Februar 1950, S. 214
8 *Besuch in Deutschland*, S. 45
9 Diskussion mit Freunden und Kollegen in Toronto, in: *Ich will verstehen*, S. 113
10 nach Elzbieta Ettinger, S. 86 f.
11 Brief an Heinrich vom 8. Februar 1950, S. 207
12 ebenda, S. 207f.

XII. Hexenjagd

1 Brief an Karl Jaspers vom 3. Juni 1949, S. 173
2 Brief von Heinrich Blücher vom 5. Juli 1952, S. 304
3 Hannah Arendt, *Freiheit und Politik*, in: *Zwischen Vergangenheit und Zukunft*, S. 201-226, S. 208
4 Alfred Kazin, New York Jew, New York 1978, S. 198
5 ebenda
6 vergleiche Hannah Arendt, *Randall Jarrell*, in: H. A., *Menschen in finsteren Zeiten*, S. 335-340
7 Randall Jarrell's letters, ed. by Mary Jarrell, Boston 1984, S. 279
8 Hannah Arendt, *Waldemar Gurian*, in: H. A., *Menschen in finsteren Zeiten*, S. 310-323, S. 319
9 Brief von Mary McCarthy vom 14. März 1952, S. 51
10 Brief von Heinrich Blücher vom 17. Juni 1952, S. 266
11 Young-Bruehl, S. 373f.
12 Brief an Kurt Blumenfeld vom 14. Oktober 1952, S. 69
13 Brief an Jaspers vom 3. Juni 1949, S. 173
14 Brief an Heinrich Blücher vom 24. April 1952, S. 254
15 Brief an Heinrich Blücher vom 17. April 1952, S. 248
16 Brief Heideggers an Jaspers vom 7. März 1950, in: Martin Heidegger/Karl Jaspers, Briefwechsel 1920-1963, hrsg. von Walter Biemel und Hans Saner, München, Frankfurt a. M. 1990
17 Brief an Heinrich Blücher vom 24. Mai 1952, S. 274
18 ebenda, S. 275
19 Der Vortrag erschien zunächst in einer Festschrift für Karl Jaspers und wurde später in überarbeiteter Form der deutschen Ausgabe der *Origins* hinzugefügt.
20 *Elemente*, S. 976
21 Brief an Heinrich Blücher vom 1. August 1952, S. 321

XIII. Jenseits der Arbeit

1 Brief an Karl Jaspers vom 13. Mai 1953, S. 247 f.
2 Leserbrief an Henry Kissinger, in: H. A., *Zwischen Vergangenheit und Zukunft*, S. 324-326
3 Hannah Arendt, *Religion und Politik*, in: H. A., *Zwischen Vergangenheit und Zukunft*, S. 305-324, S. 312
4 Brief an Karl Jaspers vom 21. Dezember 1953, S. 271
5 nach Young-Bruehl, S. 380
6 Hannah Arendt, *Tradition und Neuzeit*, in: H. A., *Zwischen Vergangenheit und Zukunft*, S. 23-53, S. 37
7 ebenda, Anm. Nr. 16, S. 386
8 ebenda, S. 32
9 Brief von Mary McCarthy vom 8. Dezember 1954, S. 84
10 Brief an Heinrich Blücher vom 5. Mai 1955, S. 375
11 Brief an Heinrich Blücher vom 1. März 1955, S. 350f.
12 Brief an Heinrich Blücher vom 19. Mai 1955, S. 381
13 Brief an Karl Jaspers vom 6. August 1955, S. 301

XIV. Schöne Welt, düstere Welt

1 Brief an Heinrich Blücher vom 13. September 1955, S. 398
2 Brief an Heinrich Blücher vom 17. September 1955, S. 400
3 Brief an Heinrich Blücher vom 29. September 1955, S. 406
4 Brief an Heinrich Blücher vom 22. Oktober 1955, S. 415
5 Hannah Arendt, *Europa und die Atombombe*, in: H. A., *Zur Zeit*, S. 82-87, S. 87
6 Hannah Arendt, *Revolution und Freiheit*, in: H. A., *Zwischen Vergangenheit und Zukunft*, 227-251, S. 235
7 Brief an Heinrich Blücher vom 28. November 1955, S. 431
8 Brief an Heinrich Blücher vom 14. November 1955, S. 426
9 vgl. *Elemente*, S. 702-725
10 Brief an Heinrich Blücher vom 13. Juni 1952, S. 289
11 Brief an Karl Jaspers vom 5. November 1956, S. 339
12 Brief an Heinrich Blücher vom 17. Oktober 1956, S. 445
13 Hannah Arendt, *Die ungarische Revolution und der totalitäre Imperialismus*, München 1958, S. 37
14 ebenda, S. 42; und H. A., *Über die Revolution*, München 1994[4], S. 336 ff.
15 Brief an Heinrich Bücher vom 5. November 1956, S. 454

XV. Raubvogel oder Singvogel?

1 Brief an Karl Jaspers vom 3. Januar 1960, S. 422
2 Die deutsche Übersetzung trägt den Titel: »*Ketzerische Ansichten über die Negerfrage und equality*«, in: H. A., *Zur Zeit*, Berlin 1986, S. 95-117
3 ebenda, S. 115
4 Brief an Gershom Scholem vom 20. Juli 1963, in: H. A., *Ich will verstehen*, S. 29-36, S.30 f.

5 *Ketzerische Ansichten*, S. 114
6 ebenda, S. 105
7 Brief an Mary McCarthy vom 23. Juni 1964, S. 259
8 nach: Hans Jonas, Handeln, Erkennen, Denken. Zu Hannah Arendts philosophischem Werk, in: Adelbert Reif (Hrsg.), Hannah Arendt, Materialien zu ihrem Werk, Wien 1979, S. 353 f.
9 Hannah Arendt, *Waldemar Gurian*, in: H. A., *Menschen in finsteren Zeiten*, S. 319
10 Randall, Jarrell, Pictures of an Institution, S. 140
11 Briefe an Heinrich Blücher vom 1. und 14. Juni 1958, S. 472 u. 477
12 Hannah Arendt, *Laudatio auf Karl Jaspers*, in: H. A., *Menschen in finsteren Zeiten*, S. 89-98
13 nach Young-Bruehl, S. 434
14 Brief an Karl Jaspers vom 3. Januar 1960, S. 422

XVI. Vom Wunder des Anfangs

1 Hannah Arendt, *Gedanken zu Lessing. Von der Menschlichkeit in finsteren Zeiten*, in: H. A., *Menschen in finsteren Zeiten*, S. 17-48, S. 41
2 Der Wortlaut des Gutachtens ist abgedruckt in: Briefwechsel Arendt–Jaspers, S. 789
3 Brief an Jaspers vom 3. Januar 1960, S. 421
4 Brief an Jaspers vom 20. Juni 1960, S. 431 f.
5 Ettinger, S. 121 f.
6 Hannah Arendt, *Vita activa oder Vom tätigen Leben*, München 1996[8], S. 14
7 ebenda, S. 215 ff.
8 ebenda, S. 302

XVII. Das Gespenst in der Glaskiste

1 Brief von Mary McCarthy vom 26. Oktober 1960, S. 172
2 Brief an Mary McCarthy vom 11. November 1960, S. 177
3 Brief an Heinrich Blücher vom 15. April 1961, S. 519
4 Hannah Arendt, *Eichmann in Jerusalem. Ein Bericht von der Banalität des Bösen*, München 1997[7], S. 72
5 Brief an Heinrich Blücher vom 20. April 1961, S. 521
6 Brief an Heinrich Blücher vom 28. Mai 1961, S. 544 f.
7 Brief an Karl Jaspers vom 1. November 1961, S. 494
8 ebenda, S. 493
9 Gaus-Interview, S. 62
10 Brief an Mary McCarthy vom 23. Juni 1964, S. 260

XVIII. Eichmann und kein Ende

1 Nach Young-Bruehl, S. 477
2 Der »Fall Eichmann« und die Deutschen. Ein Gespräch mit Thilo Koch, in: Gespräche mit Hannah Arendt, hrsg. von Adelbert Reif, München 1976, S. 35-40, S. 40
3 Brief an Heinrich Blücher vom 8. März 1963, S. 561

4 Brief an Jaspers vom 29. Mai 1963, S. 543
5 Zitate aus: Die Kontroverse. Hannah Arendt, Eichmann und die Juden, hrsg. von F. A. Krummacher, München 1964
6 Hannah Arendt, *Eichmann in Jerusalem*, S. 209
7 Brief an Gershom Scholem vom 20. Juli 1963, in: H. A., *Ich will verstehen*, S. 29-36, S. 36
8 nach Young-Bruehl, S. 479
9 Brief an Jaspers vom 1. Dezember 1963, S. 575
10 Brief von Jaspers vom 16. November 1963, S. 567
11 *Eichmann in Jerusalem*, S. 193
12 Golo Mann, Der verdrehte Eichmann, in: Die Kontroverse, S. 190-198, S. 194
13 Brief an Jaspers vom 16. November 1958, S. 393

XIX. Revolte in Amerika

1 Gaus-Interview, S. 44 und S. 65
2 Brief an Jaspers vom 19. Februar 1965, S. 619
3 Hannah Arendt, *Über die Revolution*, München 1994[4], S. 115
4 ebenda, S. 303
5 Brief an Jaspers vom 13. April 1965, S. 629
6 Brief von Mary McCarthy vom 2. April 1965, S. 274
7 Brief an Jaspers vom 19. Februar 1965, S. 618f.
8 Hannah Arendt, *Randall Jarrell*, in: H. A., *Menschen in finsteren Zeiten*, S. 339
9 Brief an Jaspers vom 10. August 1966, S. 683
10 Brief an Jaspers vom 11. Juni 1965, S. 636f.
11 Brief von Mary McCarthy vom 1. Februar 1967, S. 305 f.

XX. Abschiede

1 Nachschrift einer Vorlesung von Heinrich Blücher am Bard College, abgedruckt im Briefwechsel Hannah Arendt/Heinrich Blücher, S. 567-580, S. 579
2 Karl Jaspers, Notizen zu Martin Heidegger, München, Zürich 1978[2], S. 264
3 Brief an Karl Jaspers vom 1. Oktober 1967, S. 710
4 Brief von Mary McCarthy vom 18. Juni 1968, S. 329
5 Politik und Revolution. Ein Gespräch mit Adelbert Reif, in: Gespräche mit Hannah Arendt, S. 41-70, S. 45 ff.
6 Brief an Heinrich Blücher vom 4. September 1968, S. 565
7 Brief an Mary McCarthy vom 21. Dezember 1968, S. 341
8 Die Ansprache ist abgedruckt in: Hannah Arendt/Karl Jaspers, Briefwechsel, S. 719-720
9 Brief an Mary McCarthy vom 3. Juni 1969, S. 352
10 Hannah Arendt, *Heidegger wird achtzig Jahre alt*, in: H. A., *Menschen in finsteren Zeiten*, S. 172-184, Anmerkung S. 353
11 Brief an Mary McCarthy vom 22. Januar 1972, S. 442

XXI. Frei wie ein Blatt im Wind

1 Brief an Mary McCarthy vom 22. November 1970, S. 393
2 nach Young-Bruehl, S. 594
3 Mary McCarthy, Hannah Arendt, meine schöne Freundin, in: Die Zeit, Nr. 3, 13. Januar 1978, S. 30
4 Legitimität der Lüge in der Politik? In: Gespräche mit Hannah Arendt, hrsg. von Adelbert Reif, S. 101-126, hier S. 122 f.
5 Hannah Arendt, *Wahrheit und Politik*, in: *Zwischen Vergangenheit und Zukunft*, S. 327-370, S. 358
6 Brief an Mary McCarthy vom 8. Dezember 1971, S. 436
7 Brief an Mary McCarthy vom 6. Februar 1973, S. 468
8 aus: Hans Jonas, Handeln, Erkennen, Denken, in: Adelbert Reif (Hrsg.), Hannah Arendt, Materialien zu ihrem Werk, Wien 1979, S. 355 f.
9 Hannah Arendt, *Vom Leben des Geistes. Das Denken. Das Wollen*. München 1998, S. 15
10 ebenda, S. 189 f.
11 Brief an Mary McCarthy vom 22. November 1970, S. 394
12 Brief an Mary McCarthy vom 30. September 1973, S. 491
13 Hannah Arendt, *Ich erinnere an Wystan H. Auden*, in: *Menschen in finsteren Zeiten*, S. 324-334, S. 326
14 Brief an Mary McCarthy vom 23. Dezember 1973, S. 503

XXI. Lichter über dem Fluss

1 Brief von Mary McCarthy vom 11. Mai 1974, S. 511 f.
2 Brief an Mary McCarthy vom 12. Juni 1974, S. 513
3 vgl. Hannah Arendt, *Vom Leben des Geistes. Das Denken. Das Wollen*, München 1998, S. 400 ff.
4 Brief an Mary McCarthy vom 10. März 1975, S. 533
5 Brief an Mary McCarthy vom 22. August 1975, S. 546
6 Mary McCarthy, Hannah Arendt, meine schöne Freundin, in: Die Zeit, Nr. 3, 13. Januar 1978, S. 30
7 Hans Jonas, Hannah Arendt, in: Social Research, Spring 1976, S. 3-5, S. 5

Danksagung

Mein besonderer Dank gilt meinem Schwager und Freund Stefan Hülsmann, der mir mit seiner Neugier und der kritischen Lektüre des Manuskripts sehr geholfen hat. *A.P.*

Nachbemerkung zur Neuausgabe

Seit dieses Buch 1998 erstmals erschienen ist, ist die Literatur über Hannah Arendt weiter angewachsen und es sind weitere ihrer Texte veröffentlicht worden. Nennen möchte ich in diesem Zusammenhang vor allem ihre *Denktagebücher*, ungewöhnliche Tagebücher, weil sie darin nicht alltägliche Ereignisse oder Stimmungen beschreibt, sondern ihre Gedanken festhält, sie weiterführt und in aller philosophischen Schärfe für sich deutlich macht. So kann man anhand dieser besonderen Tagebücher der Entwicklung ihrer Ideen folgen und einen Eindruck davon erhalten, was es heißt, »ohne Geländer« zu denken. Die Briefwechsel mit dem jüdischen Religionshistoriker Gershom Scholem oder mit dem Schriftsteller Uwe Johnson beweisen erneut die Begabung Arendts zur Freundschaft, auch zur kritischen Freundschaft, sie bieten einen Einblick in ihre Lebensverhältnisse und zeigen, wie ihre großen Themen Eingang finden im alltäglichen Gespräch.

Nicht zuletzt sind durch neuere Publikationen einzelne Themen und Bücher Hannah Arendts in ein neues Licht gestellt worden. Beispielhaft hierfür ist die Untersuchung von Bettina Stangneth über *Eichmann vor Jerusalem*, das den NS-Funktionär in einem größeren Rahmen darstellt und damit anregt, die Einsichten Arendts, auch den umstrittenen und häufig missverstandenen Begriff von der »Banalität des Bösen«, wieder neu zu überdenken.

Alle neuen Erkenntnisse über Hannah Arendt haben mich in meinem eigenen Ansatz bestärkt. Nach wie vor bin ich überzeugt davon, dass man diese bedeutende und faszinierende Frau nur verstehen kann, wenn man ihre Gedanken eng zusammensieht mit ihrem abenteuerlichen Lebenslauf, ihrer Persönlichkeit, ihrer Beziehung zu Menschen und ihrer Haltung zu den historischen Ereignissen ihrer Zeit. Ihr »Ton« sei ihre Person, hat Hannah Arendt einmal ihren Kritikern entgegengehalten und damit gemeint, dass man ihre Bücher und ihre »Philosophie« nicht trennen kann von ihrer persönlichen Haltung, ihrem Auftreten in der Öffentlichkeit und ihrer Einstellung zu Politik, Freundschaft und Liebe. Insofern muss man auch den richtigen »Ton« finden, um den Ideen und der Gestalt Hannah Arendts gerecht zu werden. Ich hoffe, diesen Ton annähernd gefunden zu haben, damit die Lebensgeschichte und die Werke dieser außergewöhnlichen Frau auch für heutige Leser zur spannenden Lektüre werden.

Alois Prinz